皮书系列为
"十二五"国家重点图书出版规划项目

甘肃蓝皮书

BLUE BOOK OF
GANSU

甘肃县域社会发展评价报告
（2015）

ANNUAL REPORT ON COUNTY SOCIAL DEVELOPMENT
OF GANSU (2015)

主 编／刘进军 柳 民 王建兵

社会科学文献出版社
SOCIAL SCIENCES ACADEMIC PRESS（CHINA）

图书在版编目（CIP）数据

甘肃县域社会发展评价报告.2015/刘进军，柳民，王建兵主编.
—北京：社会科学文献出版社，2015.1
　（甘肃蓝皮书）
　ISBN 978 - 7 - 5097 - 6943 - 0

　Ⅰ.①甘…　Ⅱ.①刘…②柳…③王…　Ⅲ.①县 - 社会发展 -
研究报告 - 甘肃省 - 2015　Ⅳ.①D674.2

　中国版本图书馆 CIP 数据核字（2014）第 294635 号

甘肃蓝皮书

甘肃县域社会发展评价报告（2015）

主　　编／刘进军　柳　民　王建兵

出 版 人／谢寿光
项目统筹／吴　敏　邓泳红
责任编辑／高振华

出　　版／社会科学文献出版社·皮书出版分社（010）59367127
　　　　　　地址：北京市北三环中路甲 29 号院华龙大厦　邮编：100029
　　　　　　网址：www. ssap. com. cn
发　　行／市场营销中心（010）59367081　59367090
　　　　　　读者服务中心（010）59367028
印　　装／北京季蜂印刷有限公司

规　　格／开本：787mm × 1092mm　1/16
　　　　　　印张：20　字数：267 千字
版　　次／2015 年 1 月第 1 版　2015 年 1 月第 1 次印刷
书　　号／ISBN 978 - 7 - 5097 - 6943 - 0
定　　价／79.00 元

皮书序列号／B - 2013 - 281

甘肃蓝皮书编辑委员会

主要编撰者简介

刘进军 男，汉族，甘肃会宁人。现任甘肃省社会科学院副院长，甘肃省社科联副主席，研究员；兼任兰州理工大学、兰州商学院等高校经济学、企业管理学硕士生导师，甘肃省委党校、甘肃行政学院、兰州石化公司、甘肃电力公司等单位客座教授；中国社会科学情报学会常务理事，全国党校系统经济理论研究会常务理事、副秘书长；全国市场经济研究会常务理事，中国生产力研究会常务理事。甘肃省委、省政府政策咨询专家，甘肃省委宣传部驻市州理论联络员，甘肃省委理论宣讲团成员。历年在《未定稿》（《中国社会科学》副刊）、《新华文摘》、《光明日报》、《经济理论与经济管理》、中国人民大学书报复印资料、《四川大学学报》等刊物发表文章 140 余篇；在中央党校出版社、兰州大学出版社、甘肃人民出版社等出版论著、教材 12 部；主持全国性和省级科研课题 14 项，多次参与全省经济社会发展战略与规划的研究论证、市县及企业改革发展方案的设计和咨询；获省部级和厅局级科研奖励 25 次。现主要从事宏观经济调控、体制改革及区域经济发展等领域的理论和政策研究。

柳　民 男，汉族，1956 年 3 月生，山东栖霞人，1984 年 12 月加入中国共产党，1973 年 1 月参加工作，大学学历，兰州大学政治经济学专业，经济学学士。1988 年 9 月至 1989 年 7 月，在北京对外经济贸易大学学习；1989 年 9 月至 1990 年 12 月，在联邦德国学习宏观经济管理；1991 年 6 月，省政府办公厅综合计划处处长；1995 年 7 月，武威地区行署副专员；2000 年 3 月，省政府研究室（发展研究中心）副主任；2005 年 7 月，省政府副秘书长、办公厅党组成员。2008 年 11 月至今任甘肃省统计局副局长、党组成员。

王建兵 男，汉族，甘肃武威人，研究员、博士。现任甘肃省社会科学院农村发展研究所所长，甘肃省社会科学院贫困问题研究中心主任。兼任甘肃省水利厅水利风景区评审专家、甘肃省财政厅特聘专家。主要研究领域：农村经济学和生态经济学；主要研究方向：农村经济社会发展、资源与环境发展和农村贫困问题。近年来主持 2 项国家社会科学基金项目、参与国际国内合作项目数十项，先后在《草业学报》、《中国沙漠》、《草地学报》等核心期刊发表多篇论文，出版专著 2 部，获得甘肃省社科二等奖 2 项。

总　序

　　回顾"甘肃蓝皮书"的编研历史，"十一五"开局时，甘肃省社科院按照党中央关于地方社科院服务地方党政决策、服务地方经济社会发展的职能要求，继承创新，继往开来，提出了"六个以"的办院方针，积极探索和推动社会主义新智库建设。2006年，院党委提出"倾全院之力，打造蓝皮书科研品牌，探索建立哲学社会科学服务甘肃的长效机制"的工作要求，当年首次组织编撰出版两本蓝皮书并"一炮打响"，"经济社会蓝皮书"是省内第一部，"舆情蓝皮书"是国内首部。

　　八年来，"甘肃蓝皮书"在编研出版方面进行了大胆探索和创新，建立了稳定有效的工作机制，规模进一步发展壮大（现已出版《甘肃经济发展分析与预测》《甘肃社会发展分析与预测》《甘肃舆情分析与预测》《甘肃县域发展评价报告》《甘肃文化发展分析与预测》《甘肃省住房和城乡建设发展分析与预测》《甘肃民族地区发展分析与预测》《甘肃酒泉经济社会发展研究报告》等8种），基本覆盖了甘肃经济、社会、政治、文化、民族、生态、民生等各个领域，形成了独具特色的蓝皮书风格，成为我院乃至甘肃省的一张文化品牌。我们在编研出版"甘肃蓝皮书"的基础上，积极尝试和探索与西北各兄弟社科院的合作，在西北五省区社科院的共同努力下，"西北蓝皮书"这一品牌诞生并已成功出版发行4年。

　　八年来，"甘肃蓝皮书"连续在每年同一天（1月8日）举行由甘肃省政府新闻办主办的"甘肃蓝皮书成果发布会"，形成了"每年一月八，社科院有言要发"的惯例。"甘肃蓝皮书"的出版发行及其成果发布，为甘肃经济社会文化发展发挥了重要的智力支撑作用，已经成为省内各级领导、人大代表、政协委员、专家学者和社会各界非常重视的民主决策、参政议政、科学研究和认识省情的重要参考书，形成了哲学社会科学理论研究服务甘肃发展的重要方式和长效机制。

"甘肃蓝皮书"在八年的编研过程中形成了稳定规模、稳定机制，提升质量、提升影响的编研理念，使其真正成为宣传思想文化战线、服务甘肃发展的长效机制与拳头产品。"甘肃蓝皮书"始终坚持的基本编研理念和运行机制：一是始终坚持原创，注重学术观点和科研方法的创新。坚持研究在先，编写在后；在继承中创新，注重连续性；从源头上抓质量，注重可靠性；在深入研究上下工夫，注重科学性；在服务上抓效果，注重影响力。二是始终坚持追踪前沿，注重选题创新。追踪前沿就是要专家学者更多地参与社会实践，发现问题、研究问题、解决问题，最终通过蓝皮书为人们提供正确的指导，显示社科专家服务社会的能力和实力，提高皮书的知名度和美誉度。三是始终坚持打造品牌，创新编研体制机制。八年来，我们始终把蓝皮书的权威性看作蓝皮书的生命，组织权威的专家开展深入研究，向社会提供事实根据充分，分析深入准确，结论科学，对策具体、可操作的权威信息与权威性的研究成果。

我们不断探索"甘肃蓝皮书"的编研之路，发现良好的多方合作机制是蓝皮书编研质量进一步提升和规模进一步拓展的重要途径。今年首次通过与甘肃省住建厅的密切合作，编研出版《甘肃省住房和城乡建设发展分析与预测》；通过与甘肃省民族事务委员会的密切合作，编研出版《甘肃民族地区发展分析与预测》；通过与酒泉市委市政府的密切合作，编研出版《甘肃酒泉经济社会发展研究报告》。由此推动"甘肃蓝皮书"编研事业向着深度、广度继续发展壮大。

"甘肃蓝皮书"的成长历程中，饱含着甘肃省各级领导的关心与厚爱，浸润着与我们真诚合作的读者出版集团、社会科学文献出版社

出版人以及统计、新闻等领域的同仁们的辛劳、奉献和智慧。但愿
"甘肃蓝皮书"不只是我们研编者感到有意义，也使大家读起来有收
获，参考运用起来有价值。

此为序。

王福生

2014 年 11 月 8 日

摘　要

　　本书是由甘肃省社会科学院与甘肃省统计局合作编写的第四本关于"甘肃省县域社会发展水平评价"的分析报告。报告基于甘肃省统计局提供的县域统计数据，系统分析了 2013 年度甘肃省 77 个县（市、区）的社会发展水平。研究目的一是通过客观、公正地评价甘肃省县域发展的总体情况，引导县域在重视发展经济的同时，更加注重社会各项事业的和谐发展；二是为各县（市、区）提供一个动态、综合、直观、公平公正的参考坐标，帮助各县拾遗补阙，更好地认识自身发展的优势和劣势，反思发展过程中存在或出现的问题，为省、市、县各级政府制定短期和长期发展规划提供可行的理论和决策依据；三是通过计算，为理论界提供一个评价依据，为学术界进一步探索县域社会经济发展规律提供一个科学的数据基础，以推动全省县域社会经济更好更快地发展。全书分为总报告、评价篇和专题篇三大部分。

　　2013 年，甘肃省以加快转变经济发展方式为主线，牢牢把握稳中求进、好中求快工作总基调，各项社会事业全面进步。本书研究认为，2013 年度甘肃省县域社会发展保持较快速度，但也存在一些问题和挑战。总体呈现以下特征：一是县域社会发展水平整体稳步提高，但区域发展极不平衡；二是县域社会子系统变化幅度较大，县域发展特征日趋明显；三是城乡居民生活水平不断提升，但总体水平不高、区域发展不平衡现象依然严重；四是城镇化水平不断提升，但区域差距呈拉大趋势；五是生活环境质量总体向好，但环境保护任重道远。

　　2015 年，面对全省经济下行压力不断加大的严峻形势，要牢牢

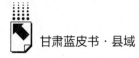

把握提高质量和效益这一中心环节，县域社会发展的重点：一是不断优化县域功能，推动新型城镇化建设；二是增强县域社会发展能力，提高县域综合竞争力；三是优化公共资源配置，健全公共服务体系；四是深化体制机制创新，为县域发展提供制度保障；五是创新县域扶贫机制，努力缩小区域差距。突出以改革促发展，以改革促民生改善的思路，努力推进县域经济社会持续健康发展。

Abstract

This book is the third analytical report, "The Evaluation on County Social Development Level of Gansu Province", which cooperatively published by both the Gansu Academy of Social Science (GASS) and the Gansu Statistics Bureau (GSB). Based on the county statistical data provided by the GSB, this book deeply and systematically analyzes the social development level of 77 counties (cities, districts) of Gansu Province during the 2013. Firstly, this report objectively and honestly evaluates the county development situation of Gansu, guiding the county's governments to take seriously of the economic development, in the same time, to pay much more attention to the harmonies development in every social undertaking. Secondly, this book offers a dynamic, integrated, visualized and impartial reference coordinate for each county (city, district), assists the counties to understand more clearly the strengths and weaknesses of themselves, and introspects problems which have emerged in the development process. It is the practically theoretical and decision-making basis, which can help the provincial, municipal and prefecture governments to make short- and long-term development programs. Finally, according to calculate the data, the report provides an evaluation basis and a scientific data to further explore the law of county eco-social development, so as to promote county to develop better and faster in the whole province. The book contains three parts: the general report, the evaluated report and the special report.

Under the past 2013, Gansu province has focus on speeding up the shift of the economic development model, and has made comprehensive progress in economic, social and other undertakings while firmly grasped the principles which improve living standards of the people more effectively and stably. This book holds the perspective that, the social development in counties of Gansu province maintains relatively faster growths in 2013, and at the same time, be of great challenges and problems. Show the following characteristics on the whole: Firstly, the society development of all the counties keeps increasing steadily than before. But there is still unbalanced regional development in each country. Secondly, along with the more clearly developing characteristic, the range of the County Social Subsystem was known as strikingly with large variation. Thirdly, the living standards of urban and rural residents are increasing, but the overall is still on the relatively low level. Uneven development between urban and rural areas and among different regions is still an acute problem. Fourthly, the level of urbanization has been increased but the regional differences is widening constantly. Fifthly, the life surroundings and living environment are much better than before, but there is still a grand task to perform and a long way to go.

In face of the increasing pressure of the economic downturn in 2015, we must firmly grasp the central part with significant improvement in the quality and performance of economic growth.

In 2015, Faced with the serious situation of the provincial economy downward pressure increasing, to focus on the central link of improving quality and efficiency, the key of the development about the county social: First and foremost, we need to constantly optimize the functions at county level and push forward the process of new pattern urbanization. In the second place, enhance the development capabilities of the county social and improve regional integrative competitiveness. The third is to optimize public resources and establish a sound public service system. Fourthly, deepening the system reform and establishing the innovation mechanism. Last but not least, improving the strategy of poverty reduction and narrowing the regional gap. Meanwhile, we tried to accelerate the development through reform, so as to continuously improve people's livelihood in the near future, and great efforts must be put on pushing forward the healthy and continual development of county's economy and society.

目 录

BLUE BOOK

皮书数据库阅读 **使用指南**

CONTENTS

B I General Report

B II Evaluation Reports

B III Special Reports

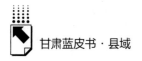

总　报　告

General Report

BLUE BOOK

B.1
甘肃省县域社会发展总报告

"甘肃省县域社会评价报告"课题组*

摘　要：　2011~2013年度甘肃省县域社会发展亮点纷呈，但面临的问题和挑战也较为突出。总体呈现以下特征：一是县域社会发展水平整体稳步提高，但区域发展极不平衡；二是县域社会子系统变化幅度较大，县域发展特征日趋明显；三是城乡居民生活水平不断提升，但总体水平不高、区域发展不平衡现象依然严重；四是城镇化水平不断提升，但区域差距呈拉大趋势；五是生活环境质量总体向好，但环境保护任重道远。2015年，面对复杂的国际国内环境以及全省经济下行压力

---

* 课题组成员：王建兵（执笔）、潘从银、胡苗、贾琼、李振东、徐吉宏。

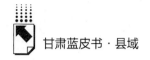
不断加大的严峻形势，突出以改革促发展，以改革促民生改善，努力推进县域经济社会持续健康发展的思路。提出县域发展的重点：一是不断优化县域功能，推动新型城镇化建设；二是增强县域发展能力，提高县域综合竞争力；三是优化公共资源配置，健全公共服务体系；四是深化体制机制创新，为县域发展提供制度保障；五是创新县域扶贫机制，努力缩小区域差距。

关键词： 县域 社会发展 甘肃省

一 甘肃省县域社会发展总体情况

县域社会发展是区域协调发展的重要体现，也是统筹城乡发展的重要保证。2013 年，甘肃省以加快转变经济发展方式为主线，牢牢把握稳中求进、好中求快的工作总基调，县域发展态势良好，各项社会事业都取得了较大的进步，为全面实现小康进程奠定了坚实的基础。

甘肃省现设 14 个市（州），其中有 12 个地级市（兰州、嘉峪关、金昌、白银、武威、酒泉、张掖、天水、定西、平凉、庆阳、陇南）和 2 个自治州（临夏回族自治州和甘南藏族自治州），下辖 86 个县（市、区）。2013 年，根据甘肃省统计局的数据，课题组对甘肃省除兰州市 5 区（城关区、七里河区、西固区、安宁区、红古区）、金昌市 1 区（金川区）、白银市 2 区（白银区、平川区）和天水市 1 区（秦州区）外的 77 个县（市、区）进行了县域社会发展的评价与分析。

1. 社会结构

2013 年，县域非农人口占总人口的比重为 19.84%，县域人口占全省人口比重为 87.79%，农村从事非农产业的劳动力占农村总劳动力的比重为 37.42%。

2. 教育发展

2013 年，在校学生人均教育经费为 10458 元，每万人普通中学在校生拥有专任中学教师数为 866 人，每万人小学在校生拥有专任小学教师数为 810 人，每千户居民拥有普通中学数为 0.26 所，每千户居民拥有小学数为 1.87 所。

3. 经济效益

2013 年，人均国内生产总值 25698 元，人均地方财政收入 1666 元，人均固定资产投资完成额 114826 元，人均社会消费品零售额 18121 元，国内生产总值 522607 万元，社会消费品零售总额 147976 万元。

4. 生活质量

2013 年，农村居民人均纯收入 5674 元，城镇居民人均可支配收入 16139 元，城乡住房砖木结构以上比重 56.06%。

5. 基础设施

2013 年，县域农村自来水受益村比重为 79.34%，农村有线电视普及村庄比例为 45.21%，境内每百平方公里公路里程数为 46.43 公里，每百人民用汽车车辆数为 9.48 辆，国际互联网用户占总户数比重为 17.91%，固定电话用户占总户数比重为 37.61%，移动电话用户占总人口比重为 56.46%。

6. 社会保障

2013 年，城镇基本医疗保险参保人数占城镇人口比重为 57.73%，农村合作医疗的人数占农村人口的比重为 92.58%，城镇基本养老保险参保人数占城镇人口比重为 19.81%，参加农村养老保

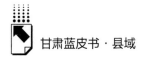

险人数占农村人口比重为58.36%，城镇最低生活保障人口占城镇人口比重为17.86%，农村最低生活保障人口占农村人口比重为17.50%。

7.公共服务

2013年，每万人拥有专业技术人员数为164人，每万人专利授权数1.29个，每十万人拥有体育场馆个数1.02个，每十万人拥有剧场、影剧院数0.90个，人均拥有公共图书馆图书数为0.42册，每万人拥有医疗卫生机构专业技术人员数为38.34人，每万人拥有医院、卫生院床位数为39.59张，每万人拥有执业（助理）医师数为17.16人。

8.生活环境

2013年，县域森林覆盖率22.19%，每十万人拥有垃圾处理站数0.84个，污水处理厂集中处理率46.96%，每万元GDP工业二氧化硫排放量4.55公斤，每万元GDP氮氧化物排放量3.84公斤，每万元GDP烟（粉）尘排放量2.54公斤，每万元第一产业增加值使用化肥量330.78公斤，每万元第一产业增加值使用农药量18.14公斤，每万元第一产业增加值使用地膜量9.8公斤。

二 县域社会发展的特点及存在的问题

（一）县域社会发展水平整体稳步提高，但区域发展极不平衡

从经济总量上看，2013年，77个县（市、区）国内生产总值3900.12亿元，比2011年2904.29亿元增长了34.29%。人均国内生产总值25698元，也高于全省平均水平（24297元）。2013年，位于前10位的县域国内生产总值为1409.06亿元，占总体77个县的36.12%。县域经济增速高于全省平均水平，县域发展势头良好。

从人均国内生产总值来看，2013 年，77 个县（市、区）中人均国内生产总值超过平均值的有 20 个县（市、区），分别是皋兰县、天祝藏族自治县、甘州区、肃南县、临泽县、高台县、崇信县、华亭县、肃州区、金塔县、瓜州县、肃北县、阿克塞县、玉门市、敦煌市、西峰区、庆城县、华池县、合水县、合作市。人均国内生产总值不及平均值 1/4 的县有 6 个，分别是岷县、西和县、礼县、和政县、东乡县、积石山县。2013 年，人均国内生产总值排名前 5 位的县是肃北县（288329 元）、阿克塞县（125814 元）、玉门市（83066 元）、肃南县（75388 元）和华池县（74818 元）。2013 年，人均国内生产总值排名后 5 位的是西和县（5819 元）、岷县（5420 元）、礼县（4735 元）、积石山县（4564 元）和东乡县（4334 元），县域之间的差异极为显著。

从数量上看，77 个县（市、区）中，2013 年国内生产总值超过 100 亿的县域有 7 个：凉州区（236.14 亿元）、肃州区（203.08 亿元）、西峰区（173.61 亿元）、甘州区（140.54 亿元）、玉门市（135.15 亿元）、麦积区（124.15 亿元）和永登县（111.69 亿元）。比 2011 年的 5 个县增加了 2 个（麦积区和永登县）。2013 年国内生产总值超过 50 亿的县域有 26 个，占 77 个县域的 33.77%，较 2011 年的 14 个，增加了 85.71%。

（二）县域社会子系统变化幅度较大，县域发展特征日趋明显

2013 年，甘肃省 77 个县（市、区）社会发展各项指标变化不一，县域不同子系统间的发展水平不同，存在明显的差异。

从均值方面看，在测评的社会结构子系统、教育发展子系统、经济效益子系统、生活质量子系统、基础设施子系统、社会保障子系统、公共服务子系统以及生活环境子系统等 8 项指标中，平均得分最

高的是经济效益子系统（75.51 分），其次为生活环境子系统（74.36 分）、社会保障子系统（74.32 分）、基础设施子系统（72.73 分）、社会结构子系统（72.31 分）、生活质量子系统（68.94 分）、公共服务子系统（68.31 分）及教育发展子系统（68.27 分），其中有 5 个子系统平均值超出 70 分（见表 1）。

表 1　甘肃省县域社会发展综合水平及子系统比较

项目		综合得分	社会结构子系统得分	教育发展子系统得分	经济效益子系统得分	生活质量子系统得分	基础设施子系统得分	社会保障子系统得分	公共服务子系统得分	生活环境子系统得分
均值	2013	69.91	72.31	68.27	75.51	68.94	72.73	74.32	68.31	74.36
	2011	72.96	68.88	70.15	72.45	71.05	73.69	72.09	71.56	66.48
	2009	75.11	72.66	69.55	72.13	71.84	72.83	72.16	69.78	69.66
方差	2013	28.59	24.24	19.53	16.561	29.18	21.72	18.40	15.05	38.37
	2011	31.85	24.40	10.92	32.08	31.37	29.45	21.33	26.82	18.47
	2009	48.8	45.06	26.11	52.4	58.64	34.03	21.11	36.08	42.41
标准差	2013	5.347	4.924	4.419	4.070	5.402	4.660	4.290	3.879	6.194
	2011	5.644	4.939	3.305	5.664	5.601	5.426	4.618	5.179	4.297
	2009	6.986	6.712	5.109	7.239	7.658	5.834	4.594	6.007	6.513

从差异方面看，在测评的社会结构子系统、教育发展子系统、经济效益子系统、生活质量子系统、基础设施子系统、社会保障子系统、公共服务子系统以及生活环境子系统等 8 项指标中，77 个县域得分差异较大的分别是生活环境子系统和生活质量子系统两个子系统，其标准差均超过 5，也间接反映了县域之间经济发展、环境保护、收入水平等方面都存在较大的差异。2013 年，县域间各项子系统的差距比 2009 年有所减小，其中差距减小最快的是公共服务子系统，其他社会结构子系统、教育发展子系统、生活质量子系统、基础设施子系统、社会保障子系统等 5 个子系统间的差距也在不断缩小，

说明县域间差距在逐步缩小。但经济效益子系统、生活环境子系统两个子系统中县域差距显扩大的趋势，一方面说明由于发展潜力和能力的不同，县域经济社会发展程度差异分化，另一方面也说明随着经济社会的发展，环境保护的压力也逐步增大。

（三）城乡居民生活水平不断提升，总体水平不高、区域发展不平衡现象依然严重

从77个（市、区）县域生活质量分层来看，77个县（市、区）中有10个县（市、区）处于县域生活质量上游区域，其中具有显著优势的4个县（市、区），具有一般优势的6个县（市、区）；处于中游区域的18个县（市、区）；处于下游区域的49个县（市、区），其中具有一般劣势的31个县（市、区），具有显著劣势的18个县（市、区）。

从居民收入水平看，2013年，甘肃省77个县（市、区）城镇居民可支配收入最高值是敦煌市（23320元），最低值是麦积区（10415元）。平均值为16033元，中位数为15416元，均低于全省18965元的平均水平。农村人均纯收入方面，2013年甘肃省77个县（市、区）最高值是阿克塞县（17340元），最低是东乡县（2756元），平均值为5587元，中位数为4447元（见图1）。县域收入最低与最高之间的差距呈扩大的趋势，两者之间的收入差为6.29倍，较2011年的4.85倍增加了1.44倍。农村人均纯收入较2011年的4132元增长35.21%，县域增速高于全省平均水平，其中2013年农村人均纯收入超过5000元的县有26个，比2011年的17个增加9个。

（四）城镇化水平不断提升，但区域差距呈拉大趋势

甘肃省地处我国西北内陆，自然条件严酷，经济相对落后，城镇化进程非常缓慢。城镇在促进地区经济结构调整、推进农业产业化进

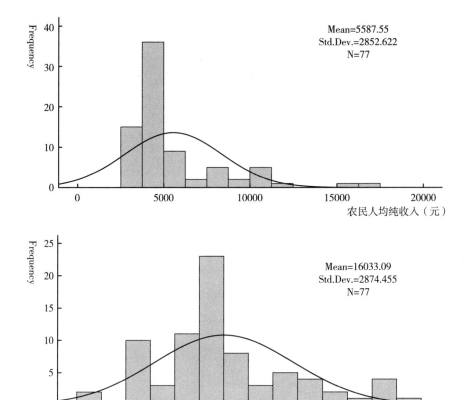

图1 2013年甘肃省城乡居民收入

程、吸纳农村富余劳动力、缩小城乡差别以及推动国民经济快速增长方面都发挥了无可替代的作用。2013年，甘肃人口城市化率为40.13%，而全国为53.7%，较全国低13.57个百分点，城镇化率差距明显。同西部12省区中排名第1的内蒙古相比低18.58个百分点（见表2），居西部第9位。2010年第六次全国人口普查甘肃人口城镇化率为36.12%，相比来说，2013年甘肃省城镇化率提高了4.01个百分点，纵向看提高比较快，但与全国和西部省份相比，城镇化水平的差距还在进一步拉大。各市州人口城镇化发展水平差异也较大，城镇化率高于全省平均水平的有嘉峪关、兰州、金昌、酒泉、白银5个市；低于全省平均水平的有张掖、平凉、天水、武威、甘南、临夏、庆阳、定西、陇南9个市（州）。其中，嘉峪关市城镇化率最高，比全省城镇化率高出53.25个百分点，陇南市城镇化率最低，低于全省城镇化率15.44个百分点。

表2　2013年西部12省（自治区、直辖市）城镇化率比较

单位：%

地　区	城镇化率	排名
内蒙古	58.71	1
重　庆	58.34	2
宁　夏	52.02	3
陕　西	51.31	4
青　海	48.51	5
四　川	44.9	6
广　西	44.82	7
新　疆	44.47	8
甘　肃	40.13	9
云　南	39.31	10
贵　州	37.83	11
西　藏	22.75	12

资料来源：各省、自治区、直辖市国民经济和社会发展统计公报。

（五）生活环境质量总体向好，但环境保护任重道远

2013年，甘肃省77个县（市、区）生活环境子系统变动幅度最大，从77个（市、区）县域生活环境分层来看，77个县（市、区）中有36个县（市、区）处于县域生活环境上游区域，其中具有显著优势的有16个县（市、区），具有一般优势的有20个县（市、区）；处于县域生活环境中游区域的有24个县（市、区）；处于县域生活

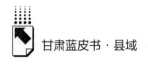

环境下游区域的有 17 个县（市、区），其中具有一般劣势的有 11 个县（市、区），具有显著劣势的有 6 个县（市、区）。

从单项指标森林覆盖率来看，最好的是两当县（82%），77 个县平均值是 22.31%，略高于全国 21.6% 的平均水平，森林覆盖率大于全国平均值的县有 29 个。

从环境保护的指标来看，大气污染中工业二氧化硫排放量占首位，其次是氮氧化物排放量和烟（粉）尘排放量。从 77 个县（市、区）来看，工业二氧化硫排放量占前三位的是榆中县、靖远县和西和县，氮氧化物排放量占前三位的是崇信县、崆峒区和漳县，烟（粉）尘排放量占前三位的是皋兰县、榆中县和天祝县。由于各县域之间发展水平和发展重点不同，大气排放量没有明显的共性，因此在环境保护中要因地制宜。在考察农村面源污染的三项指标（单位第一产业增加值使用化肥量、单位第一产业增加值使用农药量、单位第一产业增加值使用地膜量）中，除永昌县、环县和静宁县在单位第一产业增加值使用化肥量较高外，其他各项指标各县域都在均值左右。

三　甘肃省县域发展的对策建议

（一）不断优化县域功能，推动新型城镇化建设

新型城镇化的科学发展，必须进行统筹布局、整体规划。要严格执行城市规划法和有关法规，依据各地不同资源禀赋、城市发展历史和现状、城市功能定位和发展方向，尽快制订不同区域重点城市群的规划方案。新型城镇化的规划要充分体现地域、民族、文化及传统习俗等特色，并且在规划中要为未来县域的发展预留足够的空间；要加快转变县域发展方式，优化县域内部空间结构，增强县域基础设施、公共服务和资源环境对人口的承载能力，科学有效地预防和治理城镇

化进程中一些不利于城镇发展的因素，建设宜居乐业、功能齐全的现代化新型城镇。

以人为本，促进人口城镇化的发展。以人为本实现人的城镇化，让城镇发展致力于对人的全面服务，是新型城镇化发展的基础和目标。长期以来，我国城镇化发展重点是土地城镇化，在一定程度上忽略了人口城镇化，城镇化出现了超常规的增长，城镇土地面积的扩张与城镇所容纳人口不相适应。新型城镇化的发展要实现产业结构、就业方式、人居环境、社会保障等一系列调整，实现由"乡村"到"城市"再到"城乡一体化"的重大转变。

在城乡经济社会发展规划中，要协调城乡发展，促进城乡联动，实现共同繁荣。要以工业化支撑城镇化，以信息化提升工业化，以城镇化促进农业和农村经济现代化，全面提高农村经济社会发展水平。要以市场为导向，以县域资源为依托，培育城镇主导产业，构筑城镇产业集群。要利用新型城镇化和部分农民转移进城的契机，促进农村土地流转，鼓励发展种植业大户和家庭农场，实现土地规模经营，提高农业经济效益和农民收入水平。整理、整合农村土地，努力做到规模化连片开发，通过股份或其他方式，将分散的土地有效整合，进行集中利用，以提升城镇功能和扩大城镇建设规模，实现土地开发规模与空间需求相协调。

（二）增强县域发展能力，提高县域综合竞争力

紧紧围绕甘肃省委、省政府实施的"3341"项目工程，即打造三大战略平台、实施三大基础建设、瞄准四大产业方向，确保到2016年全省固定资产投资规模超过1万亿元。不断挖掘县域潜力，集中县域优势资源，组织实施一批推动县域经济转型跨越发展的支柱产业项目和富民产业项目。要以现代农业发展为重点，重点落实"365"现代农业发展行动，壮大和提升草食畜牧业、设施蔬菜、优质林果、马铃薯、中药材、现代种业和酿酒原料等六大特色优势产

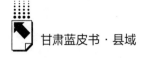

业，初步形成高原夏菜、马铃薯、啤酒大麦、制种、中药材、草食畜牧业等区域性优势产业和产品。要大力发展民营经济，以民营经济为县域经济主体，带动产业升级，形成产业集群竞相发展的区域产业格局。大力发展第三产业，以现代服务业、现代物流业、文化产业和旅游产业等，带动城乡居民创业就业，增加收入。

（三）优化公共资源配置，健全公共服务体系

县域社会发展的方向要强调宜居乐业，主要是努力提高县域居民的生活质量、提供优质公共服务、完善基本社会保障等方面。政府要通过政策和资金引导，使村村通水泥路、通广播电视、饮水安全、危旧房改造、义务教育、基本医疗卫生和基本社会保障等公共服务得到进一步完善，促进城乡一体化发展。

要持续加大教育投入，优化学校布局，改善办学条件，逐步实现城乡教育均衡发展。要优化医疗卫生资源，加大县域卫生院改造提升力度，努力提升医疗服务水平，推进公共卫生服务均等化。要积极实施文化惠民工程，大力发展文化产业，完善博物馆、图书馆建设。广泛开展群众性文体活动，建设农村文化大院和农家书屋，修建健身娱乐场所，配套城镇公园绿地等休憩地，不断丰富城乡居民业余生活。

建立健全县域社会保障体系，稳步扩大社会保障的覆盖面，不断提高社会保障水平，构建包括医疗保险、生育保险、养老保险、城镇职工失业保险、城乡最低生活保障制度等在内的社会保障服务网络。要积极推动社会各方力量发展民间慈善事业，促进多方位社会保障体系的建设。

（四）深化体制机制创新，为县域发展提供制度保障

深化户籍制度改革，积极放开省内县域中小城市的户籍管理制度，实现居民能够随就业、学习等自由迁移，方便居民就地享受便捷

的社会公共服务。

深化农村土地制度改革，积极推进农村土地承包经营权的合理流转，实现农村土地的适度集约化管理、规模化经营，提高土地利用率，减少土地撂荒率。

完善县域金融体制改革，以市场机制为基础，建立起多元化的城乡金融服务市场，形成政策性、商业性和合作性金融组织相协调，国有、集体和民间金融机构相互补充的多元化县域金融服务格局。

加大财税制度改革，加大对国家重点贫困地区的转移支持系数，增加转移支持额度。适当减免贫困地区投资企业的税收，实施区域差别化的产业扶持政策，重点加大对特色农业、文化产业、旅游业和生态环保产业的扶持力度。大力推进生态补偿机制建设，对生态功能县、江河源头县、退耕还林县和禁止开发区加大补偿力度和延长补偿时间，确保整个县域的生态保护和生态安全。

（五）创新县域扶贫机制，努力缩小区域差距

县域是扶贫攻坚的主战场，2013年底甘肃省贫困人口为552万人，占全省农村总人口的35.7%。所统计的77个县域中有58个属于国家集中连片特困区，占县域总数的75.32%。要以增加贫困群众收入为核心，以稳定实现扶贫对象"两不愁、三保障"（不愁吃、不愁穿，保障其义务教育、基本医疗和住房）为目标，不断巩固扶贫成果，提高发展能力，缩小发展差距。要实现精准扶贫，有效提高扶贫资金的精确度，突出投入重点。形成多元化的扶贫资金投入机制，保证财政资金投入稳定增长的同时拓宽民间投资领域和范围，积极支持民间资本进入资源开发、基础设施、公共事业和金融服务等领域。着力创新投融资方式，不断拓宽投融资渠道，努力构建金融扶贫新模式。在扶贫管理工作中，要建立有效的分工合作机制，充分发挥政府、企业、农户的作用，建立起信息对称、管理高效的扶贫效果监督评价机制。

B.2

甘肃省县域社会发展评价指标体系设计与完善

王建兵　李忠东　何　瑛*

摘　要：　简要介绍了甘肃省县域社会发展评价指标体系的设计思路，延续 2009 年、2011 年和 2013 年指标设计思路，针对指标数据的调整范围，制订出 2015 年度评价指标体系，包括社会结构、教育发展、经济效益、生活质量、基础设施、社会保障、公共服务和生活环境共 8 项一级指标、25 项二级指标、47 项三级指标，并系统地描述了计算方法与评判标准。

关键词：　甘肃县域　指标体系　计算方法　评价标准

* 王建兵，博士，研究员，甘肃省社会科学院农村发展研究所所长。研究领域：生态经济和农村发展；李忠东，甘肃省统计局农村工作处处长；何瑛，甘肃省统计局社会科技处处长。

　　甘肃省县域社会发展评价研究是将甘肃省社会发展各个方面的指标数据分类汇总，并通过计量统计学的方法量化打分、排序和比较，定量分析甘肃省县域社会发展的程度和现状，以期发现甘肃省县域社会发展的瓶颈和短板，为甘肃省县域社会的发展提供理论依据和实践借鉴。本项研究起于2009年，每2年进行一次。

一　《2009：甘肃县域社会发展评价报告》指标设计

　　《2009：甘肃县域社会发展评价报告》中根据县域社会发展的内涵及其评价指标体系设计原则，通过文献查询，借鉴一些有代表性的研究成果，并结合甘肃省县域社会发展的特点，将甘肃省县域社会发展的评价体系设计为6个一级指标，即社会结构子系统、人口素质子系统、经济发展子系统、生活质量子系统、基础设施子系统、社会保障子系统。每个一级指标下面的内容，按照评价目的和设计原则选取了16个二级指标和29个三级指标，构成一个较为系统的指标体系（见表1）。

表1　2009年甘肃省县域社会发展水平评价指标体系构成

一级指标（6个）	二级指标（16个）	三级指标（29个）
社会结构子系统	非农人口/从业结构	①非农业人口占总人口的比重（％）
		②第三产业从业者占社会从业人员的比重（％）
		③第二产业从业者占社会从业人员的比重（％）
	农业内部从业结构	④农村从事非农产业劳动力占农村总劳动力比重（％）

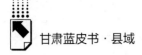
续表

一级指标 (6个)	二级指标(16个)	三级指标(29个)
人口素质 子系统	教育支出	①人均教育经费(元)
	升学率	②学龄儿童入学率(%)
		③初中升学率(%)
		④高中升学率(%)
	农村人口娱乐支出	⑤农村文化娱乐支出比重(%)
经济效益 子系统	社会人均收入状况	①人均国内生产总值(元)
		②人均地方财政收入(元)
	社会投资消费情况	③城镇新增固定资产(万元)
		④人均社会商品零售额(元)
生活质量 子系统	农村生活	①农村居民恩格尔系数(逆指标)(%)
		②农村居民人均纯收入(元)
		③农村居民人均居住面积(平方米)
	城镇建设	④砖木结构以上比重(%)
	城镇生活	⑤城镇在岗职工人均工资(元)
基础设施 子系统	用水和广电设施状况	①自来水受益村比重(%)
		②电视综合人口覆盖率(%)
		③广播综合人口覆盖率(%)
	交通状况	④公路密度(公路里程数/百平方公里)
	卫生状况	⑤每万人中拥有医院、卫生院医生数(个)
		⑥每万人中的医院、卫生院床位数(张)
社会保障 子系统	基本保险	①从业人员中参加基本养老保险的职工数(个)
		②从业人员中参加基本医疗保险的职工数(个)
	最低生活保障	③城镇从业人员中最低生活保障人数比重(逆指标)(%)
		④农村居民中最低生活保障人数比重(逆指标)(%)
	合作医疗	⑤参加农村合作医疗的人数占农村人口的比重(%)

二 《2011：甘肃县域社会发展评价报告》指标完善情况

2011 年，依据经济社会发展的现状，对比 2009 年的数据测算与实际发展情况，并结合层次分析法（AHP）的特征，吸纳、综合了学术界、各级管理层面、统计系统等相关人员的意见和建议，在原有指标基础上对评价体系进行了一定的修改。修改主要侧重以下三个方面。

一是增加了一些能够综合反映县域社会全面发展的一级指标，社会发展水平评价在原来的社会结构、人口素质、经济效益、生活质量、基础设施和社会保障 6 个子系统的基础上，按照统筹城乡发展更进一步的要求，增加了公共服务、社会管理和农村环境 3 个子系统，充实完善了对社会发展水平各个方面评价的指标体系。

二是调整了个别二级指标的归类。由于增加了 3 个一级评价指标子系统，把原来的二级指标重新进行了细化、归类和调整。

三是增减调整了部分三级指标。由于增加和调整了一级和二级指标，相应的三级指标也有所增加，尽量使 2011 年社会发展水平评价指标体系能够涵盖县域社会发展的各个方面，更能反映县域社会发展的综合水平（见表 2）。

表 2　2011 年甘肃省县域社会发展水平评价指标体系

一级指标 （9 个）	二级指标（28 个）	三级指标（55 个）
社会结构 子系统	人口结构	①非农人口占总人口的比重（%）
		②县域人口占全省人口比重（%）
	农村结构	③农村从事非农产业的劳动力占农村总劳动力的比重（%）

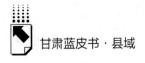

续表

一级指标 （9个）	二级指标（28个）	三级指标（55个）
人口素质 子系统	教育支出	①在校学生人均教育经费（元/人）
	师资力量	②每万人普通中学在校生拥有专任中学教师数 （人/万人）
		③每万人小学在校生拥有专任小学教师数 （人/万人）
	教育普及	④学龄儿童入学率（%）
		⑤初中升学率（%）
		⑥高中升学率（%）
		⑦普通中学在校女生比率（%）
	健康水平	⑧婴儿死亡率（‰）（逆指标）
经济效益 子系统	收入状况	①人均国内生产总值（元/人）
		②人均地方财政收入（元/人）
	社会投资	③人均固定资产完成额（元/人）
	消费情况	④人均社会消费品零售额（元/人）
	经济总量	⑤国内生产总值GDP（万元）
		⑥社会消费品零售总额（万元）
生活质量 子系统	农村生活	①农村居民恩格尔系数（逆指标）（%）
		②农村居民人均纯收入（元/人）
		③农民文化娱乐消费比重（%）
	城镇生活	④城镇在岗职工年人均工资（元/人）
	居住条件	⑤城乡住房砖木结构以上比重（%）
		⑥农村居民人均居住面积（平方米/人）
基础设施 子系统	饮用水	①自来水受益村比重（%）
	广播电视	②农村彩电普及率（%）
		③农村有线电视普及村庄比例（%）
	交通	④境内公路密度（公路里程数/百平方公里）
		⑤境内铁路密度（铁路营业里程数/百平方公里）
	通信	⑥国际互联网用户占总户数比重（%）
		⑦住宅电话用户占总户数比重（%）
		⑧移动电话用户占总人口比重（%）

续表

一级指标 (9个)	二级指标(28个)	三级指标(55个)
社会保障 子系统	医疗保险	①参加基本医疗保险的职工占从业人员比重(%)
		②参加农村合作医疗的人数占农村人口的比重(%)
	养老保险	③参加基本养老保险的职工占从业人员比重(%)
		④参加农村养老保险人数占农村人口比重(%)
	基本生活保障	⑤城镇最低生活保障人口占城镇人口比重(逆指标)(%)
		⑥农村最低生活保障人口占农村人口比重(逆指标)(%)
公共服务 子系统	农村科技服务	①每万人农村人口拥有农业技术人员数(人/万人)
		②每万户农村住户拥有农业科技与服务单位数(个/万户)
	文化娱乐	③每十万人拥有体育场馆个数(个/十万人)
		④每十万人拥有剧场、影剧院数(个/十万人)
		⑤人均拥有公共图书馆图书数(册/人)
	医疗卫生	⑥每万人拥有医院、卫生院医生数(人/万人)
		⑦每万人的医院、卫生院床位数(张/万人)
		⑧每万人拥有卫生防疫人员数(人/万人)
	教育设施	⑨每千户居民拥有普通中学数(所/千户)
		⑩每千户居民拥有小学数(所/千户)
社会管理 子系统	交通事故	①每万人交通事故发案数(件/万人)(逆指标)
	刑事案件	②每万人刑事案件立案数(件/万人)(逆指标)
		③每万人犯罪人数(人/万人)(逆指标)
农村环境 子系统	生活环境保护	①森林覆盖率(%)
		②每十万人口拥有垃圾处理站数(个/十万人)
	农业环境保护	③单位第一产业增加值使用化肥量(吨/万元)(逆指标)
		④单位第一产业增加值使用农药量(吨/万元)(逆指标)
		⑤单位第一产业增加值使用地膜量(吨/万元)(逆指标)

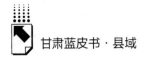

三 《2013：甘肃县域社会发展评价报告》指标体系情况

2013 年，县域社会发展水平评价指标体系延续了 2011 年评价指标体系框架，没有再进行指标增加。但是，受到 2013 年统计指标调整的影响，因社会管理子系统中 3 项三级指标缺失，故取消了社会管理子系统指标，因此，2013 年社会发展水平评价指标体系共包括社会结构、人口素质、经济效益、生活质量、基础设施、社会保障、公共服务和农村环境共 8 个一级指标，二级调整为 25 项，相应地，三级指标为 44 个（见表 3）。

表 3 2013 年甘肃省县域社会发展水平评价指标体系

一级指标（8 个）	二级指标（25 个）	三级指标（44 个）
社会结构子系统	人口结构	①非农人口占总人口的比重（%）
		②县域人口占全省人口比重（%）
	农村结构	③农村从事非农产业的劳动力占农村总劳动力的比重（%）
人口素质子系统	教育支出	①在校学生人均教育经费（元/人）
	师资力量	②每万人普通中学在校生拥有专任中学教师数（人/万人）
		③每万人小学在校生拥有专任小学教师数（人/万人）
	教育普及	④学龄儿童入学率（%）
		⑥普通中学在校女生比率（%）
经济效益子系统	收入状况	①人均国内生产总值（元/人）
		②人均地方财政收入（元/人）
	社会投资	③人均固定资产完成额（元/人）
	消费情况	④人均社会消费品零售额（元/人）
	经济总量	⑤国内生产总值 GDP（万元）
		⑥社会消费品零售总额（万元）

续表

一级指标 （8个）	二级指标（25个）	三级指标（44个）
生活质量 子系统	农村生活	①农村居民人均纯收入（元/人）
	城镇生活	②城镇在岗职工年人均工资（元/人）
	居住条件	③城乡住房砖木结构以上比重（%）
基础设施 子系统	饮用水	①自来水受益村比重（%）
	广播电视	②农村彩电普及率（%）
	交通	③境内公路密度（公路里程数/百平方公里）
		④境内铁路密度（铁路营业里程数/百平方公里）
	通信	⑤国际互联网用户占总户数比重（%）
		⑥住宅电话用户占总户数比重（%）
		⑦移动电话用户占总人口比重（%）
社会保障 子系统	医疗保险	①参加基本医疗保险的职工占从业人员比重（%）
		②参加农村合作医疗的人数占农村人口的比重（%）
	养老保险	③参加基本养老保险的职工占从业人员比重（%）
		④参加农村养老保险人数占农村人口比重（%）
	基本生活保障	⑤城镇最低生活保障人口占城镇人口比重（逆指标）（%）
		⑥农村最低生活保障人口占农村人口比重（逆指标）（%）
公共服务 子系统	农村科技服务	①每万人农村人口拥有农业技术人员数（人/万人）
		②每万户农村住户拥有农业科技与服务单位数 （个/万户）
	文化娱乐	③每十万人拥有体育场馆个数（个/十万人）
		④每十万人拥有剧场、影剧院数（个/十万人）
		⑤人均拥有公共图书馆图书数（册/人）
	医疗卫生	⑥每万人拥有医院、卫生院医生数（人/万人）
		⑦每万人的医院、卫生院床位数（张/万人）
		⑧每万人拥有卫生防疫人员数（人/万人）
	教育设施	⑨每千户居民拥有普通中学数（所/千户）
		⑩每千户居民拥有小学数（所/千户）
农村环境 子系统	生活环境保护	①每十万人口拥有垃圾处理站数（个/十万人）
	农业环境保护	②单位第一产业增加值使用化肥量（吨/万元）（逆指标）
		③单位第一产业增加值使用农药量（吨/万元）（逆指标）
		④单位第一产业增加值使用地膜量（吨/万元）（逆指标）

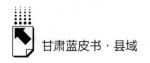

四 《2015：甘肃县域社会发展评价报告》指标体系情况

2015 年的指标体系在继续延续 2013 年指标体系的基础上，根据研究目的的需要，删除、修改和增加了一些指标。2015 年的指标体系共包括社会结构、教育发展、经济效益、生活质量、基础设施、社会保障、公共服务和生活环境共 8 个一级指标、25 个二级指标、47 个三级指标。

指标调整说明：

第一，为了更能体现指标的针对性，将一级指标中的"人口素质子系统"修改为"教育发展子系统"。

第二，将生活质量子系统中"城镇在岗职工年人均工资"修改为"城镇居民可支配收入"；

第三，基础设施子系统中"境内铁路密度"指标缺失，替换为"每百人民用汽车车辆数"；

第四，社会保障子系统中将"参加基本医疗保险的职工占从业人员比重"替换为"参加城镇基本医疗保险的人数占城镇人口比重"；"参加基本养老保险的职工占从业人员比重"替换为"参加城镇基本养老保险的人数占城镇人口比重"。

第五，公共服务子系统中一是将"教育设施"调整到教育发展子系统中，将"农村科技服务"调整为"科技服务"。二是将"每万人农村人口拥有农业技术人员数"调整为"每万人拥有专业技术人员数"；"每万户农村住户拥有农业科技与服务单位数"调整为"每万人专利授权数"；"每万人拥有卫生防疫人员数"调整为"每万人拥有执业（助理）医师数"。

第六，将"农村环境子系统"调整为"生活环境子系统"；增加

"森林覆盖率"、"污水处理厂集中处理率"、"每万元 GDP 工业二氧化硫排放量"、"每万元 GDP 氮氧化物排放量"、"每万元 GDP 烟（粉）尘排放量"指标（见表 4）。

表 4　2015 年甘肃省县域社会发展水平评价指标体系

一级指标 （8 个）	二级指标（25 个）	三级指标（47 个）
社会结构 子系统	人口结构	①非农人口占总人口的比重（%）
		②县域人口占全省人口比重（%）
	农村结构	③农村从事非农产业的劳动力占农村总劳动力的比重（%）
教育发展 子系统	教育支出	①在校学生人均教育经费（元/人）
	师资力量	②每万人普通中学在校生拥有专任中学教师数（人/万人）
		③每万人小学在校生拥有专任小学教师数（人/万人）
	教育设施	④每千户居民拥有普通中学数（所/千户）
		⑤每千户居民拥有小学数（所/千户）
经济效益 子系统	收入状况	①人均国内生产总值（元/人）
		②人均地方财政收入（元/人）
	社会投资	③人均固定资产完成额（元/人）
	消费情况	④人均社会消费品零售额（元/人）
	经济总量	⑤国内生产总值 GDP（万元）
		⑥社会消费品零售总额（万元）
生活质量 子系统	农村生活	①农村居民人均纯收入（元/人）
	城镇生活	②城镇居民可支配收入（元/人）
	居住条件	③城乡住房砖木结构以上比重（%）
基础设施 子系统	饮用水	①自来水受益村比重（%）
	广播电视	②农村彩电普及率（%）
	交通	③境内公路密度（公路里程数/百平方公里）
		④每百人民用汽车车辆数（辆/百人）
	通信	⑤国际互联网用户占总户数比重（%）
		⑥住宅电话用户占总户数比重（%）
		⑦移动电话用户占总人口比重（%）

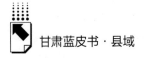

续表

一级指标 (8个)	二级指标(25个)	三级指标(47个)
社会保障 子系统	医疗保险	①参加城镇基本医疗保险的人数占城镇人口比重(%)
		②参加农村合作医疗的人数占农村人口的比重(%)
	养老保险	③参加城镇基本养老保险的人数占城镇人口比重(%)
		④参加农村养老保险人数占农村人口比重(%)
	基本生活保障	⑤城镇最低生活保障人口占城镇人口比重(逆指标)(%)
		⑥农村最低生活保障人口占农村人口比重(逆指标)(%)
公共服务 子系统	科技服务	①每万人拥有专业技术人员数(人/万人)
		②每万人专利授权数(个/万人)
	文化娱乐	③每十万人拥有体育场馆个数(个/十万人)
		④每十万人拥有剧场、影剧院数(个/十万人)
		⑤人均拥有公共图书馆图书数(册/人)
	医疗卫生	⑥每万人拥有医院、卫生院医生数(人/万人)
		⑦每万人的医院、卫生院床位数(张/万人)
		⑧每万人拥有执业(助理)医师数(人/万人)
生活环境 子系统	生活环境	①森林覆盖率(%)
		②每十万人口拥有垃圾处理站数(个/十万人)
		③污水处理厂集中处理率(%)
	环境保护	④每万元GDP工业二氧化硫排放量(公斤/万元)(逆指标)
		⑤每万元GDP氮氧化物排放量(公斤/万元)(逆指标)
		⑥每万元GDP烟(粉)尘排放量(公斤/万元)(逆指标)
	农村环境	⑦单位第一产业增加值使用化肥量(吨/万元)(逆指标)
		⑧单位第一产业增加值使用农药量(吨/万元)(逆指标)
		⑨单位第一产业增加值使用地膜量(吨/万元)(逆指标)

五 甘肃省县域社会发展水平的评价标准

为了统一比较标准，参考往年县域社会蓝皮书的评价方法，并结合甘肃省县域社会发展情况，课题组对甘肃省县域社会发展评价的时间、地域范围和评价标准做了如下界定。

（一）研究和评价的时间与地域范围

1. 评价时段

本研究以《甘肃省发展年鉴》（2014 年）和甘肃省统计局提供的各县域 2013 年度统计数据为依据，评价基准年份为 2013 年。

2. 县域评价范围

根据国家统计局农村调查司有关全国县域社会经济综合发展水平所做的测评范围，结合甘肃省统计局的具体要求，课题组对甘肃省除兰州市 5 区（城关区、七里河区、西固区、安宁区、红古区）、金昌市 1 区（金川区）、白银市 2 区（白银区、平川区）和天水市 1 区（秦州区）的 77 个县（市、区）进行了县域社会发展的评价与分析。77 个县（市、区）地域分布如图 1 所示。

3. 市（州）评价范围

以县域经济竞争力评价结果为基础，对甘肃省 14 个市（州）进行了分析研究和评价，14 个市（州）地域分布如图 2 所示。

（二）县域社会发展水平判定

根据上述确定的甘肃省县域社会发展评价指标体系和评价方法，课题组采用二维表格对甘肃省 77 个县（市、区）的竞争力态势进行了评价分析和研究，为了数据比较的延续性，课题组设定了两项评价标准。

图1　甘肃县（市、区）地域分布

1. 2013年甘肃省县域社会发展情况采用实际得分进行归类

将2013年县域社会发展得分处于75分以上的县（市、区）判定为上游区，处于70～75分的县（市、区）判定为中游区，处于70分以下的县（市、区）判定为下游区。

2. 空间演化时仍然沿用以往县域社会发展区段划分标准

将县域社会发展处于1～25位的县（市、区）判定为上游区，处于26～56位的县（市、区）判定为中游区，处于57～77位的县（市、区）判定为下游区；将县域社会发展平均得分处于1～5位的市（州）判定为上游区，处于6～10位的市（州）判定为中游区，处于11～14位的市（州）判定为下游区。

图2 甘肃省市（州）地域分布

3.优劣势指标的划分标准

分别用显著优势、一般优势、中等水平、一般劣势和显著劣势5项评价标准对甘肃省县域社会发展评价的指标进行划分。具体为：县域社会发展评价指标得分处于80以上的是具有显著优势的指标，对带动县域社会发展起到巨大促进作用；79~75分的是具有一般优势指标，对县域社会发展有一定帮助；74~70分的是中等水平指标，还不足以对县域社会发展起到决定性作用，但是具有一定潜力可挖，如果加强可以成为未来促进社会发展的指标，反之，则有可能阻碍发展；69~65分的是一般劣势指标，是县域社会发展的"短板"，需要尽可能加强；64分以下的是显著劣势指标，是阻碍县域社会发展的制约因子，也是亟待解决的主要问题。

B.3

2013年甘肃省县域
社会发展评价与分析

王建兵　潘从银*

摘　要：　本报告对2013年甘肃省77个县（市、区）县域社会
结构子系统、教育发展子系统、经济发展子系统、生
活质量子系统、基础设施子系统、社会保障子系统、
公共产品子系统和生活环境子系统8个指标进行计
算、排序和分析，并与2009年、2011年相应指标进
行对比，从横向和纵向两个截面为全省县（市、区）
的发展提供了一个动态的、相对的参照坐标。

关键词：　甘肃　社会发展　评价　排序

一　甘肃省县域社会发展综合评价

（一）甘肃省县域社会发展综合评价结果

通过对社会结构子系统、教育发展子系统、经济效益子系统、生
活质量子系统、基础设施子系统、社会保障子系统、公共服务子系统

---

* 王建兵，博士，研究员，甘肃省社会科学院农村发展研究所所长，研究领域：生态经济和农
村发展；潘从银，甘肃省社会科学院助理研究员。

和生活环境子系统 8 项指标进行计算和分析，2013 年甘肃省 77 个县（市、区）县域社会发展综合评价情况如下（见表 1、表 2）。

表 1　2013 年甘肃省县域社会发展总体排序

地　区	2013 年排序	2011 年排序（修正）	2009 年排序	2013 年甘肃省县域社会发展							
				社会结构排序	教育发展排序	经济效益排序	生活质量排序	基础设施排序	社会保障排序	公共服务排序	生活环境排序
肃 北 县	1	1	9	64	1	3	2	29	16	2	73
阿克塞县	2	2	7	51	3	9	1	7	74	1	72
玉 门 市	3	8	4	31	49	1	4	9	18	12	18
肃 州 区	4	6	2	6	76	4	5	1	70	7	37
敦 煌 市	5	7	8	24	50	6	3	27	7	21	48
西 峰 区	6	5	5	12	60	2	10	2	36	11	57
肃 南 县	7	8	6	61	6	12	8	38	37	3	40
华 亭 县	8	9	19	8	18	8	9	14	72	9	16
凉 州 区	9	16	11	1	32	7	12	19	42	48	39
瓜 州 县	10	11	30	66	51	5	7	11	5	17	43
甘 州 区	11	13	1	5	74	10	14	6	19	8	29
山 丹 县	12	18	47	7	57	36	15	3	24	10	25
崆 峒 区	13	17	13	4	56	13	23	24	53	19	9
崇 信 县	14	20	16	20	9	28	11	23	47	31	31
金 塔 县	15	19	27	52	71	20	6	20	21	13	55
永 昌 县	16	28	20	42	72	17	17	12	45	25	3
天 祝 县	17	27	28	53	5	15	37	42	6	15	10
高 台 县	18	21	25	23	62	30	22	8	11	6	38
临 泽 县	19	12	14	26	42	39	18	10	54	18	23
临 夏 市	20	15	17	2	77	25	35	4	60	24	61
庆 城 县	21	26	31	45	17	16	13	58	69	52	70
宁　　县	22	36	42	22	16	24	21	31	40	73	65
华 池 县	23	31	36	74	4	11	20	70	33	27	46
永 登 县	24	23	15	11	29	14	36	45	75	49	26

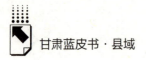

续表

地　区	2013 年排序	2011 年排序（修正）	2009 年排序	2013 年甘肃省县域社会发展							
				社会结构排序	教育发展排序	经济效益排序	生活质量排序	基础设施排序	社会保障排序	公共服务排序	生活环境排序
合　水　县	25	33	55	54	36	23	19	51	61	29	20
景　泰　县	26	29	29	55	20	26	27	25	51	37	33
正　宁　县	27	35	57	47	25	33	16	32	38	62	45
民　勤　县	28	24	26	71	38	18	40	22	27	26	53
环　　县	29	59	64	15	11	22	24	75	26	51	6
成　　县	30	42	41	21	45	40	29	35	32	23	30
镇　原　县	31	47	51	19	26	35	25	41	59	64	54
泾　川　县	32	37	22	25	40	38	33	34	57	32	49
徽　　县	33	40	33	14	21	47	31	36	10	43	69
皋　兰　县	34	39	37	38	7	34	58	21	71	33	28
庄　浪　县	35	45	39	18	43	57	32	30	31	16	5
民　乐　县	36	30	34	70	61	45	26	5	56	36	13
武　都　区	37	49	54	3	70	29	46	47	30	66	15
榆　中　县	38	32	18	29	31	31	43	54	13	53	2
灵　台　县	39	38	24	39	10	46	39	33	65	34	64
靖　远　县	40	43	35	59	37	37	28	63	34	46	12
两　当　县	41	44	48	60	2	64	55	39	15	5	21
静　宁　县	42	53	45	56	22	49	38	43	63	42	7
麦　积　区	43	22	23	9	64	19	72	62	64	41	11
陇　西　县	44	48	32	32	39	32	45	64	39	35	41
永　靖　县	45	46	44	36	23	51	61	37	41	22	19
甘　谷　县	46	56	53	10	68	43	41	59	66	55	8
临　洮　县	47	55	52	37	34	44	34	66	58	60	22
安　定　区	48	57	43	30	28	27	53	74	68	59	35
清　水　县	49	58	50	58	24	56	52	26	49	58	32
武　山　县	50	52	38	16	65	48	42	60	67	63	1
康　　县	51	50	40	67	15	58	54	48	12	28	36

续表

地　区	2013年排序	2011年排序（修正）	2009年排序	2013 年甘肃省县域社会发展							
				社会结构排序	教育发展排序	经济效益排序	生活质量排序	基础设施排序	社会保障排序	公共服务排序	生活环境排序
碌 曲 县	52	41	71	76	8	53	57	57	20	4	71
合 作 市	53	34	46	62	67	21	65	15	77	68	67
临 夏 县	54	66	60	13	41	70	64	18	1	54	52
古 浪 县	55	65	49	50	54	41	67	65	43	45	4
临 潭 县	56	60	72	63	12	61	63	44	22	30	63
文　县	57	62	58	44	13	55	66	46	50	77	14
张家川县	58	67	65	43	58	63	50	56	28	44	51
夏 河 县	59	61	75	73	33	42	68	67	2	57	59
通 渭 县	60	78	77	33	30	67	62	69	9	39	27
秦 安 县	61	63	56	34	63	54	48	68	52	72	24
卓 尼 县	62	76	70	75	19	59	71	28	14	38	68
玛 曲 县	63	51	80	77	27	50	30	77	55	14	77
漳　县	64	75	66	17	53	60	47	73	29	69	34
舟 曲 县	65	54	73	27	55	71	56	55	8	40	75
渭 源 县	66	64	63	69	46	66	51	53	44	47	58
会 宁 县	67	71	67	48	35	52	74	71	35	50	66
西 和 县	68	72	61	35	69	62	59	61	76	61	42
广 河 县	69	68	69	65	75	65	60	17	4	75	47
康 乐 县	70	73	78	72	47	73	70	40	25	56	50
和 政 县	71	70	74	40	44	72	77	13	3	76	60
宕 昌 县	72	69	68	68	59	68	69	50	48	65	62
积石山县	73	77	76	41	48	74	75	49	73	67	17
礼　县	74	80	59	28	66	69	73	72	62	70	44
迭 部 县	75	74	62	49	14	77	49	16	23	20	76
岷　县	76	79	79	57	73	75	44	76	17	71	74
东 乡 县	77	81	81	46	52	76	76	52	46	74	56

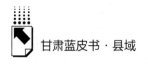
表2 2013年甘肃省县域社会发展水平归类分布

上游区域（12个）		
（80分以上）4个	肃北县、阿克塞县、玉门市、肃州区	显著优势
（75～79分）8个	敦煌市、西峰区、肃南县、华亭县、凉州区、瓜州县、甘州区、山丹县	一般优势
中游区域（26个）		
（70～74分）26个	崆峒区、崇信县、金塔县、永昌县、天祝县、高台县、临泽县、临夏市、庆城县、宁县、华池县、永登县、合水县、景泰县、正宁县、民勤县、环县、成县、镇原县、泾川县、徽县、皋兰县、庄浪县、民乐县、武都区、榆中县	中等水平
下游区域（39个）		
（65～69分）24个	灵台县、靖远县、两当县、静宁县、麦积区、陇西县、永靖县、甘谷县、临洮县、安定区、清水县、武山县、康县、碌曲县、合作市、临夏县、古浪县、临潭县、文县、张家川县、夏河县、通渭县、秦安县、卓尼县	一般劣势
（64分以下）15个	玛曲县、漳县、舟曲县、渭源县、会宁县、西和县、广河县、康乐县、和政县、宕昌县、积石山县、礼县、迭部县、岷县、东乡县	显著劣势

从甘肃省77个县（市、区）的县域社会发展的总体排序来看，分年度县域之间的名次变动不是太显著。从分层来看，77个县（市、区）中有12个县（市、区）处于县域社会发展上游区域，其中又分两个层次，具有显著优势的4个县（市、区），具有一般优势的8个县（市、区）；处于中游区域的有26个县（市、区）；处于下游区域的有39个县（市、区），其中又分两个层次，具有一般劣势的有24个县（市、区），具有显著劣势的有15个县（市、区）。

其中，社会发展综合排序处在第一层次的县域分别是肃北县、阿克塞县、玉门市和肃州区，这4个县（市、区）在县域社会发展方面具有比较显著的竞争优势，与2009年和2011年情况大致相同，这些县域集中在河西地区，说明河西地区县域社会发展水平一直居于全省前列，具有绝对比较优势。

社会发展综合排序处于第二层次的县域分别是敦煌市、西峰区、肃南县、华亭县、凉州区、瓜州县、甘州区、山丹县，这8个县（市）在县域社会发展方面具有一般竞争优势。其中，河西地区县域6个、陇东地区县域2个。

县域社会发展水平综合排序居于中游的县域是崆峒区、崇信县、金塔县、永昌县、天祝县、高台县、临泽县、临夏市、庆城县、宁县、华池县、永登县、合水县、景泰县、正宁县、民勤县、环县、成县、镇原县、泾川县、徽县、皋兰县、庄浪县、民乐县、武都区和榆中县，这26个县（市、区）在县域社会发展方面处在中游区域，社会发展能力属于中等水平。

县域社会发展水平综合排序处于社会发展下游区域的共有39个县（市、区），其中一般劣势的县域分别是灵台县、靖远县、两当县、静宁县、麦积区、陇西县、永靖县、甘谷县、临洮县、安定区、清水县、武山县、康县、碌曲县、合作市、临夏县、古浪县、临潭县、文县、张家川县、夏河县、通渭县、秦安县和卓尼县；县域社会发展水平处于显著劣势的有15个县（市、区），它们是玛曲县、漳县、舟曲县、渭源县、会宁县、西和县、广河县、康乐县、和政县、宕昌县、积石山县、礼县、迭部县、岷县和东乡县。这39个县（市、区）主要分布在六盘山区、秦巴山区和藏区三个集中联片特困区。

（二）甘肃省市（州）县域社会发展排序

2013年，甘肃省14个市（州）的县域排名大体上变动不大。但庆阳由于石油化工行业的发展，区域综合实力不断增加，位次上升较快，从2009年第8位、2011年第9位上升到2013年第5位。同时，由于2013年统计数据中白银市排除了白银区和平川区，金昌市排除了金川区，天水市排除了秦州区，因此排序上有所降低，这种由于统计数据变化引起的排序变化与实际区域发展情况没有直接关系。为了更直观地分类，运用系统层次分析法将2013年的县域社会发展的8项二级指标进行系统聚类分析，聚类分三类结果（见表3、表4）。

第一类：兰州市、白银市、天水市、武威市、平凉市、庆阳市、陇南市、定西市、甘南州、临夏州。这一类除在教育发展方面略优外，其余各方面都处于竞争劣势。

表3　2013年甘肃省市（州）县域社会发展排序

市（州）	2013年总体排序	2011年总体排序（修正）	2009年总体排序	2013年甘肃省市（州）县域社会发展排序							
				社会结构排序	教育发展排序	经济效益排序	生活质量排序	基础设施排序	社会保障排序	公共服务排序	生活环境排序
嘉峪关市	1	—	—	1	14	1	1	1	5	1	3
酒 泉 市	2	2	1	11	7	2	2	3	3	2	13
张 掖 市	3	5	3	5	10	7	4	2	6	3	7
金 昌 市	4	1	2	12	13	3	3	4	10	4	1
庆 阳 市	5	9	8	9	2	5	5	9	11	10	12
平 凉 市	6	4	4	2	3	8	6	6	13	5	5
武 威 市	7	10	7	6	4	4	7	7	2	7	6
兰 州 市	8	7	5	3	1	6	9	8	14	9	2
白 银 市	9	3	6	13	5	9	8	12	8	8	9
天 水 市	10	8	9	4	12	10	11	13	12	13	4
陇 南 市	11	12	10	8	8	11	12	10	9	11	8
定 西 市	12	11	11	10	9	12	10	14	7	12	10
甘 南 州	13	13	13	14	6	13	13	11	4	6	14
临 夏 州	14	6	12	7	11	14	14	5	1	14	11

注：2009年和2011年的总体排序中不包括嘉峪关市。

表4　2013年甘肃省市（州）县域社会发展聚类

市(州)	5 类	4 类	3 类
兰　州　市	1	1	1
嘉峪关市	2	2	2
金　昌　市	3	3	3
白　银　市	1	1	1
天　水　市	1	1	1
武　威　市	1	1	1
张　掖　市	3	3	3
平　凉　市	1	1	1
酒　泉　市	4	4	3
庆　阳　市	1	1	1
定　西　市	1	1	1
陇　南　市	1	1	1
临　夏　州	1	1	1
甘　南　州	5	1	1

第二类：嘉峪关市，这一类型在社会结构、经济效益、生活质量、基础设施、社会保障和公共服务方面最优，但在教育发展方面是短板。

第三类：酒泉市、张掖市、金昌市，这一类型既没有明显的劣势，也没有特别优势，各方面都处于中游水平。

二　甘肃省县域社会结构子系统评价分析

县域社会结构是县域社会实现小康社会和现代化的基础与前提，集中展示的是县域社会人口规模、城市化水平及非农化程度等，也是判断县域城乡一体化发展现状的重要标志。本文通过人口结构和农村结构两个二级指标来对2013年甘肃省77个县（市、区）县域社会结构进行测量，通过县域人口占全省总人口比重来体现县域人口规模，通过非农业人口占总人口的比重显示县域城镇化发展水平，通过农村从事非农产业的劳动力占农村总劳动力的比重反映农业内部从业结构。

通过对上述指标的计算，2013 年甘肃省 77 个县（市、区）县域社会结构情况如表 5 所示，县域社会结构得分情况如图 2 所示，14 个市（州）县域社会结构平均水平情况如表 6 所示。

表 5　2013 年甘肃省县域社会结构

县　域	社会结构数值	社会结构得分	社会结构排序	2013 年甘肃省县域社会结构			
				人口结构因子数值	排序	农村结构因子数值	排序
凉 州 区	1.6384	84.9880	1	2.0295	1	1.2474	9
临 夏 市	1.6326	84.9435	2	1.3858	2	1.8794	2
武 都 区	1.1474	81.2225	3	0.4559	11	1.8389	3
崆 峒 区	1.0874	80.7625	4	1.1762	4	0.9987	14
甘 州 区	1.0175	80.2263	5	1.1476	5	0.8874	18
肃 州 区	1.0110	80.1766	6	1.2247	3	0.7973	19
山 丹 县	0.9776	79.9206	7	-0.1003	36	2.0556	1
华 亭 县	0.8606	79.0231	8	0.0209	27	1.7003	4
麦 积 区	0.8415	78.8764	9	1.1258	6	0.5572	26
甘 谷 县	0.7485	78.1637	10	0.4742	10	1.0229	13
永 登 县	0.6758	77.6062	11	0.4312	13	0.9205	17
西 峰 区	0.6216	77.1900	12	0.6030	9	0.6402	23
临 夏 县	0.5838	76.9001	13	-0.0172	31	1.1847	10
徽　　县	0.5291	76.4810	14	-0.4200	56	1.4783	5
环　　县	0.4831	76.1280	15	-0.2886	46	1.2548	8
武 山 县	0.4159	75.6125	16	0.2199	22	0.6119	24
漳　　县	0.4086	75.5564	17	-0.5175	66	1.3346	6
庄 浪 县	0.3988	75.4815	18	-0.1432	39	0.9407	16
镇 原 县	0.3678	75.2435	19	0.1264	24	0.6091	25

县 域	社会结构数值	社会结构得分	社会结构排序	2013 年甘肃省县域社会结构			
				人口结构因子数值	排序	农村结构因子数值	排序
崇 信 县	0.3408	75.0367	20	−0.6064	72	1.2880	7
成 县	0.3376	75.0121	21	−0.1183	38	0.7935	20
宁 县	0.3297	74.9515	22	−0.0547	32	0.7141	22
高 台 县	0.2815	74.5821	23	−0.4789	60	1.0419	11
敦 煌 市	0.2683	74.4805	24	0.0011	30	0.5354	29
泾 川 县	0.2509	74.3473	25	−0.2390	43	0.7408	21
临 泽 县	0.2348	74.2239	26	−0.4923	62	0.9619	15
舟 曲 县	0.2347	74.2231	27	−0.5640	69	1.0334	12
礼 县	0.2283	74.1744	28	0.3956	14	0.0611	34
榆 中 县	0.2003	73.9594	29	0.3184	18	0.0823	33
安 定 区	0.0962	73.1614	30	0.3915	15	−0.1990	44
玉 门 市	0.0955	73.1556	31	0.1448	23	0.0462	36
陇 西 县	0.0893	73.1078	32	0.3437	17	−0.1652	43
通 渭 县	0.0720	72.9757	33	−0.0818	35	0.2259	30
秦 安 县	0.0307	72.6590	34	0.4334	12	−0.3719	51
西 和 县	0.0243	72.6099	35	0.0093	29	0.0393	37
永 靖 县	0.0205	72.5804	36	−0.1708	40	0.2118	31
临 洮 县	0.0058	72.4677	37	0.2508	20	−0.2392	45
皋 兰 县	0.0022	72.4404	38	−0.5388	67	0.5432	28
灵 台 县	−0.0257	72.2262	39	−0.5964	71	0.5450	27
和 政 县	−0.0730	71.8635	40	−0.0694	34	−0.0766	41
积石山县	−0.1008	71.6502	41	−0.3773	54	0.1757	32
永 昌 县	−0.1308	71.4203	42	0.0143	28	−0.2759	47
张家川县	−0.1320	71.4107	43	−0.2981	48	0.0340	38
文 县	−0.1447	71.3135	44	−0.3427	52	0.0533	35
庆 城 县	−0.1782	71.0565	45	−0.1950	42	−0.1614	42
东 乡 县	−0.2596	70.4326	46	−0.1898	41	−0.3293	49
正 宁 县	−0.2650	70.3913	47	−0.5584	68	0.0285	39
会 宁 县	−0.2715	70.3411	48	0.3441	16	−0.8871	64

续表

县 域	社会结构数值	社会结构得分	社会结构排序	2013 年甘肃省县域社会结构			
				人口结构因子数值	排序	农村结构因子数值	排序
迭部县	− 0. 2733	70. 3276	49	− 0. 2652	44	− 0. 2814	48
古浪县	− 0. 2952	70. 1598	50	− 0. 1164	37	− 0. 4739	54
阿克塞县	− 0. 3096	70. 0492	51	0. 7462	8	− 1. 3653	71
金塔县	− 0. 3153	70. 0056	52	− 0. 3576	53	− 0. 2729	46
天祝县	− 0. 3163	69. 9974	53	− 0. 2876	45	− 0. 3451	50
合水县	− 0. 3352	69. 8525	54	− 0. 6252	73	− 0. 0452	40
景泰县	− 0. 3491	69. 7462	55	− 0. 0694	33	− 0. 6288	56
静宁县	− 0. 3606	69. 6581	56	0. 1070	25	− 0. 8282	62
岷 县	− 0. 3651	69. 6235	57	0. 1051	26	− 0. 8353	63
清水县	− 0. 4171	69. 2248	58	− 0. 4022	55	− 0. 4319	52
靖远县	− 0. 4468	68. 9966	59	0. 2241	21	− 1. 1177	68
两当县	− 0. 4740	68. 7885	60	− 0. 4870	61	− 0. 4610	53
肃南县	− 0. 4777	68. 7596	61	− 0. 2958	47	− 0. 6597	57
合作市	− 0. 5110	68. 5046	62	0. 8354	7	− 1. 8574	74
临潭县	− 0. 5629	68. 1067	63	− 0. 6367	74	− 0. 4891	55
肃北县	− 0. 5648	68. 0918	64	0. 2669	19	− 1. 3965	72
广河县	− 0. 5692	68. 0584	65	− 0. 4711	59	− 0. 6673	59
瓜州县	− 0. 5753	68. 0112	66	− 0. 3229	51	− 0. 8277	61
康 县	− 0. 5900	67. 8989	67	− 0. 5144	64	− 0. 6656	58
宕昌县	− 0. 5988	67. 8312	68	− 0. 4235	57	− 0. 7741	60
渭源县	− 0. 6705	67. 2817	69	− 0. 3095	49	− 1. 0314	66
民乐县	− 0. 6981	67. 0699	70	− 0. 4343	58	− 0. 9618	65
民勤县	− 0. 7230	66. 8786	71	− 0. 3188	50	− 1. 1273	70
康乐县	− 0. 8065	66. 2387	72	− 0. 4937	63	− 1. 1193	69
夏河县	− 0. 8159	66. 1668	73	− 0. 5160	65	− 1. 1157	67
华池县	− 1. 2679	62. 7003	74	− 0. 6412	75	− 1. 8945	75
卓尼县	− 1. 2915	62. 5189	75	− 0. 7775	77	− 1. 8056	73
碌曲县	− 1. 5266	60. 7165	76	− 0. 5952	70	− 2. 4579	76
玛曲县	− 1. 6184	60. 0122	77	− 0. 7075	76	− 2. 5293	77

表6　2013年甘肃省县域社会结构分层

上游区域(21个)		
(≥80分)6个	凉州区、临夏市、武都区、崆峒区、甘州区、肃州区	显著优势
(75~79分)15个	山丹县、华亭县、麦积区、甘谷县、永登县、西峰区、临夏县、徽县、环县、武山县、漳县、庄浪县、镇原县、崇信县、成县	一般优势
中游区域(31位)		
(70~74分)31个	宁县、高台县、敦煌市、泾川县、临泽县、舟曲县、礼县、榆中县、安定区、玉门市、陇西县、通渭县、秦安县、西和县、永靖县、临洮县、皋兰县、灵台县、和政县、积石山县、永昌县、张家川县、文县、庆城县、东乡县、正宁县、会宁县、迭部县、古浪县、阿克塞县、金塔县	中等水平
下游区域(25位)		
(65~69分)21个	天祝县、合水县、景泰县、静宁县、岷县、清水县、靖远县、两当县、肃南县、合作市、临潭县、肃北县、广河县、瓜州县、康县、宕昌县、渭源县、民乐县、民勤县、康乐县、夏河县	一般劣势
(≤64分)4个	华池县、卓尼县、碌曲县、玛曲县	显著劣势

从77个县（市、区）社会结构分层来看，77个县（市、区）中有21个县（市、区）处于县域社会发展上游区域，其中具有显著优势的有6个县（市、区），具有一般优势的有15个县（市、区）；处于中游区域的有31个县（市、区）；处于下游区域的有25个县（市、区），其中具有一般劣势的有21个县（市、区），具有显著劣势的有4个县（市、区）。

社会结构发展综合排序处在第一层次的县域分别是凉州区、临夏市、武都区、崆峒区、甘州区、肃州区，这6个县（市、区）在县域社会发展方面具有比较显著的竞争优势，这些县域都是地级市所在地，具有绝对比较优势。

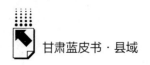

社会发展综合排序处于第二层次的县域分别是山丹县、华亭县、麦积区、甘谷县、永登县、西峰区、临夏县、徽县、环县、武山县、漳县、庄浪县、镇原县、崇信县、成县，这15个县（市、区）在县域社会发展方面具有一般竞争优势。

社会发展水平综合排序居于中游的县域是宁县、高台县、敦煌市、泾川县、临泽县、舟曲县、礼县、榆中县、安定区、玉门市、陇西县、通渭县、秦安县、西和县、永靖县、临洮县、皋兰县、灵台县、和政县、积石山县、永昌县、张家川县、文县、庆城县、东乡县、正宁县、会宁县、迭部县、古浪县、阿克塞县、金塔县，这31个县（市、区）在县域社会发展方面处在中游区域，社会发展能力属于中等水平。

社会发展水平综合排序处于社会发展下游区域的共有25个县（市、区），其中一般劣势的县域分别是天祝县、合水县、景泰县、静宁县、岷县、清水县、靖远县、两当县、肃南县、合作市、临潭县、肃北县、广河县、瓜州县、康县、宕昌县、渭源县、民乐县、民勤县、康乐县、夏河县，这21个县（市、区）在县域社会发展方面处于劣势；县域社会发展水平处于显著劣势的有4个县（市、区），它们是华池县、卓尼县、碌曲县、玛曲县。

三 甘肃省县域教育发展子系统评价分析

教育水平的发展状况是反映一个地区社会发展水平和人口素质的先决条件。本文在对2013年甘肃省77个县（市、区）教育发展水平测度时，通过在校学生人均教育经费反映县域教育支出状况，通过每万人普通中学在校生拥有教师数、每万人小学在校生拥有教师数两个指标反映县域师资力量与教学水平，用每千户居民拥有普通中学数和小学数反映教学设施情况。

通过对上述 3 项二级指标、5 项三级指标计算分析，2013 年甘肃省 77 个县（市、区）教育发展子系统排序情况如表 7 所示。

表 7 2013 年甘肃省教育发展结构排序

县　域	教育数值	教育得分	教育发展排序	2013 年甘肃省教育发展结构					
				教育支出因子数值	排序	师资力量因子数值	排序	教育设施因子数值	排序
肃 北 县	2.3721	84.9445	1	4.8170	1	2.0344	2	-0.5500	63
两 当 县	1.4428	78.3815	2	2.0110	3	0.9934	8	1.1345	5
阿 克 塞 县	1.1912	76.6045	3	3.4110	2	0.3836	22	-0.9610	67
华 池 县	1.1861	76.5683	4	1.1276	6	2.3757	1	0.0745	42
天 祝 县	0.9917	75.1956	5	0.7000	12	1.1914	6	1.1810	3
肃 南 县	0.9750	75.0780	6	1.4329	5	1.7085	3	-0.3689	58
皋 兰 县	0.8702	74.3379	7	1.5686	4	1.2172	5	-0.4079	61
碌 曲 县	0.7521	73.5034	8	1.0584	8	1.0246	7	0.0712	43
崇 信 县	0.6723	72.9402	9	1.1127	7	0.2560	30	0.5016	25
灵 台 县	0.6670	72.9026	10	0.9120	9	0.3308	25	0.6766	17
环 　 县	0.6325	72.6587	11	0.4930	15	0.2205	32	1.2304	2
临 潭 县	0.5986	72.4195	12	0.0414	37	0.9723	9	0.9678	9
文 　 县	0.5576	72.1301	13	0.2740	26	0.8962	10	0.5972	21
迭 部 县	0.4435	71.3238	14	0.2387	28	0.4523	19	0.7077	14
康 　 县	0.4070	71.0664	15	0.2775	25	0.3830	23	0.6037	20
宁 　 县	0.4021	71.0315	16	0.1569	30	0.5936	17	0.5374	24
庆 城 县	0.3993	71.0118	17	0.7390	11	0.4515	20	-0.1059	49
华 亭 县	0.3704	70.8076	18	0.5495	14	0.8698	12	-0.3678	57
卓 尼 县	0.3651	70.7702	19	0.4800	16	-0.5810	59	1.1579	4
景 泰 县	0.3470	70.6423	20	0.1104	33	0.7133	14	0.2960	34
徽 　 县	0.3126	70.3998	21	0.0220	38	0.0421	37	0.9706	8
静 宁 县	0.3114	70.3914	22	0.1307	31	-0.2459	47	1.1098	7
永 靖 县	0.3076	70.3641	23	-0.1313	41	0.8783	11	0.3220	32
清 水 县	0.3060	70.3531	24	-0.1210	40	-0.0905	41	1.2718	1
正 宁 县	0.3005	70.3141	25	0.0808	34	0.6564	16	0.2375	37

续表

县 域	教育数值	教育得分	教育发展排序	2013 年甘肃省教育发展结构					
				教育支出因子数值	排序	师资力量因子数值	排序	教育设施因子数值	排序
镇原县	0.2613	70.0371	26	0.2826	24	0.1725	35	0.3215	33
玛曲县	0.2602	70.0296	27	0.8017	10	0.7176	13	− 0.9193	66
安定区	0.2562	70.0016	28	− 0.4882	53	0.6619	15	0.8432	11
永登县	0.2326	69.8350	29	0.4118	21	0.1902	33	0.0361	45
通渭县	0.2099	69.6746	30	− 0.2925	46	− 0.0351	38	1.1248	6
榆中县	0.1787	69.4540	31	0.2079	29	0.2396	31	0.0788	41
凉州区	0.1704	69.3953	32	− 0.3476	47	1.2842	4	− 0.2529	53
夏河县	0.1346	69.1428	33	0.3482	23	0.3019	27	− 0.3175	56
临洮县	0.1250	69.0748	34	0.2505	27	0.3809	24	− 0.2983	55
会宁县	0.1223	69.0556	35	− 0.4262	50	0.2908	28	0.6850	16
合水县	0.1032	68.9210	36	0.4190	19	− 0.1518	44	− 0.0628	48
靖远县	0.1015	68.9086	37	− 0.3974	49	0.4105	21	0.4575	28
民勤县	0.0860	68.7994	38	0.3659	22	0.1730	34	− 0.3742	59
陇西县	0.0799	68.7565	39	− 0.3805	48	0.4853	18	0.2884	35
泾川县	0.0533	68.5687	40	− 0.0600	39	0.1554	36	0.1024	40
临夏县	− 0.0153	68.0840	41	0.0556	35	− 0.2491	48	0.1240	39
临泽县	− 0.0497	67.8411	42	0.6300	13	0.2702	29	− 1.2759	70
庄浪县	− 0.0810	67.6204	43	− 0.2706	45	− 0.4661	56	0.5571	23
和政县	− 0.0829	67.6070	44	− 0.1560	42	− 0.3354	50	0.2672	36
成 县	− 0.1041	67.4568	45	− 0.6336	55	− 0.2242	45	0.7220	13
渭源县	− 0.3052	66.0365	46	− 0.7494	61	− 0.0727	40	0.0545	44
康乐县	− 0.3094	66.0069	47	− 0.6743	60	− 0.7449	63	0.6125	19
积石山县	− 0.3270	65.8828	48	− 1.4014	77	0.3040	26	0.4745	27
玉门市	− 0.3351	65.8254	49	0.4374	17	− 0.4600	55	− 1.2402	69
敦煌市	− 0.3634	65.6258	50	0.0455	36	− 0.5068	57	− 0.7652	64
瓜州县	− 0.3763	65.5348	51	− 0.1817	43	− 0.6009	60	− 0.4110	62

续表

县 域	教育数值	教育得分	教育发展排序	2013 年甘肃省教育发展结构					
				教育支出因子数值	排序	师资力量因子数值	排序	教育设施因子数值	排序
东 乡 县	-0.3971	65.3875	52	-0.9179	66	-0.9543	67	0.8544	10
漳 县	-0.4057	65.3268	53	-0.8264	65	-0.9926	69	0.7420	12
古 浪 县	-0.4259	65.1846	54	-0.7532	62	-1.1034	74	0.6881	15
舟 曲 县	-0.4293	65.1603	55	-0.4314	51	-0.6227	61	-0.2332	52
崆 峒 区	-0.4505	65.0107	56	-0.5265	54	-0.4049	52	-0.3948	60
山 丹 县	-0.4697	64.8753	57	0.1191	32	-0.2967	49	-1.4276	73
张 家 川 县	-0.5186	64.5297	58	-0.9419	67	-0.9252	65	0.4524	29
宕 昌 县	-0.5237	64.4934	59	-0.6482	57	-1.3811	77	0.4996	26
西 峰 区	-0.5394	64.3831	60	-1.1266	70	-0.1160	42	-0.1796	50
民 乐 县	-0.5397	64.3806	61	-0.2562	44	-0.1400	43	-1.3175	71
高 台 县	-0.5515	64.2973	62	0.4169	20	-0.5769	58	-1.8173	74
秦 安 县	-0.5525	64.2901	63	-0.6727	58	-1.1661	75	0.2214	38
麦 积 区	-0.5857	64.0561	64	-1.0051	69	-0.4219	54	-0.1901	51
武 山 县	-0.5882	64.0380	65	-0.9970	68	-1.0480	72	0.4166	30
礼 县	-0.5972	63.9745	66	-1.2817	73	-0.9337	66	0.6520	18
合 作 市	-0.6308	63.7372	67	-0.6345	56	-0.0726	39	-1.1842	68
甘 谷 县	-0.6415	63.6619	68	-1.3624	76	-0.9189	64	0.5971	22
西 和 县	-0.6465	63.6267	69	-0.7817	63	-1.0641	73	-0.0485	47
武 都 区	-0.6467	63.6249	70	-1.3415	74	-0.3780	51	0.0109	46
金 塔 县	-0.7137	63.1520	71	0.4316	18	-0.6248	62	-2.3296	77
永 昌 县	-0.7331	63.0147	72	-0.4689	52	-0.4121	53	-1.4064	72
岷 县	-0.7475	62.9129	73	-1.3570	75	-1.0250	71	0.3425	31
甘 州 区	-0.8100	62.4720	74	-1.2079	71	-0.2383	46	-0.8511	65
广 河 县	-0.9391	61.5597	75	-1.2530	72	-1.2011	76	-0.2587	54
肃 州 区	-1.1289	60.2197	76	-0.6737	59	-0.9996	70	-1.8651	76
临 夏 市	-1.1628	59.9801	77	-0.8204	64	-0.9598	68	-1.8224	75

从 77 个县（市、区）教育发展分层来看，77 个县（市、区）中有 6 个县（市、区）处于教育发展上游区域，其中具有显著优势的 1 个县（市、区），具有一般优势的有 5 个县（市、区）；处于县域教育发展中游区域的有 22 个县（市、区）；处于县域教育发展下游区域的有 49 个县（市、区），其中具有一般劣势的有 28 个县（市、区），具有显著劣势的有 21 个县（市、区）。

教育发展综合排序处在第一层次的县域只有肃北县，该县在县域教育发展方面具有比较显著的竞争优势，县域教育支出、师资力量两项评价都居全省第一位，具有绝对比较优势。

教育发展综合排序处于第二层次的县域分别是两当县、阿克塞县、华池县、天祝县、肃南县，这 5 个县（市）在县域教育发展方面具有一般竞争优势。

教育发展综合排序居于中游的县域是皋兰县、碌曲县、崇信县、灵台县、环县、临潭县、文县、迭部县、康县、宁县、庆城县、华亭县、卓尼县、景泰县、徽县、静宁县、永靖县、清水县、正宁县、镇原县、玛曲县、安定区，这 22 个县（区）在县域教育发展方面处在中游区域，教育发展能力属于中等水平。

教育发展综合排序处于社会发展下游区域的共有 49 个县（市、区），其中一般劣势的县域分别是永登县、通渭县、榆中县、凉州区、夏河县、临洮县、会宁县、合水县、靖远县、民勤县、陇西县、泾川县、临夏县、临泽县、庄浪县、和政县、成县、渭源县、康乐县、积石山县、玉门市、敦煌市、瓜州县、东乡县、漳县、古浪县、舟曲县、崆峒区，这 28 个县（市、区）在县域教育发展方面处于劣势；县域教育发展水平处于显著劣势的有 21 个县（市、区），它们是山丹县、张家川县、宕昌县、西峰区、民乐县、高台县、秦安县、麦积区、武山县、礼县、合作市、甘谷县、西和县、武都区、金塔县、永昌县、岷县、甘州区、广河县、肃州区、临夏市（见表 8）。

表8　2013年甘肃省县域教育发展分层

上游区域(6个)		
(≥80分)1个	肃北县	显著优势
(75~79分)5个	两当县、阿克塞县、华池县、天祝县、肃南县	一般优势
中游区域类(22个)		
(70~74分)22个	皋兰县、碌曲县、崇信县、灵台县、环县、临潭县、文县、迭部县、康县、宁县、庆城县、华亭县、卓尼县、景泰县、徽县、静宁县、永靖县、清水县、正宁县、镇原县、玛曲县、安定区	中等水平
下游区域(49个)		
(65~69分)28个	永登县、通渭县、榆中县、凉州区、夏河县、临洮县、会宁县、合水县、靖远县、民勤县、陇西县、泾川县、临夏县、临泽县、庄浪县、和政县、成县、渭源县、康乐县、积石山县、玉门市、敦煌市、瓜州县、东乡县、漳县、古浪县、舟曲县、崆峒区	一般劣势
(≤64分)21个	山丹县、张家川县、宕昌县、西峰区、民乐县、高台县、秦安县、麦积区、武山县、礼县、合作市、甘谷县、西和县、武都区、金塔县、永昌县、岷县、甘州区、广河县、肃州区、临夏市	显著劣势

四　甘肃省县域经济效益子系统评价分析

县域经济效益评价是衡量县域竞争力的重要指标，是县域发展能力和发展潜力的评价基础。在对全省77个县（市、区）2013年县域经济效益进行测量时，通过人均国内生产总值、人均地方财政收入反映县域社会人均收入状况，通过人均固定资产投资完成额反映社会投资状况，通过人均社会商品零售额反映县域社会消费情况，通过县域国内生产总值（GDP）和县域全社会消费品零售总额反映县域经济总量。

对上述4项二级指标6项三级指标进行分析，2013年甘肃省77个县（市、区）经济效益子系统情况如表9所示。

表9 2013年甘肃省县域经济效益排序

县域	经济效益数值	经济效益得分	经济效益排序	2013年甘肃省县域经济效益							
				收入因子数值	排序	投资因子数值	排序	消费因子数值	排序	经济总量数值	排序
玉门市	1.3487	83.3836	1	1.4742	4	1.9938	4	1.0242	6	1.1258	7
西峰区	1.2511	82.8227	2	1.0336	9	1.0045	10	1.0612	5	1.5782	3
肃北县	1.2036	82.5494	3	3.3758	1	3.2592	1	0.5264	17	-0.5717	59
肃州区	1.1812	82.4205	4	0.5978	17	0.6748	19	1.1028	3	1.7652	2
瓜州县	1.1028	81.9702	5	1.0957	7	2.2081	3	0.9637	8	0.6233	14
敦煌市	1.0566	81.7047	6	1.0002	11	0.9911	11	1.2424	1	1.0247	8
凉州区	0.9549	81.1201	7	0.0701	34	0.3974	24	0.4704	20	1.9183	1
华亭县	0.7659	80.0340	8	1.0790	8	0.9823	12	0.6031	14	0.5826	16
阿克塞县	0.7626	80.0152	9	2.3797	2	2.9604	2	1.1224	2	-1.3246	74
甘州区	0.7064	79.6920	10	0.2341	29	-0.8332	63	0.9818	7	1.5747	4
华池县	0.7009	79.6606	11	1.3767	5	0.8028	16	0.2908	30	0.5172	22
肃南县	0.6936	79.6182	12	2.0370	3	1.9917	5	0.4938	18	-0.5273	58
崆峒区	0.6619	79.4361	13	-0.0647	36	-0.1084	35	0.8955	12	1.2935	6
永登县	0.6568	79.4070	14	0.2691	27	1.4266	6	-0.2311	53	0.9097	10
天祝县	0.6490	79.3621	15	0.5684	19	0.8208	15	1.0892	4	0.3833	29
庆城县	0.6449	79.3388	16	0.6936	15	0.1440	28	0.5484	16	0.9194	9
永昌县	0.6076	79.1240	17	1.2071	6	0.0155	32	0.6618	13	0.5767	17

续表

2013年甘肃省县域经济效益

县域	经济效益数值	经济效益得分	经济效益排序	收入因子数值	排序	投资因子数值	排序	消费因子数值	排序	经济总量数值	排序
民勤县	0.5823	78.9786	18	0.2268	30	1.0666	9	0.5707	15	0.5236	20
麦积区	0.5405	78.7384	19	-0.1657	38	-1.0278	67	0.9271	10	1.4844	5
金塔县	0.5341	78.7019	20	0.6275	16	0.9191	13	0.3390	25	0.3925	28
合作市	0.4484	78.2091	21	0.5902	18	1.0933	8	0.9337	9	-0.1877	45
环县	0.3994	77.9276	22	0.4290	22	0.4860	22	0.1574	37	0.4623	26
合水县	0.3831	77.8338	23	0.4342	21	1.1860	7	0.2080	36	0.0436	41
宁县	0.3807	77.8199	24	-0.5010	50	0.8412	14	0.3298	27	0.6166	15
临夏市	0.3481	77.6325	25	0.4239	23	-0.6414	56	0.9010	11	0.5284	19
景泰县	0.3251	77.5004	26	0.1114	33	0.4841	23	0.2713	32	0.3792	30
安定区	0.3176	77.4573	27	-0.3342	45	0.1167	29	0.4864	19	0.6595	13
崇信县	0.2650	77.1551	28	0.9744	12	0.6425	20	0.2288	33	-0.2604	48
武都区	0.2600	77.1263	29	-0.3127	44	-0.2244	40	0.2152	35	0.8109	11
高台县	0.2421	77.0233	30	0.9273	13	-0.3472	45	0.3810	22	0.1246	36
榆中县	0.1755	76.6408	31	-0.2312	41	-0.2928	43	0.0510	44	0.6752	12
陇西县	0.0996	76.2046	32	-0.3550	46	-0.1230	36	-0.0342	50	0.5051	24
正宁县	0.0969	76.1888	33	-0.2570	42	0.7933	17	0.3319	26	-0.1920	47
皋兰县	0.0824	76.1058	34	0.7255	14	-0.2040	38	0.0177	48	-0.0636	43
镇原县	0.0718	76.0449	35	-0.4825	49	-0.2911	42	0.1106	38	0.5110	23
山丹县	0.0370	75.8447	36	0.3673	25	-0.5616	51	0.2768	31	0.0512	40
靖远县	0.0052	75.6619	37	-0.4518	48	-0.6711	57	0.0585	43	0.5452	18

| 县 域 | 经济效益数值 | 经济效益得分 | 经济效益排序 | 2013 年甘肃省县域经济效益 | | | | | | | |
				收入因子数值	排序	投资因子数值	排序	消费因子数值	排序	经济总量数值	排序
泾川县	-0.0023	75.6191	38	-0.4442	47	-0.6240	54	0.3064	28	0.3752	31
临泽县	-0.0047	75.6051	39	0.3764	24	-0.6343	55	0.0998	40	0.0673	39
成 县	-0.0592	75.2918	40	0.3244	26	-0.3683	47	-0.2940	54	0.0209	42
古浪县	-0.0894	75.1184	41	-0.7563	57	-0.1770	37	0.1044	39	0.1910	35
夏河县	-0.1289	74.8916	42	-0.0601	35	0.7834	18	0.3667	24	-0.8672	65
甘谷县	-0.1409	74.8223	43	-0.7811	59	-1.0352	68	0.0698	42	0.5209	21
临洮县	-0.1420	74.8163	44	-0.5950	52	-0.4058	49	-0.3887	58	0.3398	32
民乐县	-0.1547	74.7429	45	-0.0726	37	-0.9211	65	0.0495	45	0.0852	37
灵台县	-0.1631	74.6950	46	-0.3057	43	-0.5274	50	0.2251	34	-0.1037	44
徽 县	-0.1787	74.6052	47	0.2588	28	-0.3574	46	-0.4181	60	-0.1884	46
武山县	-0.1789	74.6042	48	-0.9727	66	-0.6791	58	0.0992	41	0.3291	33
静宁县	-0.1815	74.5888	49	-1.1565	72	-0.5890	53	0.3773	23	0.2303	34
玛曲县	-0.1856	74.5657	50	1.0071	10	-0.0364	34	0.3035	29	-1.1010	69
永靖县	-0.1880	74.5516	51	0.1204	31	0.0761	30	-0.4357	62	-0.3504	51
会宁县	-0.2464	74.2160	52	-0.9786	67	-1.2411	73	-0.0175	49	0.5025	25
碌曲县	-0.3558	73.5874	53	0.5289	20	0.2773	26	0.3916	21	-1.4884	75
秦安县	-0.3638	73.5411	54	-0.8868	62	-1.8920	77	0.0484	46	0.4555	27
文 县	-0.3924	73.3769	55	-0.5649	51	-0.2096	39	-0.3100	55	-0.4388	53
清水县	-0.4076	73.2898	56	-0.7957	60	-0.2571	41	-0.3961	59	-0.2944	49
庄浪县	-0.4341	73.1375	57	-1.1790	74	-1.1848	70	0.0304	47	0.0815	38

续表

2013 年甘肃省县域经济效益

县 域	经济效益数值	经济效益得分	经济效益排序	收入因子数值	排序	投资因子数值	排序	消费因子数值	排序	经济总量数值	排序
康县	-0.4792	72.8782	58	-0.6388	54	0.1710	27	-0.3532	57	-0.7875	61
卓尼县	-0.5296	72.5886	59	-0.2163	40	0.0236	31	-0.2010	52	-1.1270	70
漳县	-0.6648	71.8113	60	-0.7643	58	0.0080	33	-0.7485	67	-0.9097	66
临潭县	-0.6758	71.7482	61	-0.7475	56	-0.3087	44	-0.3146	56	-1.0041	67
西和县	-0.6801	71.7236	62	-0.7364	55	-0.7097	59	-1.0433	74	-0.4555	55
张家川县	-0.6917	71.6567	63	-1.1512	71	-0.7338	61	-0.5624	63	-0.5057	57
两当县	-0.7356	71.4046	64	-0.1863	39	0.3301	25	-0.1781	51	-1.8218	76
广河县	-0.7405	71.3766	65	-0.9490	65	-0.7242	60	-0.4228	61	-0.8032	62
渭源县	-0.7446	71.3529	66	-0.9930	68	-0.7571	62	-0.9711	72	-0.5009	56
通渭县	-0.7783	71.1593	67	-1.1586	73	-1.2367	72	-0.8680	70	-0.3141	50
岩昌县	-0.7791	71.1546	68	-0.9223	64	-0.9556	66	-0.6973	66	-0.6602	60
礼县	-0.8661	70.6544	69	-1.3563	77	-1.2365	71	-0.9959	73	-0.3710	52
临夏县	-0.8769	70.5928	70	-1.2515	75	-1.4185	75	-0.8324	68	-0.4409	54
舟曲县	-0.8877	70.5305	71	-0.6090	53	-0.5867	52	-0.8557	69	-1.1935	71
和政县	-0.9323	70.2740	72	-0.9069	63	-0.4034	48	-0.8846	71	-1.2334	72
康乐县	-0.9549	70.1444	73	-0.8478	61	-1.5756	76	-0.6443	65	-0.8534	64
积石山县	-1.0054	69.8540	74	-1.1027	70	-1.1530	69	-0.6368	64	-1.0672	68
岷县	-1.1386	69.0885	75	-1.0803	69	-0.8884	64	-2.0991	76	-0.8126	63
东乡县	-1.2947	68.1912	76	-1.3086	76	-1.2537	74	-1.3919	75	-1.2597	73
迭部县	-2.7212	59.9930	77	0.1135	32	0.5786	21	-6.5200	77	-3.8891	77

从77个（市、区）县域经济效益分层来看，有41个县（市、区）处于县域经济效益上游区域，其中具有显著优势的有9个县（市、区），具有一般优势的有32个县（市、区）；处于县域经济效益中游区域的有32个县（市、区）；处于县域经济效益下游区域的有4个县（市、区），其中具有一般劣势的有3个县（市、区），具有显著劣势的有1个县（市、区）。

经济效益综合排序处在第一层次的县域分别是玉门市、西峰区、肃北县、肃州区、瓜州县、敦煌市、凉州区、华亭县、阿克塞县，这9个县（市、区）在县域经济效益方面具有比较显著的竞争优势，这些县域都是地级市所在地，具有绝对比较优势。

经济效益综合排序处于第二层次的县域分别是甘州区、华池县、肃南县、崆峒区、永登县、天祝县、庆城县、永昌县、民勤县、麦积区、金塔县、合作市、环县、合水县、宁县、临夏市、景泰县、安定区、崇信县、武都区、高台县、榆中县、陇西县、正宁县、皋兰县、镇原县、山丹县、靖远县、泾川县、临泽县、成县、古浪县，这32个县（市、区）在县域经济效益方面具有一般竞争优势。

经济效益综合排序居于中游的县域是夏河县、甘谷县、临洮县、民乐县、灵台县、徽县、武山县、静宁县、玛曲县、永靖县、会宁县、碌曲县、秦安县、文县、清水县、庄浪县、康县、卓尼县、漳县、临潭县、西和县、张家川县、两当县、广河县、渭源县、通渭县、宕昌县、礼县、临夏县、舟曲县、和政县、康乐县，这32个县（市、区）在县域经济效益方面处在中游区域，县域经济效益能力属于中等水平。

经济效益综合排序处于县域经济效益下游区域的共有4个县（市、区），其中一般劣势的县域分别是积石山县、岷县、东乡县，这3个县（市、区）在县域经济效益方面处于一般劣势；县域经济效益处于显著劣势的有1个县（市、区），是迭部县（见表10）。

表10　2013年甘肃省县域经济效益分层

	上游区域(41个)	
(≥80分)9个	玉门市、西峰区、肃北县、肃州区、瓜州县、敦煌市、凉州区、华亭县、阿克塞县	显著优势
(75~79分)32个	甘州区、华池县、肃南县、崆峒区、永登县、天祝县、庆城县、永昌县、民勤县、麦积区、金塔县、合作市、环县、合水县、宁县、临夏市、景泰县、安定区、崇信县、武都区、高台县、榆中县、陇西县、正宁县、皋兰县、镇原县、山丹县、靖远县、泾川县、临泽县、成县、古浪县	一般优势
	中游区域(32个)	
(70~74分)32个	夏河县、甘谷县、临洮县、民乐县、灵台县、徽县、武山县、静宁县、玛曲县、永靖县、会宁县、碌曲县、秦安县、文县、清水县、庄浪县、康县、卓尼县、漳县、临潭县、西和县、张家川县、两当县、广河县、渭源县、通渭县、宕昌县、礼县、临夏县、舟曲县、和政县、康乐县	中等水平
	下游区域(4个)	
(65~69分)3个	积石山县、岷县、东乡县	一般劣势
(≤64分)1个	迭部县	显著劣势

五　甘肃省县域生活质量子系统评价分析

县域生活质量受县域内城乡居民人均收入、居住条件等多方面因素影响，是县域居民生活水平优劣的直观体现。本文对甘肃省77个县（市、区）2013年县域生活质量子系统进行测度时，通过农村居民人均纯收入反映县域农村生活水平，通过城镇居民可支配收入反映县域城镇居民生活水平，通过砖木以上居民房屋建筑比重表示县域城乡居民居住水平。

通过对这3项三级指标进行分析，2013年甘肃省77个县（市、区）生活质量情况如表11所示。

表11　2013年甘肃省县域生活质量排序

县　域	生活质量因子数值	生活质量得分	生活质量排序	2013年甘肃省县域生活质量					
				农村生活因子数值	排序	城镇生活因子数值	排序	住房条件因子数值	排序
阿克塞县	2.2078	84.9839	1	2.9130	1	2.0336	2	1.1455	9
肃北县	1.6708	81.1262	2	2.7519	2	2.0015	3	-1.1530	66
敦煌市	1.6094	80.6851	3	1.9291	3	2.1451	1	-0.1014	47
玉门市	1.5973	80.5983	4	1.7385	6	1.7977	6	0.9142	12
肃州区	1.4753	79.7222	5	1.7025	8	1.9204	4	0.1308	40
金塔县	1.1768	77.5778	6	1.7936	4	1.8701	5	-1.4431	69
瓜州县	1.1394	77.3090	7	1.7258	7	1.5115	7	-0.7775	59
肃南县	0.9785	76.1533	8	1.7564	5	0.0934	27	1.1929	8
华亭县	0.8692	75.3681	9	0.1746	23	1.5112	8	0.9745	11
西峰区	0.8309	75.0925	10	0.4265	18	0.9143	13	1.4727	3
崇信县	0.7761	74.6990	11	-0.1078	28	1.2522	11	1.5918	2
凉州区	0.7359	74.4104	12	1.1667	13	0.7231	17	-0.0998	46
庆城县	0.7256	74.3360	13	-0.1225	32	1.2623	10	1.3483	5
甘州区	0.6525	73.8111	14	1.3039	10	0.1656	23	0.3236	34
山丹县	0.6211	73.5856	15	1.1373	14	-0.1866	42	1.2042	7
正宁县	0.5961	73.4056	16	0.0524	26	0.7704	15	1.3346	6
永昌县	0.5955	73.4013	17	1.1994	12	0.7658	16	-0.9531	64
临泽县	0.5552	73.1121	18	1.3415	9	-0.3276	52	0.7482	19
合水县	0.5021	72.7307	19	-0.2231	37	0.7891	14	1.3787	4
华池县	0.4737	72.5267	20	-0.1816	36	1.2724	9	0.1870	38
宁　县	0.4375	72.2662	21	-0.1161	31	0.3409	22	1.7377	1
高台县	0.3469	71.6157	22	1.2064	11	-0.3406	54	0.0029	42
崆峒区	0.3063	71.3238	23	0.3645	20	0.1269	26	0.5487	31
环　县	0.2521	70.9349	24	-0.4725	46	1.2099	12	-0.2141	49
镇原县	0.2411	70.8559	25	-0.3245	38	0.6992	18	0.4562	32
民乐县	0.2188	70.6955	26	0.8060	17	-0.5442	60	0.5705	29
景泰县	0.1836	70.4424	27	0.3697	19	-0.3108	50	0.8002	17

续表

县　域	生活质量因子数值	生活质量得分	生活质量排序	2013 年甘肃省县域生活质量					
				农村生活因子数值	排序	城镇生活因子数值	排序	住房条件因子数值	排序
靖 远 县	0.1801	70.4171	28	0.1712	24	−0.2860	47	1.1299	10
成　　县	0.0950	69.8063	29	−0.1294	33	0.0007	30	0.7325	22
玛 曲 县	0.0857	69.7389	30	0.0787	25	0.4021	20	−0.5334	53
徽　　县	0.0753	69.6643	31	−0.0831	27	−0.0091	31	0.5608	30
庄 浪 县	0.0550	69.5188	32	−0.5828	54	0.3555	21	0.7297	23
泾 川 县	0.0465	69.4576	33	−0.1377	34	−0.1251	37	0.7582	18
临 洮 县	−0.0292	68.9136	34	−0.3861	43	−0.0594	33	0.7448	20
临 夏 市	−0.0384	68.8475	35	0.8371	16	−1.2708	66	0.6753	26
永 登 县	−0.1077	68.3495	36	0.2205	22	−0.9442	63	0.9085	13
天 祝 县	−0.1404	68.1146	37	−0.3762	42	0.4412	19	−0.8322	62
静 宁 县	−0.1667	67.9257	38	−0.5114	50	0.1334	24	−0.0778	44
灵 台 县	−0.1719	67.8888	39	−0.1655	35	−0.6022	61	0.6761	25
民 勤 县	−0.1962	67.7140	40	1.0257	15	−1.4932	75	−0.0460	43
甘 谷 县	−0.2378	67.4153	41	−0.3502	39	0.0720	28	−0.6324	56
武 山 县	−0.2839	67.0838	42	−0.3861	43	−0.1971	43	−0.2532	50
榆 中 县	−0.2854	67.0731	43	−0.1127	30	−1.0070	65	0.8122	16
岷　　县	−0.2941	67.0109	44	−0.7254	60	−0.1183	36	0.2169	37
陇 西 县	−0.2957	66.9996	45	−0.3589	40	−0.0911	35	−0.5784	54
武 都 区	−0.3067	66.9201	46	−1.0067	70	0.1303	25	0.2192	36
漳　　县	−0.3319	66.7393	47	−0.6717	59	−0.1655	39	0.0151	41
秦 安 县	−0.3377	66.6974	48	−0.3594	41	−0.1797	40	−0.6104	55
迭 部 县	−0.3406	66.6768	49	−0.5421	52	−0.2506	45	−0.1176	48
张家川县	−0.3651	66.5006	50	−0.7412	62	−0.3179	51	0.2925	35
渭 源 县	−0.3745	66.4330	51	−0.5834	55	−0.1284	38	−0.4492	51
清 水 县	−0.3755	66.4260	52	−0.4873	47	−0.2154	44	−0.4722	52

续表

县　域	生活质量因子数值	生活质量得分	生活质量排序	2013 年甘肃省县域生活质量					
				农村生活因子数值	排序	城镇生活因子数值	排序	住房条件因子数值	排序
安 定 区	-0.3869	66.3441	53	-0.5410	51	0.0337	29	-0.9199	63
康　　县	-0.4488	65.8993	54	-1.0816	71	-0.3339	53	0.5869	28
两 当 县	-0.4611	65.8109	55	-1.4604	76	-0.0402	32	0.6957	24
舟 曲 县	-0.4923	65.5869	56	-0.5515	53	-0.0736	34	-1.2113	67
碌 曲 县	-0.5038	65.5042	57	-0.1083	29	-0.2793	46	-1.7438	72
皋 兰 县	-0.5420	65.2296	58	0.2693	21	-2.0700	76	0.8912	14
西 和 县	-0.5606	65.0966	59	-1.1155	72	-0.3661	57	0.1604	39
广 河 县	-0.6402	64.5244	60	-0.6320	57	-1.2871	71	0.6372	27
永 靖 县	-0.6809	64.2318	61	-0.8436	67	-1.2765	67	0.8357	15
通 渭 县	-0.7375	63.8256	62	-0.7342	61	-0.1862	41	-1.8465	73
临 潭 县	-0.7398	63.8092	63	-0.7789	64	-0.5137	59	-1.1136	65
临 夏 县	-0.7756	63.5516	64	-0.8324	66	-1.2801	68	0.3468	33
合 作 市	-0.7790	63.5272	65	-0.5079	49	-0.3616	55	-2.1561	76
文　　县	-0.7922	63.4326	66	-1.2655	74	-0.3101	49	-0.8097	60
古 浪 县	-0.7969	63.3984	67	-0.6405	58	-0.9696	64	-0.7645	58
夏 河 县	-0.8410	63.0821	68	-0.5016	48	-0.6156	62	-1.9706	74
宕 昌 县	-0.8593	62.9502	69	-1.4298	75	-0.3026	48	-0.8318	61
康 乐 县	-0.8609	62.9387	70	-0.8206	65	-1.2867	70	-0.0901	45
卓 尼 县	-0.9031	62.6357	71	-0.7719	63	-0.4554	58	-2.0611	75
麦 积 区	-0.9537	62.2719	72	-0.4004	45	-2.3547	77	0.7415	21
礼　　县	-0.9881	62.0248	73	-0.9673	68	-0.3616	55	-2.2829	77
会 宁 县	-1.0795	61.3683	74	-0.6085	56	-1.3147	73	-1.5515	70
积石山县	-1.2576	60.0894	75	-1.2271	73	-1.2845	69	-1.2646	68
东 乡 县	-1.2617	60.0599	76	-1.4976	77	-1.3000	72	-0.7132	57
和 政 县	-1.2693	60.0048	77	-0.9982	69	-1.3249	74	-1.7004	71

从 77 个县（市、区）生活质量分层来看，有 10 个县（市、区）处于生活质量上游区域，其中具有显著优势的有 4 个县（市、区），具有一般优势的有 6 个县（市、区）；处于中游区域的有 18 个县（市、区）；处于下游区域的有 49 个县（市、区），其中具有一般劣势的有 31 个县（市、区），具有显著劣势的有 18 个县（市、区）。

生活质量综合排序处在第一层次的县域分别是阿克塞县、肃北县、敦煌市、玉门市，这 4 个县（市、区）在生活质量方面具有比较显著的竞争优势。

生活质量综合排序处于第二层次的县域分别是肃州区、金塔县、瓜州县、肃南县、华亭县、西峰区，这 6 个县（市）在生活质量方面具有一般竞争优势。

生活质量综合排序居于中游的县域是崇信县、凉州区、庆城县、甘州区、山丹县、正宁县、永昌县、临泽县、合水县、华池县、宁县、高台县、崆峒区、环县、镇原县、民乐县、景泰县、靖远县，这 18 个县（区）在县域生活质量方面处在中游区域，县域生活质量属于中等水平。

生活质量综合排序处于下游区域的共有 49 个县（市、区），其中一般劣势的县域分别是成县、玛曲县、徽县、庄浪县、泾川县、临洮县、临夏市、永登县、天祝县、静宁县、灵台县、民勤县、甘谷县、武山县、榆中县、岷县、陇西县、武都区、漳县、秦安县、迭部县、张家川县、渭源县、清水县、安定区、康县、两当县、舟曲县、碌曲县、皋兰县、西和县，这 31 个县（市、区）在生活质量方面处于劣势；生活质量水平处于显著劣势的有 18 个县（市、区），它们是广河县、永靖县、通渭县、临潭县、临夏县、合作市、文县、古浪县、夏河县、宕昌县、康乐县、卓尼县、麦积区、礼县、会宁县、积石山县、东乡县、和政县（见表12）。

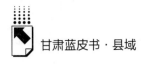

表 12　2013 年甘肃省县域生活质量分层

上游区域（10 个）		
（≥80 分）4 个	阿克塞县、肃北县、敦煌市、玉门市	显著优势
（75~79 分）6 个	肃州区、金塔县、瓜州县、肃南县、华亭县、西峰区	一般优势
中游区域（18 个）		
（70~74 分）18 个	崇信县、凉州区、庆城县、甘州区、山丹县、正宁县、永昌县、临泽县、合水县、华池县、宁县、高台县、崆峒区、环县、镇原县、民乐县、景泰县、靖远县	中等水平
下游区域（49 个）		
（65~69 分）31 个	成县、玛曲县、徽县、庄浪县、泾川县、临洮县、临夏市、永登县、天祝县、静宁县、灵台县、民勤县、甘谷县、武山县、榆中县、岷县、陇西县、武都区、漳县、秦安县、迭部县、张家川县、渭源县、清水县、安定区、康县、两当县、舟曲县、碌曲县、皋兰县、西和县	一般劣势
（≤64 分）18 个	广河县、永靖县、通渭县、临潭县、临夏县、合作市、文县、古浪县、夏河县、宕昌县、康乐县、卓尼县、麦积区、礼县、会宁县、积石山县、东乡县、和政县	显著劣势

六　甘肃省县域基础设施子系统评价分析

基础设施是维持县域社会发展的最基本公共资源和服务保障。本文在对甘肃省 77 个县（市、区）2013 年基础设施子系统进行测度时，通过自来水受益村比重反映农村县域用水状况，通过境内公路密度和每百人拥有的民用汽车车辆数反映县域交通服务状况，通过国际互联网用户比重、固定电话用户比重和移动用户电话比重反映县域信息通信状况。通过对这 4 项二级指标、7 项三级指标进行分析，2013 年甘肃省 77 个县（市、区）基础设施情况如表 13 所示。

表13 2013年甘肃省县域基础设施排序

县域	基础设施数值	基础设施得分	基础设施排序	2013年甘肃省县域基础设施							
				饮用水因子数值	排序	广电因子数值	排序	交通因子数值	排序	通信因子数值	排序
肃州区	1.1460	82.7318	1	0.8564	1	1.6981	1	0.8964	5	1.4026	4
西峰区	0.9086	80.6920	2	0.8564	1	1.5121	13	0.7375	9	0.6397	13
山丹县	0.8801	80.4474	3	0.6680	28	1.6981	1	-0.3610	54	2.2417	1
临夏市	0.8386	80.0913	4	0.7553	20	0.6398	20	1.3327	1	0.4213	17
民乐县	0.8259	79.9819	5	0.8564	1	1.6801	12	0.3447	28	0.6476	12
甘州区	0.8239	79.9649	6	0.8564	1	1.6981	1	0.2149	36	0.8145	6
阿克塞县	0.7257	79.1213	7	0.8564	1	1.6981	1	-0.7295	66	1.7401	2
高台县	0.6887	78.8036	8	0.6431	29	1.6981	1	-0.4431	57	1.4456	3
玉门市	0.6404	78.3882	9	0.8564	1	1.4354	15	0.0510	44	0.4053	19
临泽县	0.5869	77.9286	10	0.8564	1	1.6981	1	-0.8118	68	1.1693	5
瓜州县	0.5487	77.6006	11	0.8564	1	1.6981	1	-0.6069	64	0.6712	11
永昌县	0.4669	76.8975	12	0.5577	33	0.7766	17	0.3231	31	0.2365	22
和政县	0.4149	76.4511	13	0.8564	1	-0.8678	61	0.5838	18	0.7820	8
华亭县	0.3998	76.3216	14	0.7110	25	-0.1507	35	0.4495	23	0.4092	18
合作市	0.3744	76.1034	15	0.8564	1	0.5562	22	-0.1164	50	0.2060	24
迭部县	0.3688	76.0550	16	0.8564	1	1.6981	1	-0.5655	62	-0.2906	47
广河县	0.3663	76.0331	17	0.8564	1	-0.3682	38	0.9288	4	-0.4783	60

续表

2013 年甘肃省县域基础设施

县 域	基础设施数值	基础设施得分	基础设施排序	饮用水因子数值	排序	广电因子数值	排序	交通因子数值	排序	通信因子数值	排序
临夏县	0.3466	75.8642	18	0.7429	22	0.1555	26	0.5802	19	-0.4071	53
凉州区	0.3334	75.7505	19	0.2763	44	0.0260	33	0.9545	3	-0.2054	42
金塔县	0.3240	75.6699	20	0.6701	27	1.4891	14	-0.6828	65	0.1497	25
皋兰县	0.3231	75.6624	21	0.1559	47	0.1266	28	0.6899	11	0.2203	23
民勤县	0.3089	75.5400	22	0.6067	30	0.6401	19	-0.0514	48	0.0712	30
崇信县	0.2860	75.3438	23	0.7515	21	-0.1459	34	0.2467	34	0.0787	28
崆峒区	0.2659	75.1713	24	0.4123	38	0.0992	30	-0.0116	47	0.6294	14
景泰县	0.2593	75.1139	25	-0.3017	55	0.7181	18	0.7234	10	-0.0544	35
清水县	0.2510	75.0434	26	-0.0204	52	0.5060	23	0.6786	12	-0.2381	44
敦煌市	0.2428	74.9723	27	0.8564	1	1.6981	1	-1.6569	74	0.7165	10
阜尼县	0.2257	74.8255	28	0.8564	1	1.6981	1	-0.4525	58	-1.1755	75
肃北县	0.2239	74.8106	29	0.8564	1	1.6981	1	-1.7816	75	0.8093	7
庄浪县	0.2126	74.7130	30	0.8140	18	-1.1051	70	0.8941	6	-0.3940	52
宁 县	0.2125	74.7126	31	0.6952	26	-0.7260	56	0.6618	14	-0.2468	45
正宁县	0.1803	74.4351	32	0.3714	39	-0.3132	37	0.0776	42	0.5410	16
灵台县	0.1594	74.2563	33	0.7213	24	-0.5085	43	0.2654	33	-0.1743	41
泾川县	0.1528	74.1991	34	0.7215	23	-0.6661	51	0.5208	20	-0.4334	57
成 县	0.1301	74.0041	35	-0.0571	54	-0.5284	44	0.6718	13	0.2568	21
徽 县	0.1105	73.8358	36	-0.4085	57	0.1266	28	0.1817	37	0.7660	9
永靖县	0.0896	73.6562	37	0.2347	46	-0.4936	42	0.3141	32	0.1184	26

续表

2013 年甘肃省县域基础设施

县 域	基础设施数值	基础设施得分	基础设施排序	饮用水因子数值	排序	广电因子数值	排序	交通因子数值	排序	通信因子数值	排序
肃南县	0.0877	73.6403	38	0.5692	31	0.7775	16	-1.0490	72	0.3809	20
两当县	0.0264	73.1133	39	0.2593	45	0.6212	21	-0.9803	69	0.5923	15
康乐县	0.0240	73.0925	40	0.5565	34	-0.8100	60	0.6080	16	-0.8169	69
镇原县	0.0108	72.9792	41	0.8179	17	-1.2860	76	0.3244	30	-0.3735	50
天祝县	-0.0138	72.7681	42	-0.0150	51	0.0427	32	-0.0764	49	0.0253	31
静宁县	-0.0243	72.6777	43	0.1345	48	-0.6567	49	0.2226	35	-0.0005	32
临潭县	-0.0626	72.3488	44	0.4743	36	-0.7419	57	-0.1838	51	-0.0069	33
永登县	-0.0778	72.2180	45	-0.3525	56	0.0967	31	0.3295	29	-0.4513	59
文 县	-0.0905	72.1093	46	0.4623	37	-0.5884	46	0.0274	46	-0.5986	64
武都区	-0.1270	71.7957	47	0.0383	49	-0.5585	45	0.4561	22	-0.8182	70
康 县	-0.1293	71.7758	48	0.3354	40	-0.8966	63	0.0699	43	-0.3578	49
积石山县	-0.1502	71.5965	49	0.7993	19	-1.0379	68	-0.2121	53	-0.5936	63
宕昌县	-0.1780	71.3572	50	0.5604	32	0.3144	25	-0.5427	61	-1.2311	76
合水县	-0.1796	71.3437	51	0.2865	43	-0.6652	50	-0.1851	52	-0.3850	51
东乡县	-0.1818	71.3247	52	0.4944	35	-0.7517	59	0.3541	27	-1.4301	77
渭源县	-0.2396	70.8285	53	0.3216	41	-0.2015	36	-0.5852	63	-0.6009	65
榆中县	-0.2931	70.3688	54	-1.2779	67	-0.7190	54	1.0669	2	-0.4298	56
舟曲县	-0.3329	70.0265	55	0.3038	42	-1.1799	74	-0.4613	59	-0.2484	46
张家县	-0.3332	70.0241	56	-0.7040	58	-0.9516	64	0.7665	8	-0.8080	68
碌曲县	-0.3690	69.7166	57	0.8564	1	-0.3682	38	-1.8292	76	-0.0177	34

续表

2013 年甘肃省县域基础设施

县域	基础设施数值	基础设施得分	基础设施排序	饮用水因子数值	排序	广电因子数值	排序	交通因子数值	排序	通信因子数值	排序
庆城县	-0.3785	69.6351	58	-0.8774	59	-0.9556	65	0.4095	24	-0.2349	43
甘谷县	-0.3816	69.6079	59	-1.3849	70	-0.6896	53	0.6239	15	-0.0771	38
武山县	-0.3998	69.4520	60	-0.9992	61	-1.1851	75	0.4934	21	-0.0553	36
西和县	-0.4177	69.2983	61	-0.8922	60	0.1484	27	0.0484	45	-0.9710	73
麦积区	-0.4313	69.1813	62	0.0034	50	-0.5917	47	-1.0062	71	-0.0606	37
靖远县	-0.4404	69.1029	63	-1.2399	65	-0.4751	41	0.3799	26	-0.4371	58
陇西县	-0.5170	68.4454	64	-1.3221	68	-0.7238	55	0.1783	38	-0.1454	40
古浪县	-0.5425	68.2262	65	-1.1667	64	0.3329	24	-0.7975	67	-0.0990	39
临洮县	-0.6211	67.5503	66	-1.2481	66	-0.9695	66	0.1015	39	-0.4163	54
夏河县	-0.6413	67.3769	67	-0.0363	53	-1.1629	71	-0.9968	70	-0.4940	61
秦安县	-0.6593	67.2229	68	-1.1192	62	-1.1768	73	0.0888	41	-0.5739	62
通渭县	-0.6679	67.1485	69	-1.8153	72	-0.7478	58	0.5853	17	-0.7467	67
华池县	-0.7104	66.7839	70	-1.3468	69	-0.9825	67	-0.4138	55	0.0715	29
会宁县	-0.7608	66.3506	71	-2.6901	76	-0.6810	52	0.8072	7	-0.2985	48
礼县	-0.7974	66.0358	72	-1.8363	73	-0.8775	62	0.3976	25	-0.9516	72
漳县	-0.9010	65.1459	73	-1.1551	63	-1.1734	72	-0.4932	60	-0.8592	71
安定区	-1.0578	63.7990	74	-2.6248	75	-1.0671	69	0.0938	40	-0.4254	55
环县	-1.1598	62.9224	75	-3.1069	77	-0.6110	48	-0.4260	56	0.1113	27
岷县	-1.4213	60.6764	76	-1.4648	71	-0.4405	40	-2.2854	77	-1.0406	74
玛曲县	-1.5062	59.9472	77	-2.0220	74	-1.4010	77	-1.6485	73	-0.6240	66

从77个县（市、区）县域基础设施分层来看，有26个县（市、区）处于基础设施上游区域，其中具有显著优势的有4个县（市、区），具有一般优势的有22个县（市、区）；处于基础设施中游区域的有30个县（市、区）；处于基础设施下游区域的有21个县（市、区），其中具有一般劣势的有17个县（市、区），具有显著劣势的有4个县（市、区）。

基础设施综合排序处在第一层次的县域分别是肃州区、西峰区、山丹县、临夏市，这4个县（市、区）在基础设施方面具有比较显著的竞争优势。

基础设施综合排序处于第二层次的县域分别是民乐县、甘州区、阿克塞县、高台县、玉门市、临泽县、瓜州县、永昌县、和政县、华亭县、合作市、迭部县、广河县、临夏县、凉州区、金塔县、皋兰县、民勤县、崇信县、崆峒区、景泰县、清水县，这22个县（市、区）在基础设施方面具有一般竞争优势。

基础设施综合排序居于中游的县域是敦煌市、卓尼县、肃北县、庄浪县、宁县、正宁县、灵台县、泾川县、成县、徽县、永靖县、肃南县、两当县、康乐县、镇原县、天祝县、静宁县、临潭县、永登县、文县、武都区、康县、积石山县、宕昌县、合水县、东乡县、渭源县、榆中县、舟曲县、张家川县，这30个县（市、区）在基础设施方面处在中游区域，县域基础设施能力属于中等水平。

基础设施综合排序处于下游区域的共有21个县（市、区），其中一般劣势的县域分别是碌曲县、庆城县、甘谷县、武山县、西和县、麦积区、靖远县、陇西县、古浪县、临洮县、夏河县、秦安县、通渭县、华池县、会宁县、礼县、漳县，这17个县（市、区）在基础设施方面处于劣势；基础设施水平处于显著劣势的有4个县（市、区），它们是安定区、环县、岷县、玛曲县（见表14）。

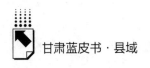

表14   2013年甘肃省县域基础设施分层

上游区域（26个）		
（≥80分）4个	肃州区、西峰区、山丹县、临夏市	显著优势
（75～79分）22个	民乐县、甘州区、阿克塞县、高台县、玉门市、临泽县、瓜州县、永昌县、和政县、华亭县、合作市、迭部县、广河县、临夏县、凉州区、金塔县、皋兰县、民勤县、崇信县、崆峒区、景泰县、清水县	一般优势
中游区域（30个）		
（70～74分）30个	敦煌市、卓尼县、肃北县、庄浪县、宁县、正宁县、灵台县、泾川县、成县、徽县、永靖县、肃南县、两当县、康乐县、镇原县、天祝县、静宁县、临潭县、永登县、文县、武都区、康县、积石山县、宕昌县、合水县、东乡县、渭源县、榆中县、舟曲县、张家川县	中等水平
下游区域（21个）		
（65～69分）17个	碌曲县、庆城县、甘谷县、武山县、西和县、麦积区、靖远县、陇西县、古浪县、临洮县、夏河县、秦安县、通渭县、华池县、会宁县、礼县、漳县	一般劣势
（≤64分）4个	安定区、环县、岷县、玛曲县	显著劣势

七　甘肃省县域社会保障子系统评价分析

县域社会保障是社会安定的重要保障，也是社会文明进步的重要标志。本文在对甘肃省77个县（市、区）2013年社会保障子系统进行测度时，通过参加城镇基本医疗保险参保人数占城镇人口比重及农村居民参加农村合作医疗保险比重来测度城乡医疗保险水平，通过城镇基本养老保险参保人数占城镇人口比重和农村居民参加农村养老保险比重来测度城乡养老保险水平，通过城镇最低生活保障人口占城镇人口比重（逆指标）和农村最低保障人口占农村人口比重（逆指标）两项指标测度县域社会基本生活保障水平。通过对这3项二级指标、

6项三级指标分析，2013年甘肃省77个县（市、区）社会保障情况如表15所示。

表15 2013年甘肃省县域社会保障排序

县 域	社会保障数值	社会保障得分	社会保障排序	2013年甘肃省县域社会保障					
				医疗保障因子	排序	养老保障因子	排序	基本生活保障因子	排序
临 夏 县	0.9512	84.9021	1	0.2732	30	-0.2510	53	3.2321	1
夏 河 县	0.7814	83.0160	2	0.4007	24	0.8429	7	1.0801	10
和 政 县	0.7235	82.3721	3	-0.5443	66	1.1249	4	1.4560	2
广 河 县	0.6371	81.4122	4	-0.4488	61	1.6381	1	0.3883	22
瓜 州 县	0.5984	80.9821	5	0.5865	15	0.1563	26	1.1998	8
天 祝 县	0.5225	80.1386	6	0.4194	20	0.1792	25	1.0832	9
敦 煌 市	0.5173	80.0811	7	0.8198	7	1.2377	3	-0.7458	67
舟 曲 县	0.5125	80.0278	8	0.5080	18	-0.1333	44	1.3781	4
通 渭 县	0.4355	79.1720	9	0.7273	10	-0.0451	38	0.7845	14
徽 县	0.4206	79.0065	10	0.9776	2	0.4106	14	-0.1231	40
高 台 县	0.3398	78.1089	11	0.0353	45	1.3484	2	-0.7004	63
康 县	0.3252	77.9469	12	0.4073	23	0.4530	12	0.0728	31
榆 中 县	0.3097	77.7745	13	0.8553	6	0.7529	8	-0.8269	72
卓 尼 县	0.2972	77.6353	14	-0.0848	51	-0.1969	47	1.3379	5
两 当 县	0.2739	77.3767	15	0.3813	27	0.4192	13	-0.0273	36
肃 北 县	0.2591	77.2118	16	1.1141	1	0.3203	17	-0.6777	62
岷 县	0.2556	77.1735	17	0.6880	11	-0.3010	57	0.5653	20
玉 门 市	0.2552	77.1694	18	-0.2032	55	0.2779	19	0.6835	17
甘 州 区	0.2484	77.0932	19	0.2543	31	0.9941	6	-0.7518	69
碌 曲 县	0.2280	76.8666	20	0.6639	12	-0.2329	51	0.4066	21
金 塔 县	0.2234	76.8153	21	0.4437	19	1.0271	5	-1.0686	76
临 潭 县	0.1981	76.5346	22	-0.5133	64	-0.0469	39	1.2363	7
迭 部 县	0.1913	76.4592	23	-0.0767	49	0.0258	33	0.6800	18
山 丹 县	0.1607	76.1187	24	0.8637	5	-0.0185	36	-0.3034	45

续表

县 域	社会保障数值	社会保障得分	社会保障排序	2013 年甘肃省县域社会保障					
				医疗保障因子	排序	养老保障因子	排序	基本生活保障因子	排序
康 乐 县	0.1503	76.0034	25	0.1406	37	-0.2707	55	0.7214	15
环 县	0.1469	75.9659	26	0.6327	14	-0.1738	45	0.0889	30
民 勤 县	0.1463	75.9589	27	0.3557	29	0.2397	21	-0.1876	42
张家川县	0.1409	75.8988	28	0.9016	4	-0.8584	74	0.7126	16
漳 县	0.1322	75.8019	29	-0.5928	68	0.1518	28	0.8309	13
武 都 区	0.1119	75.5765	30	0.7454	9	-0.5179	66	0.3180	28
庄 浪 县	0.1028	75.4756	31	0.6384	13	0.1828	24	-0.5394	53
成 县	0.0908	75.3418	32	0.3633	28	0.4625	11	-0.6774	61
华 池 县	0.0709	75.1207	33	0.1676	34	0.0526	31	-0.0015	34
靖 远 县	0.0583	74.9811	34	0.9057	3	-0.2675	54	-0.3547	46
会 宁 县	0.0514	74.9042	35	0.5651	17	-0.5502	68	0.3398	27
西 峰 区	0.0352	74.7248	36	0.0990	40	0.6495	10	-0.8476	73
肃 南 县	0.0323	74.6918	37	-0.1535	54	0.3125	18	-0.1557	41
正 宁 县	-0.0029	74.3015	38	0.1723	33	0.0192	34	-0.2075	43
陇 西 县	-0.0155	74.1607	39	0.0618	41	0.3928	16	-0.6373	58
宁 县	-0.0200	74.1116	40	0.4142	21	0.0816	29	-0.5895	57
永 靖 县	-0.0215	74.0941	41	-0.0290	47	-0.2964	56	0.3524	26
凉 州 区	-0.0379	73.9120	42	0.4136	22	0.2025	23	-0.8099	71
古 浪 县	-0.0431	73.8543	43	0.0611	42	-0.0789	40	-0.0995	39
渭 源 县	-0.0506	73.7706	44	-0.2766	57	-0.1951	46	0.3679	25
永 昌 县	-0.0647	73.6146	45	-0.0573	48	0.6795	9	-1.0643	75
东 乡 县	-0.0702	73.5534	46	-0.4894	63	-0.7738	72	1.2871	6
崇 信 县	-0.0733	73.5193	47	0.1441	36	0.2426	20	-0.7118	66
宕 昌 县	-0.0804	73.4401	48	-0.5178	65	-0.0895	41	0.3691	24
清 水 县	-0.0825	73.4168	49	0.5831	16	-0.5766	69	-0.0893	37
文 县	-0.0875	73.3614	50	-0.4314	60	-0.6559	70	1.0144	11

续表

县　域	社会保障数值	社会保障得分	社会保障排序	2013 年甘肃省县域社会保障					
				医疗保障因子	排序	养老保障因子	排序	基本生活保障因子	排序
景 泰 县	-0.0894	73.3401	51	0.3926	25	-0.1168	43	-0.5348	52
秦 安 县	-0.0983	73.2415	52	0.1559	35	-0.4059	63	0.0578	32
崆 峒 区	-0.1350	72.8336	53	0.0468	43	0.1541	27	-0.7022	65
临 泽 县	-0.1457	72.7146	54	-0.0844	50	0.0656	30	-0.4886	49
玛 曲 县	-0.1562	72.5976	55	0.1360	39	-0.7780	73	0.3806	23
民 乐 县	-0.1612	72.5421	56	-0.4807	62	0.0303	32	-0.0971	38
泾 川 县	-0.1706	72.4373	57	-0.3129	58	0.3984	15	-0.7871	70
临 洮 县	-0.1707	72.4371	58	0.7822	8	-0.6759	71	-0.4498	48
镇 原 县	-0.1722	72.4203	59	-0.0252	46	-0.2135	50	-0.2640	44
临 夏 市	-0.1728	72.4129	60	-1.6961	76	-0.2087	49	1.3982	3
合 水 县	-0.1980	72.1337	61	-0.2503	56	-0.3490	61	0.0558	33
礼　县	-0.1991	72.1215	62	0.3884	26	-0.3065	58	-0.6433	60
静 宁 县	-0.2712	71.3201	63	-0.3163	59	-0.0255	37	-0.5535	54
麦 积 区	-0.3095	70.8947	64	0.1396	38	-0.3990	62	-0.6392	59
灵 台 县	-0.3278	70.6913	65	-0.1165	53	-0.2064	48	-0.7010	64
甘 谷 县	-0.3434	70.5181	66	0.0433	44	-0.5119	65	-0.5054	50
武 山 县	-0.3458	70.4907	67	-0.1154	52	-0.3364	60	-0.5888	56
安 定 区	-0.3888	70.0136	68	-1.1666	73	-0.0911	42	-0.0078	35
庆 城 县	-0.4546	69.2821	69	-0.6613	71	-0.2431	52	-0.5300	51
肃 州 区	-0.4757	69.0472	70	-0.8688	72	0.2366	22	-1.0325	74
皋 兰 县	-0.5797	67.8917	71	-0.6240	69	-0.4202	64	-0.7481	68
华 亭 县	-0.6262	67.3758	72	-1.5473	75	0.0116	35	-0.5554	55
积石山县	-0.6769	66.8117	73	-1.4502	74	-1.2914	76	0.9156	12
阿克塞县	-0.7004	66.5509	74	-0.6578	70	-0.9307	75	-0.4359	47
永 登 县	-0.8103	65.3305	75	-0.5554	67	-0.5486	67	-1.4139	77
西 和 县	-0.8961	64.3764	76	0.2344	32	-2.5255	77	0.1459	29
合 作 市	-1.2976	59.9153	77	-4.5205	77	-0.3356	59	0.6426	19

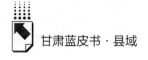

从77个县（市、区）社会保障分层来看，有33个县（市、区）处于社会保障上游区域，其中具有显著优势的有8个县（市、区），具有一般优势的有25个县（市、区）；处于社会保障中游区域的有35个县（市、区）；处于社会保障下游区域的有9个县（市、区），其中具有一般劣势的有7个县（市、区），具有显著劣势的有2个县（市、区）。

社会保障综合排序处在第一层次的县域分别是临夏县、夏河县、和政县、广河县、瓜州县、天祝县、敦煌市、舟曲县，这8个县（市、区）在社会保障方面具有比较显著的竞争优势。

社会保障综合排序处于第二层次的县域分别是通渭县、徽县、高台县、康县、榆中县、卓尼县、两当县、肃北县、岷县、玉门市、甘州区、碌曲县、金塔县、临潭县、迭部县、山丹县、康乐县、环县、民勤县、张家川县、漳县、武都区、庄浪县、成县、华池县，这25个县（市、区）在社会保障方面具有一般竞争优势。

社会保障综合排序居于中游的县域是靖远县、会宁县、西峰区、肃南县、正宁县、陇西县、宁县、永靖县、凉州区、古浪县、渭源县、永昌县、东乡县、崇信县、宕昌县、清水县、文县、景泰县、秦安县、崆峒区、临泽县、玛曲县、民乐县、泾川县、临洮县、镇原县、临夏市、合水县、礼县、静宁县、麦积区、灵台县、甘谷县、武山县、安定区，这35个县（市、区）在社会保障方面处在中游区域，县域社会保障属于中等水平。

社会保障综合排序处于下游区域的共有9个县（市、区），其中一般劣势的县域分别是庆城县、肃州区、皋兰县、华亭县、积石山县、阿克塞县、永登县，这7个县（市、区）在社会保障方面处于劣势；社会保障水平处于显著劣势的有2个县（市、区），它们是西和县、合作市（见表16）。

表16 2013年甘肃省县域社会保障分层

上游区域（33个）		
（≥80分）8个	临夏县、夏河县、和政县、广河县、瓜州县、天祝县、敦煌市、舟曲县	显著优势
（75~79分）25个	通渭县、徽县、高台县、康县、榆中县、卓尼县、两当县、肃北县、岷县、玉门市、甘州区、碌曲县、金塔县、临潭县、迭部县、山丹县、康乐县、环县、民勤县、张家川县、漳县、武都区、庄浪县、成县、华池县	一般优势
中游区域（35个）		
（70~74分）35个	靖远县、会宁县、西峰区、肃南县、正宁县、陇西县、宁县、永靖县、凉州区、古浪县、渭源县、永昌县、东乡县、崇信县、宕昌县、清水县、文县、景泰县、秦安县、崆峒区、临泽县、玛曲县、民乐县、泾川县、临洮县、镇原县、临夏市、合水县、礼县、静宁县、麦积区、灵台县、甘谷县、武山县、安定区	中等水平
下游区域（9个）		
（65~69分）7个	庆城县、肃州区、皋兰县、华亭县、积石山县、阿克塞县、永登县	一般劣势
（≤64分）2个	西和县、合作市	显著劣势

八 甘肃省县域公共服务子系统评价分析

公共服务设施作为承载城乡公共服务的重要物质载体，是实现城乡公共服务均等化的重要指标。本文通过每万人拥有专业技术人员数和每万人专利授权数来反映县域科技服务水平，通过每十万人拥有体育场个数、每十万人拥有剧场和影剧院个数以及人均拥有公共图书馆藏书册数3项指标来测度城乡居民文化娱乐公共服务水平，通过每万人拥有医生人数、每万人拥有医院卫生院床位数以及每万人拥有执业（助理）医师数3项指标来测度城乡医疗卫生服务水平。通过对上述指标的计算，2013年甘肃省77个县（市、区）公共服务水平如表17所示。

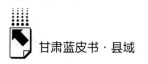

表17   2013 年甘肃省县域公共服务排序

县　域	公共服务数值	公共服务得分	公共服务排序	2013 年甘肃省县域公共服务					
				科技服务因子数值	排序	文体娱乐因子数值	排序	医疗卫生因子数值	排序
阿克塞县	2.9683	84.9905	1	3.1292	1	3.8981	2	1.8240	2
肃北县	2.3424	81.4899	2	0.8625	3	4.9516	1	1.7064	3
肃南县	1.6550	77.6453	3	0.6229	7	3.1861	3	1.5000	6
碌曲县	1.1351	74.7379	4	0.8175	4	0.7506	5	1.9432	1
两当县	0.7173	72.4008	5	0.5315	10	0.9967	4	0.6856	17
高台县	0.6645	72.1056	6	0.3941	21	0.6048	6	1.0847	10
肃州区	0.6011	71.7511	7	1.1571	2	-0.2665	44	0.7273	15
甘州区	0.5687	71.5696	8	0.3573	24	-0.1212	28	1.5403	5
华亭县	0.5547	71.4918	9	0.6109	8	-0.0795	24	1.1140	8
山丹县	0.5277	71.3408	10	0.4749	14	0.0627	14	1.0632	11
西峰区	0.4582	70.9518	11	-0.0924	55	0.1023	12	1.5482	4
玉门市	0.4424	70.8634	12	0.4625	16	0.1804	9	0.6776	18
金塔县	0.4391	70.8449	13	0.4891	12	-0.1949	31	1.0064	12
玛曲县	0.3984	70.6173	14	0.1458	41	0.0459	15	1.0875	9
天祝县	0.3604	70.4049	15	0.7082	5	-0.2684	45	0.5256	20
庄浪县	0.3052	70.0964	16	0.4146	20	-0.2241	34	0.6888	16
瓜州县	0.3008	70.0714	17	0.4205	19	0.2245	7	0.2173	27
临泽县	0.2942	70.0346	18	0.4501	17	-0.0378	21	0.4183	23
崆峒区	0.2875	69.9972	19	0.3695	23	-0.3326	55	0.7983	14
迭部县	0.2452	69.7604	20	0.3251	26	-0.2545	42	0.6382	19
敦煌市	0.2449	69.7587	21	0.3173	27	0.1765	10	0.2166	28
永靖县	0.2347	69.7018	22	0.1511	40	-0.3467	57	0.9275	13
成　县	0.2344	69.7001	23	0.4726	15	0.2157	8	-0.0646	39
临夏市	0.2296	69.6732	24	-0.2210	58	-0.3570	59	1.4168	7
永昌县	0.2236	69.6396	25	0.2528	34	0.0036	19	0.4044	25
民勤县	0.2173	69.6044	26	0.6304	6	-0.2736	47	0.1572	29
华池县	0.2113	69.5710	27	0.3854	22	-0.2249	36	0.4154	24

续表

县　域	公共服务数值	公共服务得分	公共服务排序	2013年甘肃省县域公共服务					
				科技服务因子数值	排序	文体娱乐因子数值	排序	医疗卫生因子数值	排序
康　县	0.1020	68.9599	28	0.5618	9	-0.0577	22	-0.3512	49
合水县	0.0931	68.9100	29	0.5162	11	-0.2278	37	-0.1501	42
临潭县	0.0921	68.9045	30	0.4858	13	-0.3037	49	-0.0370	37
崇信县	0.0873	68.8773	31	0.2709	32	-0.0945	25	0.0242	33
泾川县	0.0795	68.8336	32	0.1334	43	0.0710	13	0.0160	34
皋兰县	0.0580	68.7139	33	0.2523	35	-0.2499	41	0.1070	31
灵台县	0.0478	68.6565	34	0.2899	31	-0.1847	30	-0.0426	38
陇西县	0.0468	68.6512	35	0.2940	29	-0.2948	48	0.0588	32
民乐县	0.0114	68.4530	36	0.1340	42	0.1173	11	-0.2580	45
景泰县	-0.0002	68.3883	37	0.4314	18	-0.2145	33	-0.3613	50
卓尼县	-0.0035	68.3697	38	0.2579	33	-0.2133	32	-0.1423	41
通渭县	-0.0528	68.0938	39	0.2299	37	-0.0283	20	-0.4544	52
舟曲县	-0.0574	68.0684	40	0.2964	28	-0.3582	60	-0.2283	44
麦积区	-0.0771	67.9582	41	-0.0701	53	-0.3199	52	0.1564	30
静宁县	-0.0777	67.9546	42	0.1557	39	-0.3294	53	-0.1373	40
徽　县	-0.1008	67.8257	43	0.2439	36	-0.0679	23	-0.5931	59
张家川县	-0.1153	67.7446	44	-0.1044	56	-0.2571	43	0.0121	35
古浪县	-0.1411	67.6000	45	0.0857	45	-0.2391	39	-0.3454	48
靖远县	-0.1427	67.5909	46	0.3518	25	-0.4213	74	-0.5237	56
渭源县	-0.1629	67.4781	47	0.1214	44	-0.3767	66	-0.3282	47
凉州区	-0.1960	67.2929	48	-0.6753	64	-0.2295	38	0.4765	21
永登县	-0.2086	67.2225	49	0.0239	50	-0.2242	35	-0.5031	55
会宁县	-0.2174	67.1734	50	0.2076	38	-0.3493	58	-0.6522	61
环　县	-0.2451	67.0185	51	0.2927	30	-0.1397	29	-1.0676	70
庆城县	-0.2619	66.9243	52	0.0150	51	-0.2415	40	-0.6516	60
榆中县	-0.2986	66.7195	53	0.0497	48	-0.3648	63	-0.6966	63

续表

| 县　域 | 公共服务数值 | 公共服务得分 | 公共服务排序 | 2013 年甘肃省县域公共服务 | | | | | |
				科技服务因子数值	排序	文体娱乐因子数值	排序	医疗卫生因子数值	排序
临夏县	-0.3221	66.5880	54	-0.0721	54	-0.4976	77	-0.4798	54
甘谷县	-0.3371	66.5040	55	0.0562	46	-0.3636	62	-0.8349	65
康乐县	-0.3677	66.3328	56	0.0506	47	-0.4001	70	-0.8930	66
夏河县	-0.3795	66.2669	57	-1.2135	71	0.0050	18	0.3480	26
清水县	-0.4059	66.1192	58	-0.4844	60	-0.3084	50	-0.3987	51
安定区	-0.4174	66.0547	59	-0.5192	61	-0.1097	27	-0.5894	58
临洮县	-0.4292	65.9887	60	-0.6521	63	-0.3417	56	-0.2195	43
西和县	-0.4294	65.9879	61	0.0489	49	-0.2720	46	-1.2243	72
正宁县	-0.4648	65.7895	62	-1.1727	70	0.0243	17	-0.0102	36
武山县	-0.5009	65.5880	63	0.0092	52	-0.3631	61	-1.3187	73
镇原县	-0.5213	65.4738	64	-0.7709	66	-0.4049	72	-0.3049	46
宕昌县	-0.5366	65.3882	65	-0.6974	65	-0.3896	69	-0.4692	53
武都区	-0.5603	65.2558	66	-0.6186	62	-0.3652	64	-0.6776	62
积石山县	-0.6050	65.0056	67	-0.2463	59	-0.3678	65	-1.3205	74
合作市	-0.6085	64.9861	68	-1.8710	75	0.0269	16	0.4395	22
漳　县	-0.6347	64.8392	69	-0.8198	67	-0.1016	26	-0.9213	69
礼　县	-0.6810	64.5803	70	-0.1731	57	-0.3317	54	-1.7076	76
岷　县	-0.8365	63.7107	71	-1.0974	69	-0.4253	75	-0.8999	67
秦安县	-0.8536	63.6154	72	-1.0167	68	-0.4009	71	-1.0887	71
宁　县	-0.8767	63.4861	73	-1.3030	73	-0.3837	68	-0.8012	64
东乡县	-1.2302	61.5091	74	-1.7487	74	-0.4089	73	-1.3601	75
广河县	-1.2340	61.4879	75	-2.3223	76	-0.4428	76	-0.5740	57
和政县	-1.4792	60.1165	76	-2.7235	77	-0.3784	67	-0.9209	68
文　县	-1.5114	59.9364	77	-1.3030	72	-0.3192	51	-2.9813	77

从 77 个县（市、区）公共服务分层来看，有 3 个县（市、区）处于公共服务上游区域，其中具有显著优势的有 2 个县（市、区），具有一般优势的有 1 个县（市、区）；处于公共服务中游区域的有 15 个县（市、区）；处于公共服务下游区域的有 59 个县（市、区），其中具有一般劣势的有 49 个县（市、区），具有显著劣势的有 10 个县（市、区）。

公共服务综合排序处在第一层次的县域分别是阿克塞县、肃北县，这 2 个县（市、区）在公共服务方面具有比较显著的竞争优势，这 2 个县都是人口数量较小的县，因此人均公共服务所占的比重相对比较具有优势。

公共服务综合排序处于第二层次的县域是肃南县，这 1 个县（市、区）在县域公共服务方面具有一般竞争优势。

县域公共服务水平综合排序居于中游的县域是碌曲县、两当县、高台县、肃州区、甘州区、华亭县、山丹县、西峰区、玉门市、金塔县、玛曲县、天祝县、庄浪县、瓜州县、临泽县，这 15 个县（市、区）在公共服务方面处在中游区域，县域公共服务属于中等水平。

公共服务水平综合排序处于下游区域的共有 59 个县（市、区），其中一般劣势的县域分别是崆峒区、迭部县、敦煌市、永靖县、成县、临夏市、永昌县、民勤县、华池县、康县、合水县、临潭县、崇信县、泾川县、皋兰县、灵台县、陇西县、民乐县、景泰县、卓尼县、通渭县、舟曲县、麦积区、静宁县、徽县、张家川县、古浪县、靖远县、渭源县、凉州区、永登县、会宁县、环县、庆城县、榆中县、临夏县、甘谷县、康乐县、夏河县、清水县、安定区、临洮县、西和县、正宁县、武山县、镇原县、宕昌县、武都区、积石山县，这 49 个县（市、区）在公共服务方面处于劣势；公共服务水平处于显著劣势的有 10 个县（市、区），它们是合作市、漳县、礼县、岷县、秦安县、宁县、东乡县、广河县、和政县、文县（见表 18）。

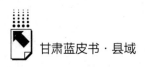

表 18 2013 年甘肃省县域公共服务分层

上游区域(3 个)		
(≥80 分)2 个	阿克塞县、肃北县	显著优势
(75~79 分)1 个	肃南县	一般优势
中游区域(15 个)		
(70~74 分)15 个	碌曲县、两当县、高台县、肃州区、甘州区、华亭县、山丹县、西峰区、玉门市、金塔县、玛曲县、天祝县、庄浪县、瓜州县、临泽县	中等水平
下游区域(59 个)		
(65~69 分)49 个	崆峒区、迭部县、敦煌市、永靖县、成县、临夏市、永昌县、民勤县、华池县、康县、合水县、临潭县、崇信县、泾川县、皋兰县、灵台县、陇西县、民乐县、景泰县、卓尼县、通渭县、舟曲县、麦积区、静宁县、徽县、张家川县、古浪县、靖远县、渭源县、凉州区、永登县、会宁县、环县、庆城县、榆中县、临夏县、甘谷县、康乐县、夏河县、清水县、安定区、临洮县、西和县、正宁县、武山县、镇原县、宕昌县、武都区、积石山县	一般劣势
(≤64 分)10 个	合作市、漳县、礼县、岷县、秦安县、宁县、东乡县、广河县、和政县、文县	显著劣势

九 甘肃省县域生活环境子系统评价分析

县域生活环境是县域社会经济全面发展的重要条件，环境一方面为人类提供经济发展所需的物质条件，另一方面又接受人类各项经济活动所产生的废弃物，并将其净化处理，是资源承载能力、经济生产能力以及人类生活的重要保障。本文通过县域森林覆盖率、每十万人拥有垃圾处理站数和污水处理厂集中处理率来测度县域生活环境水平；通过每万元 GDP 工业二氧化硫排放量、每万元 GDP 氮氧化物排放量、每万元 GDP 烟（粉）尘排放量测量环境保护水平；通过单位第一产业增加值使用化肥量（逆指标）、单位第一产业增加值使用农药量（逆指标）以及单位第一产业增加值使用地膜量（逆指标）等3 项指标来测度农村环境水平。通过对上述指标的计算，2013 年甘肃省 77 个县（市、区）生活环境如表 19 所示。

表 19　2013 年甘肃省县域生活环境排序

县　域	生活环境数值	生活环境得分	生活环境排序	2013 年甘肃省县域生活环境					
				生活环境因子数值	排序	环境保护因子数值	排序	农村环境因子数值	排序
武 山 县	0.8128	84.9067	1	0.1127	32	0.4149	25	1.5607	1
榆 中 县	0.8014	84.7608	2	-0.0863	43	1.5395	1	0.5072	18
永 昌 县	0.7355	83.9115	3	0.6042	11	0.6880	16	0.8488	10
古 浪 县	0.7195	83.7045	4	-0.3096	55	0.5888	19	1.3646	4
庄 浪 县	0.6803	83.1999	5	-0.0148	41	0.7665	14	0.9416	9
环　县	0.6801	83.1978	6	-0.3761	57	0.4711	24	1.4173	3
静 宁 县	0.6292	82.5411	7	-0.0297	42	0.1086	36	1.4793	2
甘 谷 县	0.5934	82.0803	8	-0.2504	52	0.8717	10	0.7370	13
崆 峒 区	0.5865	81.9911	9	0.2783	26	1.3163	3	0.0108	38
天 祝 县	0.5797	81.9027	10	-0.6550	72	1.3549	2	0.4217	19
麦 积 区	0.5754	81.8482	11	0.8449	8	-0.1577	43	1.1738	5
靖 远 县	0.5144	81.0619	12	0.1620	29	0.4801	22	0.7249	15
民 乐 县	0.4900	80.7480	13	0.4321	20	0.8138	12	0.1953	28
文　县	0.4882	80.7239	14	1.1144	3	0.9033	9	-0.2401	45
武 都 区	0.4743	80.5453	15	0.4352	19	0.1465	34	0.8216	11
华 亭 县	0.4720	80.5156	16	0.9335	6	1.2039	4	-0.4906	62
积石山县	0.4204	79.8506	17	-0.0885	44	0.2794	30	0.8158	12
玉 门 市	0.3867	79.4156	18	-0.1044	45	0.7904	13	0.2284	26
永 靖 县	0.3559	79.0199	19	0.0029	38	0.5522	20	0.3362	21
合 水 县	0.3319	78.7095	20	0.7185	10	-0.6188	60	1.0892	6
两 当 县	0.3286	78.6677	21	1.7640	1	-0.7879	65	0.7275	14
临 洮 县	0.3157	78.5013	22	-0.2840	54	0.3504	29	0.5809	16

续表

县　域	生活环境数值	生活环境得分	生活环境排序	2013 年甘肃省县域生活环境					
				生活环境因子数值	排序	环境保护因子数值	排序	农村环境因子数值	排序
临泽县	0.3008	78.3090	23	0.2764	27	0.7288	15	-0.1151	40
秦安县	0.2767	77.9989	24	0.0152	37	-0.2674	52	0.9516	8
山丹县	0.2738	77.9607	25	0.0223	36	0.8329	11	-0.1597	42
永登县	0.2659	77.8597	26	-0.4885	61	1.1055	6	-0.1965	44
通渭县	0.2451	77.5918	27	-0.6315	71	-0.1194	40	1.0479	7
皋兰县	0.2436	77.5723	28	-0.5864	68	0.6471	18	0.2551	24
甘州区	0.2328	77.4328	29	0.0021	39	1.0233	7	-0.4424	59
成　县	0.2059	77.0863	30	0.7298	9	0.5252	21	-0.3753	56
崇信县	0.1981	76.9859	31	0.4778	15	0.2056	32	0.0508	37
清水县	0.1922	76.9095	32	0.0813	33	0.0730	37	0.3668	20
景泰县	0.1871	76.8438	33	-0.2280	51	0.9364	8	-0.3547	54
漳　县	0.1331	76.1481	34	-0.5768	67	1.1127	5	-0.4916	63
安定区	0.0807	75.4733	35	0.3476	23	-0.1633	44	0.1913	29
康　县	0.0510	75.0901	36	1.0416	4	-0.1508	41	-0.2425	46
肃州区	0.0232	74.7322	37	-0.5098	66	0.4794	23	-0.1664	43
高台县	0.0035	74.4776	38	0.3515	22	0.1990	33	-0.3661	55
凉州区	-0.0038	74.3846	39	-0.1143	46	-0.1807	46	0.2285	25
肃南县	-0.0106	74.2970	40	0.8682	7	0.3713	27	-0.8318	69
陇西县	-0.0349	73.9830	41	-0.3906	58	0.2530	31	-0.1449	41
西和县	-0.0617	73.6385	42	0.3052	24	-0.3936	54	0.0869	33
瓜州县	-0.0621	73.6330	43	-1.4872	75	0.3812	26	0.2072	27
礼　县	-0.0823	73.3730	44	-0.1700	48	-0.2530	49	0.1323	31
正宁县	-0.0975	73.1766	45	0.4651	17	-0.2273	48	-0.2490	47
华池县	-0.0987	73.1607	46	1.3036	2	-0.8451	68	-0.0535	39
广河县	-0.1290	72.7701	47	0.0613	35	-0.6647	63	0.3114	22
敦煌市	-0.1372	72.6649	48	-0.4919	62	0.3558	28	-0.4528	60
泾川县	-0.1401	72.6277	49	0.2881	25	-0.1771	45	-0.3172	53

续表

县　域	生活环境数值	生活环境得分	生活环境排序	2013年甘肃省县域生活环境					
				生活环境因子数值	排序	环境保护因子数值	排序	农村环境因子数值	排序
康 乐 县	-0.1403	72.6255	50	0.4236	21	-0.2538	50	-0.3086	52
张家川县	-0.1629	72.3337	51	0.1162	31	-0.6447	62	0.1793	30
临 夏 县	-0.2116	71.7067	52	-0.1790	49	-0.5154	57	0.0760	34
民 勤 县	-0.2212	71.5829	53	-0.0023	40	-0.6148	59	0.0630	36
镇 原 县	-0.2557	71.1379	54	-0.6062	69	-0.6414	61	0.3052	23
金 塔 县	-0.2715	70.9340	55	-0.8182	73	0.1126	35	-0.3823	57
东 乡 县	-0.2753	70.8852	56	-0.4985	64	-0.1510	42	-0.2881	51
西 峰 区	-0.2925	70.6639	57	0.5148	13	-0.7297	64	-0.2589	49
渭 源 县	-0.2971	70.6043	58	0.1302	30	-0.2620	51	-0.5459	65
夏 河 县	-0.3007	70.5579	59	-0.3307	56	0.6722	17	-1.2586	75
和 政 县	-0.3227	70.2748	60	0.0759	34	-0.3547	53	-0.4899	61
临 夏 市	-0.3542	69.8679	61	-0.1935	50	-0.0926	38	-0.6963	66
宕 昌 县	-0.3738	69.6161	62	-0.2749	53	-0.5249	58	-0.2722	50
临 潭 县	-0.4130	69.1106	63	-0.4094	59	-0.1164	39	-0.7115	67
灵 台 县	-0.4214	69.0029	64	0.4548	18	-1.0234	70	-0.2574	48
宁　　县	-0.4260	68.9429	65	-0.4984	63	-1.3741	72	0.5583	17
会 宁 县	-0.5864	66.8766	66	-0.1435	47	-1.4659	74	0.0717	35
合 作 市	-0.6105	66.5657	67	0.2679	28	-0.4425	56	-1.2177	74
卓 尼 县	-0.6222	66.4153	68	-0.4141	60	-0.1957	47	-1.1527	72
徽　　县	-0.6296	66.3194	69	0.5396	12	-1.4418	73	-0.4020	58
庆 城 县	-0.6670	65.8380	70	-0.6099	70	-1.4680	75	0.1055	32
碌 曲 县	-0.6794	65.6774	71	0.9594	5	-0.9093	69	-1.2690	76
阿克塞县	-0.8645	63.2926	72	-1.7097	76	-0.4234	55	-0.8830	71
肃 北 县	-0.9261	62.4986	73	-1.9000	77	-0.8446	67	-0.5206	64
岷　　县	-0.9439	62.2698	74	-0.5009	65	-1.3110	71	-0.7982	68
舟 曲 县	-1.0031	61.5064	75	0.4668	16	-1.8650	77	-0.8762	70
迭 部 县	-1.0509	60.8907	76	0.4857	14	-1.6539	76	-1.2161	73
玛 曲 县	-1.1253	59.9313	77	-1.3949	74	-0.8443	66	-1.2716	77

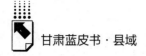

从 77 个县（市、区）生活环境分层来看，77 个县（市、区）中有 36 个县（市、区）处于生活环境上游区域，其中具有显著优势的有 16 个县（市、区），具有一般优势的有 20 个县（市、区）；处于生活环境中游区域的有 24 个县（市、区）；处于生活环境下游区域的有 17 个县（市、区），其中具有一般劣势的有 11 个县（市、区），具有显著劣势的有 6 个县（市、区）。

生活环境综合排序处在第一层次的县域分别是武山县、榆中县、永昌县、古浪县、庄浪县、环县、静宁县、甘谷县、崆峒区、天祝县、麦积区、靖远县、民乐县、文县、武都区、华亭县，这 16 个县（市、区）在生活环境方面具有比较显著的竞争优势。

生活环境综合排序处于第二层次的县域分别是积石山县、玉门市、永靖县、合水县、两当县、临洮县、临泽县、秦安县、山丹县、永登县、通渭县、皋兰县、甘州区、成县、崇信县、清水县、景泰县、漳县、安定区、康县，这 20 个县（市、区）在县域生活环境方面具有一般竞争优势。

生活环境水平综合排序居于中游的县域是肃州区、高台县、凉州区、肃南县、陇西县、西和县、瓜州县、礼县、正宁县、华池县、广河县、敦煌市、泾川县、康乐县、张家川县、临夏县、民勤县、镇原县、金塔县、东乡县、西峰区、渭源县、夏河县、和政县，这 24 个县（市、区）在生活环境方面处在中游区域，县域生活环境属于中等水平。

生活环境水平综合排序处于下游区域的共有 17 个县（市、区），其中一般劣势的县域分别是临夏市、宕昌县、临潭县、灵台县、宁县、会宁县、合作市、卓尼县、徽县、庆城县、碌曲县，这 11 个县（市、区）在生活环境方面处于劣势；生活环境水平处于显著劣势的有 6 个县（市、区），它们是阿克塞县、肃北县、岷县、舟曲县、迭部县、玛曲县（见表 20）。

表20　2013年甘肃省县域生活环境分层

	上游区域（36个）	
（≥80分）16个	武山县、榆中县、永昌县、古浪县、庄浪县、环县、静宁县、甘谷县、崆峒区、天祝县、麦积区、靖远县、民乐县、文县、武都区、华亭县	显著优势
（75～79分）20个	积石山县、玉门市、永靖县、合水县、两当县、临洮县、临泽县、秦安县、山丹县、永登县、通渭县、皋兰县、甘州区、成县、崇信县、清水县、景泰县、漳县、安定区、康县	一般优势
	中游区域（24个）	
（70～74分）24个	肃州区、高台县、凉州区、肃南县、陇西县、西和县、瓜州县、礼县、正宁县、华池县、广河县、敦煌市、泾川县、康乐县、张家川县、临夏县、民勤县、镇原县、金塔县、东乡县、西峰区、渭源县、夏河县、和政县	中等水平
	下游区域（17个）	
（65～69分）11个	临夏市、宕昌县、临潭县、灵台县、宁县、会宁县、合作市、卓尼县、徽县、庆城县、碌曲县	一般劣势
（≤64分）6个	阿克塞县、肃北县、岷县、舟曲县、迭部县、玛曲县	显著劣势

B.4
甘肃省县域社会发展空间演化格局

徐吉宏　王建兵*

摘　要：　本文首先以 GIS 理论为指导，利用 GIS 空间分析方法，将 2007 年、2009 年、2011 年、2013 年甘肃省 77 个县（市、区）按甘肃县域社会发展评价的评定标准划分水平梯度区，并对研究地域进行分类；其次，利用 GIS 制图方法研制县域社会发展与评价指标体系的 8 个子系统（社会结构、教育素质、经济效益、生活质量、基础设施、社会保障、公共服务、生活环境）空间演化格局分布图，直观形象地反映空间上变迁趋势，并对其空间演化格局变迁趋势进行简要分析。

关键词：　GIS　甘肃　县域社会　空间演化格局

一　县域社会发展空间格局研究简介

（一）研究区域

根据国家统计局农村调查司有关全国县域社会经济综合发展水平

---

* 徐吉宏，硕士，甘肃省社会科学院农村发展研究所助理研究员，主要研究农村发展及地理信息技术。王建兵，博士，研究员，甘肃省社会科学院农村发展研究所所长。

所定的测评范围，结合甘肃省统计局的具体要求，2015 年，课题组对甘肃省除兰州市 5 区（城关区、七里河区、西固区、安宁区、红古区）、金昌市 1 区（金川区）、白银市 2 区（白银区、平川区）和天水市 1 区（秦州区）之外的 77 个县（市、区）进行分析。

与往年甘肃县域社会蓝皮书相比：市（州）新增加 1 市（嘉峪关市），县域缺少了四个区（金川区、平川区、秦州区、白银区）。

（二）地域分类

根据甘肃省委省政府提出的省域发展战略思路（中心带动、两翼齐飞、组团发展、整体推进），参考甘肃省农村经济区域的划分标准[①]，将甘肃省按地域划分为五大区域（简称地域区）：河西区域、中心区域、陇中区域、陇东区域、两南区域（见图 1）。各地域区划分范围与县域布局如图 2 和图 3 所示。

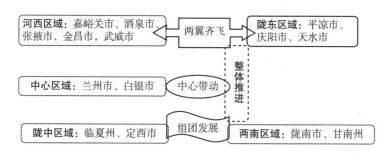

图 1　甘肃省地域区布局示意

（三）评定标准

依据甘肃县域社会发展蓝皮书（2013）评定标准，结合课题组最新要求，《2015：甘肃县域社会发展评价报告》将县域社会发展处

---

① 牛叔文、李树基：《甘肃省农村经济区划》，甘肃人民出版社，1992，第 151 页。

图 2　甘肃省地域区县域分布

于 1~25 位的县（市、区）判定为上游区，处于 26~56 位的县
（市、区）判定为中游区，处于 52~77 位的县（市、区）判定为下
游区；将县域社会发展平均得分处于 1~5 位的市（州）判定为上游
区，处于 6~10 位的市（州）判定为中游区，处于 11~14 位的市
（州）判定为下游区。同时，将县域社会发展评价指标处于第 1~10
位的县（市、区）判定为显著优势，11~25 位的县（市、区）判定
为一般优势，26~56 位的县（市、区）判定为中势，57~71 位的县
（市、区）判定为一般劣势，72~77 位的县（市、区）判定为显著
劣势。

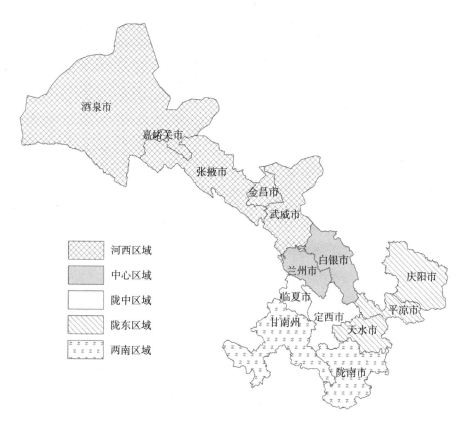

图3 甘肃省市（州）地域区分布

二 甘肃省县域社会发展水平空间分布格局

（一）县域社会发展空间分布①

根据2007年、2009年、2011年和2013年甘肃县域社会发展评价的4次排序，参考2013年研究区域范围，重新调整归纳2007～2013年

---

① 本文数据来源于《甘肃省县域社会发展评价报告》（2009年、2011年）、《甘肃省县域社会发展评价报告（2013）》，以及2014年甘肃省统计局统计数据计算整理。

甘肃省县域社会发展分布状况，如表1所示。2007年、2009年、2011和2013年甘肃县域社会发展水平空间格局趋势变化如图4、图5所示。

表1　2007年、2009年、2011年和2013年甘肃省各地域处于
县域社会发展类型的县区数

单位：个

经济区	区位	县数	2007年甘肃省县域社会发展	2009年甘肃省县域社会发展	2011年甘肃省县域社会发展	2013年甘肃省县域社会发展
中心区域	上游区	6	2	3	0	2
	中游区		4	2	4	4
	下游区		0	1	2	0
河西区域	上游区	18	15	14	16	15
	中游区		3	4	1	3
	下游区		0	0	1	0
陇东区域	上游区	21	7	7	5	8
	中游区		8	12	10	11
	下游区		6	2	6	2
陇中区域	上游区	15	1	1	1	1
	中游区		6	5	7	5
	下游区		8	9	7	9
两南区域	上游区	17	0	0	3	0
	中游区		9	8	9	8
	下游区		8	9	5	9

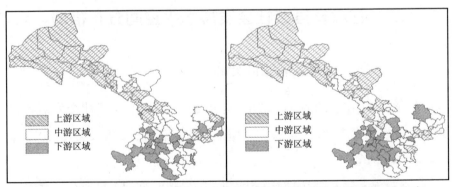

图4　2007年（左）、2009年（右）甘肃省县域社会发展空间分布

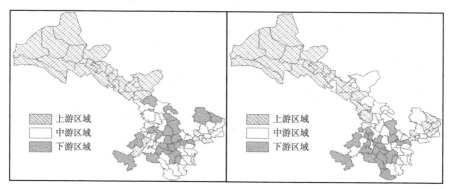

图5　2011年（左）、2013年（右）甘肃省县域社会发展空间分布

1. 县域整体直观视觉

从整体直观视觉来看，已形成相对稳定的"西高东低"、"南高北低"空间格局趋势。同时，一是处于各区域层次类型的县域空间变化相对比较稳定，从而反映了县域社会发展水平相对比较稳定；二是陇中、陇东、两南区域空间变化比较大。陇中、陇东、两南区域县域主要处于中、下游区域类型，空间竞争比较大，致使其空间格局变化也比较明显，其波动幅度也恰恰说明中、下游区域的县域"逆水行舟、不进则退"。

2. 县域空间分布

从县域空间分布来看，处于上游区域层次的县域主要聚集在河西区域，这些县域或社会发展基础较好，或工业化、城镇化、产业化水平相对较高，或农业发展条件较好，或政府自身投资能力较大，基础设施相对比较完善；处于中游区域层次的县域包括中心区域、陇中区域、陇东区域和两南（陇南）区域以及其附近县域，这些县域主要受大中城市、产业带等辐射带动，社会发展水平提高较快；处于下游区域层次的县域聚集在两南区域，这些县域受地理环境、生产条件等限制，大多还是国家级贫困县，工业化和城镇化发展水平缓慢，产业发展弱、基础设施水平比较低，社会发展缓慢。

3. 各地域的空间分布

河西区域：整体上处于甘肃前位，其县域主要处于上、中游区域类型。2013 年其上、中、下游区域分布县域个数分别为 15 个、3 个和 0 个，逐渐形成以阿克塞县、肃北县、敦煌市、玉门市、肃州区、凉州区为轴线且具有显著优势的发展空间格局趋势。值得注意的是甘州区，从 2007 年、2009 年的第 4 或 3 位的显著优势降到 2013 年的第 11 位的一般优势，其优势下降速度非常明显，从而也反映了具有显著优势的甘州区县域社会发展陷入了发展困境。如何转型跨越发展，将是目前政府层面研究的重大课题。

中心区域：整体水平相对稳定呈向上趋势发展，除永登外，基本处于中下游区域层次空间格局。从 2007～2011 年县域发展上升趋势相对比较明显，而 2013 年有减弱的趋势，虽然不太明显但也值得重视。此外，作为甘肃中心区域的"兰白区域带"，属于甘肃社会、经济、文化、政治等核心区，但引领示范作用却很弱。因此，如何依托"兰白带"以及兰州新城区建设，率先实现中心区域县域社会"转型跨越"发展，将是目前面临的最大难题和挑战。

陇东区域：整体上升趋势比较明显，逐渐形成以城市中心区（平凉市的崆峒区、庆阳市的西峰区）及传统能源基地（庆阳市的庆城县、平凉市的华亭县和崇信县）为核心的上游区域类型的空间联动格局趋势，而处于中游区域层次的县域数量增多的趋势明显，也侧面反映了"东翼"作用的日益凸显。

陇中区域：整体呈向中游区域层次类型上升的趋势格局，逐渐形成以永靖县、临洮县、安定区和陇西县为轴线的中游区域层次空间格局趋势。同时，处于中游区域层次的县域数量增多与下游区域层次的县域数量减少有一定的关联性，侧面反映了处于两"翼"夹击的陇中区域县域社会发展进步较快。

两南区域：整体处于下游区域层次格局，属于甘肃"低洼"地。同时，从演化格局来看，2007～2011 年县域发展呈上升趋势，但

2013 年下降趋势比较明显，这可能受 2013 年地方自然灾害（地震、持续降雨）的严重影响，限制其县域社会发展。

（二）13 个市（州）社会发展空间分布①

从 2007 年、2009 年、2011 年和 2013 年这 4 年甘肃省 14 个市（州）县域社会发展空间演化格局来看，市（州）县域已形成相对稳定的"西高东低"、"南高北低"空间格局。从各地域来看，河西地区县域处于上、中游区域层次格局相对稳定；两南地区形成下游区域层次格局趋势；其他各地域所处层次类型变化明显。2013 年，临夏州、庆阳市、平凉市、天水市所处层次类型波动幅度比较明显，庆阳市由中游区域跃升到上游区域层次，天水市由下游区域跃升到中游区域层次，临夏州而由中游区域下降至下游区域层次，平凉市由上游区域下降至中游区域类型（如图 6、图 7，图中县域对应的数字表示甘肃省县域社会发展排名，以下类同）。

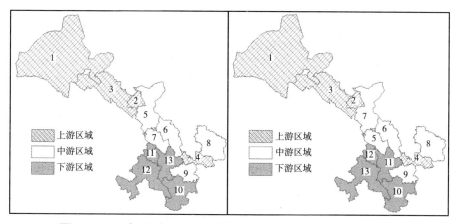

图 6　2007 年（左）、2009 年（右）甘肃省 13 个市（州）县域社会发展总体空间分布

---

① 2007 年、2009 年和 2011 年县域社会评价不含嘉峪关市，但依据 2013 年数据和划分标准，嘉峪关市对整体市（州）县域社会发展空间演化格局影响不大。

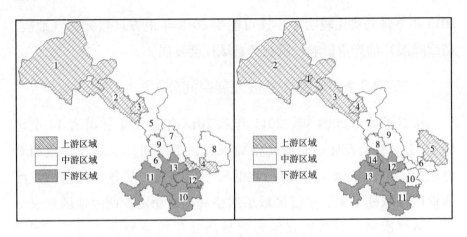

图 7   2011 年（左）、2013 年（右）甘肃省 13 个市（州）县域社会发展总体空间分布

三   甘肃省县域社会发展子系统空间
分布特征分析

（一）甘肃省县域社会结构空间演化格局

从 2007 年、2009 年、2011 年和 2013 年甘肃省县域社会结构空间演化格局来看，甘肃省县域社会结构区域层次类型波动幅度比较大，依然没有形成稳定的空间格局趋势（见图 8、图 9）。但可看出河西区域处于上、中游区域层次下降趋势非常明显，可能是 2011 年其县域社会结构调整过快引起的后发矛盾所致；陇东区域县域区域层次类型上升趋势比较明显；甘南区域县域逐渐聚集成以下游区域类型为主的空间格局，甘南区域县域自身属少数民族聚居区，且城镇化水平低、农业化程度比较高等，致使社会结构发展水平低下，需要加大力度调整其社会结构，但要解决甘南区域县域的社会结构问题，仅靠自身调整还远远不够，还需中央、省地级层面加大扶持力度。

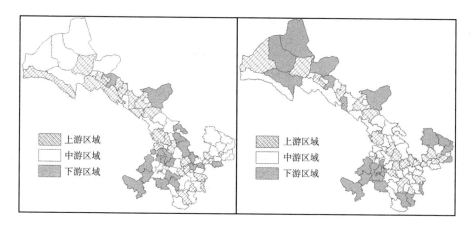

图8 2007 年（左）、2009 年（右）甘肃省县域社会结构空间分布

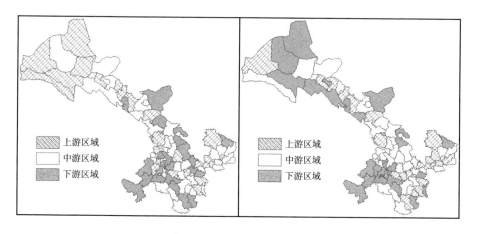

图9 2011 年（左）、2013 年（右）年甘肃省县域社会结构空间分布

（二）甘肃省教育发展空间演化格局①

教育发展是提高人民综合素质、社会发展水平以及实现小康的方针根基。从 2013 年甘肃省县域教育发展空间格局来看，整体空间分布相对分散，没有形成稳定的空间格局（见图10）。具体来看，河西

---

① 由于缺2007年、2009年、2011年数据，因此只分析2013年空间分布。

地区形成"两头高中间低"的空间格局趋势，即河西区域东、西部县域形成以上、中游区域类型为主的空间格局；中间区域县域形成以下游区域类型为主的空间格局；中心区域形成以上、中游区域层次为主的空间格局；陇中区域形成以中游区域层次为主的空间格局；陇东区域的庆阳市和平凉市形成以上、中游区域类型为主的空间格局；其他各地域的县域上、中、下游区域层次分散分布。

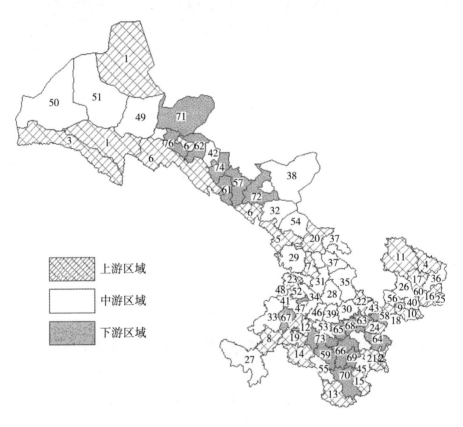

图10 2013 年甘肃省县域教育发展空间分布

（三）甘肃省县域经济效益空间演化格局

从 2007 年、2009 年、2011 年和 2013 年这 4 年甘肃省县域经济效益空间演化格局来看，甘肃省县域经济效益空间格局"西高东低"态势显著（见图11、图12）。同时，可看出河西区域县域主要是以上、中游区域类型为主的空间格局，逐渐形成以瓜州县、玉门市、肃北县、肃州区、甘州区、凉州区为轴线且具有显著优势的空间发展格局，侧面反映了中心城市的带动和辐射效果比较明显；中心区域和陇中区域的大部分县域形成以中游区域类型为主的空间格局，特别值得注意的

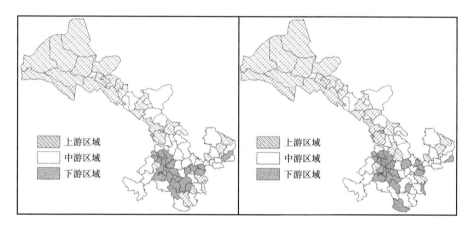

图11 2007 年（左）、2009 年（右）甘肃省县域经济效益空间分布

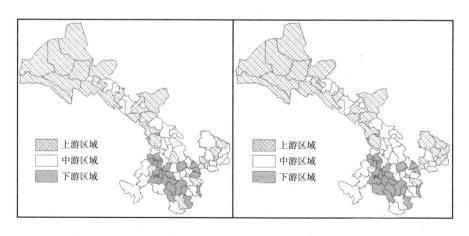

图12 2011 年（左）、2013（右）甘肃省县域经济效益空间分布

是，定西市的安定区 2009 年、2011 年、2013 年经济效益排序分别是第 23、24、27 位，虽然下降趋势较慢，但从 2013 年空间格局变化上看非常明显，值得重视；陇南区域逐渐形成以中、下游区域类型为主的空间格局；陇东区域形成以上、中游区域类型为主的空间格局，特别指出的是，2013 年陇东区域的庆阳市县域社会效益发展上升趋势比较鲜明。

（四）甘肃省县域生活质量空间演化格局分布

从 2007 年、2009 年、2011 年和 2013 年这 4 年甘肃省县域生活质量空间格局看，甘肃省县域生活质量基本已形成了"西高东低，北高南低"的空间格局趋势（见图 13、图 14）。处于上游区域类型的县域聚集在河西区域和陇东区域的庆阳市，这些县域的社会发展较快，经济发展水平相对较高，人民生活质量相对较高；处于中游区域类型的县域主要分散在陇南区域、陇东区域、陇中区域、中心区域及附近周边；处于下游区域类型的县域主要聚集在陇南区域，这些县域由于社会发展水平比较低，经济发展缓慢，基础设施等条件差。此外，河西区域、陇东区域的庆阳市层次类型上升趋势与陇南区域下降趋势非常明显，这可能是 2013 年生活质量子指标体系中把"城镇在岗职工年人均工资"修正为"城镇居民可支配收入"所造成的。

（五）甘肃省县域基础设施空间演化格局

从 2007~2013 年 4 年甘肃省县域基础设施空间格局趋势来看，甘肃省县域基础设施整体基本形成了"两边高中间低"的空间格局趋势，且河西区域类型"滑坡"趋势比较明显，这可能是由于 2013 年基础设施指标体系中"境内铁路密度"替换为"每百人民用汽车车辆数"所造成的（见图 15、图 16）。"两头高"是指处于上、中游的区域类型主要聚集在河西区域、陇东区域与陕西相接的周边区域和陇南区域与陕西相接的周边县域；处于中游的区域类型分散在各地

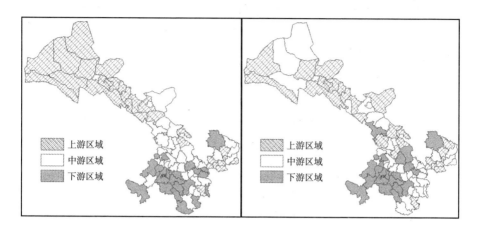

图13 2007年（左）、2009年（右）甘肃省县域生活质量空间分布

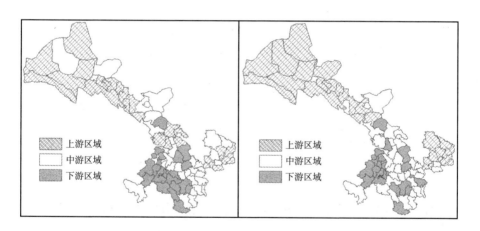

图14 2011年（左）、2013（右）甘肃省县域生活质量空间分布

区；处于下游的区域类型主要分散于陇中区域、陇东区域，以及陇南区域与陇中、陇东区域交汇的区域附近。在新型城镇化背景下，甘肃要从"拔高"、"拉低"两方面入手加大基础设施的建设力度。"拔高"即要继续加大对上、中游区域基础设施建设支持力度；"拉低"就是要彻底改观中心区域、陇中区域、陇东区域南北部，以及两南区域部分县域基础设施建设。

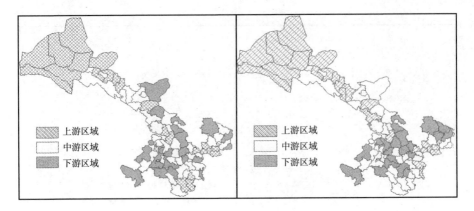

图15　2007年（左）、2009年（右）甘肃省县域基础设施空间分布

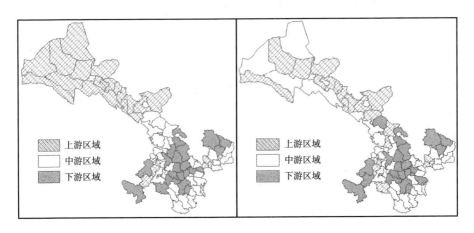

图16　2011年（左）、2013年（右）甘肃省县域基础设施空间分布

（六）甘肃省县域社会保障空间演化格局分布

从2007年、2009年、2011年和2013年这4年甘肃省县域社会保障空间格局来看（见图17、图18），除了河西有微小变化外，其他各地域层次类型变化幅度非常大，这可能是由于2013年为了进一步真实反映县域社会保障发展状况，完善指标体系所造成的。但从2013年县域社会保障空间格局来看，逐渐形成以河西西部、甘南区域及其周边区域为上游区域类型的空间格局，中、下游区域类型的县域分散在各地域区中。同时，河西区域逐渐形成了上、下游区域类型为主的空间格局，中心区域形成以中游区域类型为主的空间格局，其各县域逐渐形成"北高南低、渐进启动"空间格局趋势。

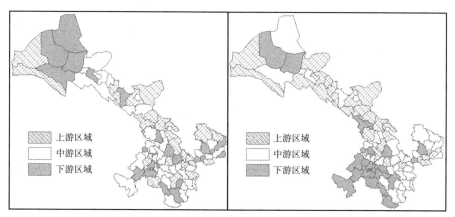

图17　2007年（左）、2009年（右）甘肃省县域社会保障空间分布

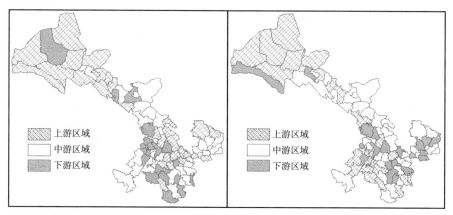

图18　2011年（左）、2013年（右）甘肃省县域社会保障空间分布

（七）甘肃省县域公共服务空间格局分布

从2009年、2011年和2013年甘肃省县域公共服务的总体空间化格局来看，甘肃省县域公共服务整体区域层次类型相对稳定，基本形成"四周高、中间低"的空间格局趋势（见图19、图20）。具体来看，处于上游区域类型的县域集中分布在河西区域、甘南区域北部和陇东区域的天水市西部地区，其县域公共服务水平相对较高；处于中游区域类型的县域分散于河西区域的西部、中心区域附近和甘南区域中部地区，以及陇中区域、陇东区域，其公共服务水平一般，但相对提升较快；处于下游区域类型的县域主要分布在陇东区域、陇南区域与陇中区域、甘南区域交汇附近县域，其县域公共服务总体水平很差，有待进一步提升。此外，县域空间格局趋势变化，在一定程度上与2013年完善县域公共服务指标体系有很大的关系。

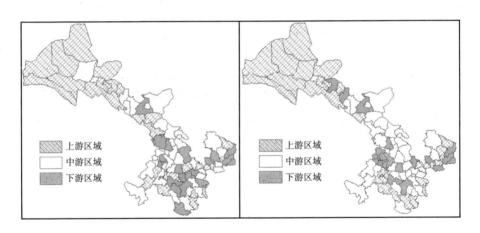

图19　2009年、2011年甘肃省县域公共服务空间分布

（八）生活环境空间格局分布

从2009年、2011年和2013年甘肃省县域生活环境的总体空间演化格局来看，2009年和2011年表现出相对比较稳定的"南高北低"空间格局，且河西区域和甘南区域层次类型的上升趋势比较明显。但结合2013年来看，其整体县域的层次类型变化幅度很大，除了甘南区域空间格局聚集明显外，其他各地域的县域层次类型比较分散（见图21、图22）。

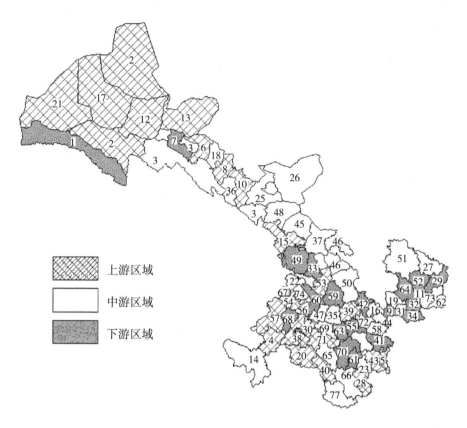

图20　2013 年甘肃省县域公共服务空间分布

2013 年与 2011 年相比，其处于上游区域类型且相对比较稳定的只有临泽县、永昌县、两当县、华亭县、甘谷县等 5 个县域；处于中游区域类型且相对比较稳定的县域有敦煌市、肃州区、金塔县、甘州区、凉州区、永登县、康乐县、成县、西和县、泾川县、华池县、宁县、陇西县、漳县、张家川县等 15 个县域；处于下游区域类型且相对比较稳定只有安定区一个县域。其他县域区域层次类型变化幅度很大，这是由于 2013 年环境指标体系考虑了大气污染（2009 年和 2011 年没有考虑）所造成的，从而也说明了城镇化大气污染比农村土壤面源污染更加严重，更要求在城镇化进程中重点关注环境污染问题，避免走先发展后治理的老路。

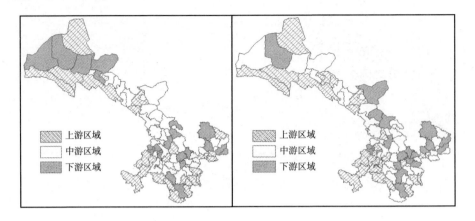

图21　2009年（左）、2011年（右）甘肃省县域农村环境空间分布

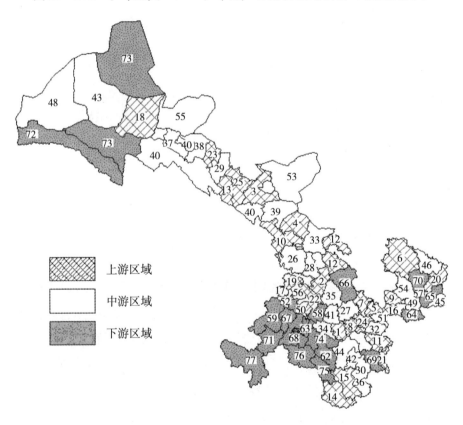

图22　2013年甘肃省县域农村环境空间分布

2013年甘肃省各市（州）所辖县域
社会发展评价与分析

潘从银　王建兵*

摘　要：　本文将甘肃省77个县域的社会发展按8个一级指标，即社会结构、教育发展、经济发展、生活质量、基础设施、社会保障、公共服务及生活环境子系统进行划分归类，分为倒金字塔形、纺锤形、正金字塔形和沙漏形4个类型。通过14个市（州）总体及分市（区）对县域进行系统评价，根据各县域社会发展不同领域具体情况，有针对性地提出对策建议。

关键词：　甘肃省　市（州）辖县　社会发展　评价

一　甘肃省县域社会发展整体评价

（一）甘肃省县域社会发展分布特征评价

将县域社会发展总体评价及县域社会发展一级指标，社会结构、教育发展、经济发展、生活质量、基础设施、社会保障、公共服务及

---

* 潘从银，甘肃省社会科学院助理研究员。王建兵，博士，甘肃省社会科学院农村发展研究所所长、研究员。

生活环境子系统按得分划分为绝对优势、一般优势、中势、一般劣势和绝对劣势5级标准，即80及80分以上为绝对优势，79~75分为一般优势，74~70分为中势，69~65分为一般劣势，64~60分为绝对劣势。根据这一标准，将77个县域总体评价及县域社会发展一级指标的8个子系统进行划分归类后，得出甘肃省77个县（市、区）2013年社会发展评价指标评价得分分布特征表（见表1）。按照如下标准，77个县域的指标分布大致可以分为4个类型，即倒金字塔形、纺锤形、正金字塔形和沙漏形，判定标准如下。

（1）倒金字塔形：8项社会发展评价一级指标中，绝对优势指标和一般优势指标之和占比达40%以上，且中势指标大于或等于劣势指标数量。

（2）纺锤形：8项社会发展评价一级指标中，中势指标占比达到40%以上，且优势指标和劣势指标均小于中势指标。

（3）沙漏形：8项社会发展评价一级指标中，中势指标比重不超过25%，且优势和劣势指标占比均大于或等于中势指标占比量。

（4）正金字塔形：8项社会发展评价一级指标中，绝对劣势指标和一般劣势指标之和占比达40%以上，且中势指标大于或等于优势指标。

根据上述划分标准，2013年甘肃77个县域社会发展一级指标的8个子系统分布以倒金字塔形和正金字塔形特征居多，各有24个县（市、区），各占77个县（市、区）总量的31.17%；分布为纺锤形特征的县域居次，有15个县（市、区），占县域总量的19.48%；再次为沙漏形特征，有14个县（市、区），占到县域总量的18.18%。上述数据可以看出，优势特征不明显、中庸的纺锤形和没有发展优势、落后的正金字塔形占一半多（50.65%），说明甘肃县域社会发展水平整体上还是呈现较弱的态势，县域发展潜力挖掘并不充分，但同过去几年相比，甘肃县域社会发展进步明显，发展趋势良好。

整体上看，在四种县域社会发展类型中，倒金字塔形发展是目前县域社会发展水平最为和谐的模式之一，这类县域的8项指标分布基本上位于绝对优势、一般优势和中势指标3类中，说明其社会发展整体水平较好，指标间差距不大，较为和谐。甘肃省县域社会发展倒金字塔形特征县（市、区）占研究县（市、区）的百分比从2011年的25.93%提高到了2013年的31.17%；其次为纺锤形发展类型，这些县域的8项指标分布以中势指标、一般优势及一般劣势指标居多，县域社会发展整体水平居中，少数指标属绝对优势或绝对劣势指标，体现为县域社会发展呈中庸特征，没有十分明显的特色和劣势，这类县域的社会发展可能不具有突出特色，但也没有过于明显的缺陷，指标间差异不大，尽管社会发展水平整体不高，但较为和谐，找到发展的优势所在是这类县域未来发展的一个重点工作。甘肃省县域社会发展纺锤形特征县（市、区）占研究县（市、区）的百分比从2011年的33.33%降低到了2013年的19.48%，这一明显降低现象，一方面与甘肃省县域社会发展有关，另一方面与评价方式的改变也有一定关系。第三类为沙漏形发展类型，与纺锤形正好相反，这类县域社会发展的优劣势呈明显的两极分化特征，尽管有3项及3项以上指标具有绝对或一般优势，但是居于中势的指标过少（仅2项及2项以下），而具有一般或绝对劣势的指标较多，优势十分突出的同时，劣势也非常明显。尽管县域社会发展总体得分不低，但社会发展和谐度不是很好，如何在保持发展优势的同时加强劣势指标方面的建设，尽快从根本上解决发展短板问题，实现整体水平的突破，是这类县域需要关注的问题。甘肃省县域社会发展沙漏形特征县（市、区）占研究县（市、区）的百分比从2011年的12.35%上升到了2013年的18.18%，说明甘肃省县域发展过程中，存在片面追求某些指标快速发展而牺牲其他社会利益的现象。社会发展水平最低的是具有正金字塔形指标分布特征的县域，这类县域优势和中势指标都比较少，多数指标居一般劣势或绝对劣势区域，属社会发展水平整体落后、最不具优势的地区，这类县域未来社会发展应该更关注于整合资源、寻找优势，突破瓶颈制约，实现县域社会整体（或方面）的突破性发展。甘肃省县域社会发展正金字塔形特征县（市、区）占研究县（市、区）的百分比从 2011 年的 28.40% 上升到了 2013 年的 31.17%，说明甘肃省县域社会发展在相对发展过程中开始出现分化，同时这也是甘肃省县域社会发展的一大危险信号（见表1）。

表1　甘肃省77个县（市、区）2013年8项县域社会发展一级指标
评价得分分布特征一览

县（市、区）	绝对优势	一般优势	中势	一般劣势	绝对劣势	指标分布特征
永登县	0	2	3	3	0	纺锤形
皋兰县	0	2	3	3	0	纺锤形
榆中县	1	2	2	3	0	沙漏形
永昌县	1	2	4	0	1	倒金字塔形
靖远县	1	2	1	4	0	沙漏形
会宁县	0	1	2	4	1	正金字塔形
景泰县	0	3	4	1	0	倒金字塔形
麦积区	1	2	1	2	2	沙漏形
清水县	0	2	3	3	0	正金字塔形
秦安县	0	1	3	3	1	正金字塔形
甘谷县	1	2	1	3	1	沙漏形
武山县	1	2	2	2	1	沙漏形
张家川	0	1	4	3	0	正金字塔形
凉州区	2	1	4	1	0	倒金字塔形
民勤县	0	3	3	2	0	倒金字塔形
古浪县	1	1	2	3	1	正金字塔形
天祝县	2	2	2	1	1	倒金字塔形
甘州区	2	3	2	0	1	倒金字塔形
肃南县	0	4	3	1	0	倒金字塔形

县（市、区）	绝对优势	一般优势	中势	一般劣势	绝对劣势	指标分布特征
民乐县	2	1	2	2	1	沙漏形
临泽县	0	3	4	1	0	倒金字塔形
高台县	0	4	3	0	1	倒金字塔形
山丹县	1	4	2	1	0	倒金字塔形
崆峒区	2	2	3	1	0	倒金字塔形
泾川县	0	1	5	2	0	纺锤形
灵台县	0	1	4	3	0	纺锤形
崇信县	0	5	2	1	0	倒金字塔形
华亭县	2	3	2	1	0	倒金字塔形
庄浪县	1	3	3	1	0	倒金字塔形
静宁县	1	1	4	2	0	纺锤形
肃州区	4	1	1	1	1	沙漏形
金塔县	0	4	3	0	1	倒金字塔形
瓜州县	2	2	2	2	0	倒金字塔形
肃北县	4	2	0	1	1	沙漏形
阿克塞	3	2	1	1	1	沙漏形
玉门市	2	3	2	1	0	倒金字塔形
敦煌市	3	2	2	1	0	倒金字塔形
西峰区	2	3	2	0	1	倒金字塔形
庆城县	0	1	4	3	0	正金字塔形
环　县	1	3	2	2	0	倒金字塔形
华池县	1	2	3	1	1	倒金字塔形
合水县	0	2	4	2	0	纺锤形
正宁县	0	1	6	1	0	纺锤形
宁　县	0	3	3	1	1	倒金字塔形
镇原县	0	2	5	1	0	纺锤形
安定区	0	2	3	2	1	正金字塔形
通渭县	0	2	3	3	0	纺锤形
陇西县	0	1	3	4	0	正金字塔形

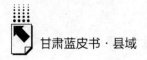
续表

县(市、区)	绝对优势	一般优势	中势	一般劣势	绝对劣势	指标分布特征
渭源县	0	0	4	4	0	正金字塔形
临洮县	0	2	2	4	0	正金字塔形
漳　县	0	3	1	4	0	沙漏形
岷　县	0	1	1	2	4	正金字塔形
武都区	2	2	1	2	1	沙漏形
成　县	0	4	3	1	0	倒金字塔形
文　县	0	1	5	0	2	纺锤形
宕昌县	0	0	4	3	1	正金字塔形
康　县	0	2	3	3	0	纺锤形
西和县	0	0	3	3	2	正金字塔形
礼　县	0	0	4	2	2	正金字塔形
徽　县	0	3	3	2	0	纺锤形
两当县	0	3	3	2	0	纺锤形
临夏市	2	1	3	1	1	倒金字塔形
临夏县	1	2	2	2	1	沙漏形
康乐县	0	1	3	3	1	正金字塔形
永靖县	0	2	5	0	1	纺锤形
广河县	1	1	2	1	3	正金字塔形
和政县	1	1	3	1	2	正金字塔形
东乡县	0	0	4	2	2	正金字塔形
积石山县	1	0	3	3	1	正金字塔形
合作市	0	2	0	3	3	沙漏形
临潭县	0	1	3	3	1	正金字塔形
卓尼县	0	2	2	2	2	正金字塔形
舟曲县	1	0	3	3	1	正金字塔形
迭部县	0	2	3	1	2	正金字塔形
玛曲县	0	1	4	0	3	纺锤形
碌曲县	0	2	3	2	1	正金字塔形
夏河县	1	1	1	5	0	沙漏形

资料来源：根据《甘肃发展年鉴》（2013）和甘肃省统计局提供的数据处理而来。

（二）甘肃省14个市（州）县域社会发展水平分布评价

将甘肃省14个市（州）所辖县（市、区）社会发展一级指标，社会结构、教育发展、经济发展、生活质量、基础设施、社会保障、公共服务及生活环境子系统加权对各市（州）县域社会发展综合评价，按得分划分为绝对优势、一般优势、中势、一般劣势和绝对劣势5级标准，对各市（州）2013年县域社会发展评价指标评价得分分布特征（见表2），即倒金字塔形、纺锤形、正金字塔形和沙漏形特征进行评价。其中倒金字塔形有4个市（州），占14个市（州）的28.57%；纺锤形有2个市（州），占14个市州的14.29%；沙漏形

表2　甘肃省14个市（州）2013年8项县域社会发展一级指标评价得分分布特征一览

市(州)	绝对优势	一般优势	中势	一般劣势	绝对劣势	指标分布特征
兰州市（永登县、皋兰县、榆中县）	2	0	2	3	1	正金字塔形
嘉峪关市	7	0	0	0	1	沙漏形
金昌市（永昌县）	1	0	5	1	1	纺锤形
白银市（靖远县、景泰县、会宁县）	1	1	1	5	0	沙漏形
天水市（不包括秦州区）	0	1	1	4	2	正金字塔形
武威市	2	1	4	1	0	倒金字塔形
张掖市	1	3	4	0	0	倒金字塔形
平凉市	1	2	3	2	0	倒金字塔形
酒泉市	3	3	1	1	0	倒金字塔形
庆阳市	1	0	5	2	0	纺锤形
定西市	0	1	3	1	3	正金字塔形
陇南市	0	2	2	1	3	正金字塔形
临夏州	1	0	3	1	3	正金字塔形
甘南州	2	0	1	1	4	沙漏形

资料来源：根据《甘肃发展年鉴》（2013）和甘肃省统计局提供的数据处理而来。

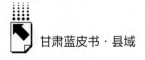

有3个市（州），占14个市（州）的21.43%；正金字塔形有5个市（州），占14个市（州）的35.71%。

2013年兰州市（永登县、皋兰县、榆中县）县域社会发展呈正金字塔形特征，其中教育发展和生活环境为绝对优势，社会结构和经济发展为中势，生活质量、基础设施和公共服务为一般劣势，社会保障为绝对劣势；嘉峪关市呈沙漏形特征，除教育发展为绝对劣势之外其余7项一级指标均为绝对优势；金昌市（永昌县）呈纺锤形特征，生活环境为绝对优势，社会结构为一般劣势，教育发展为绝对劣势，其余5项一级指标均为中势；白银市（靖远县、景泰县、会宁县）呈纺锤形特征，教育发展为绝对优势，社会保障为一般优势，生活环境为中势，其余5项一级指标均为一般劣势；天水市（不包括秦州区）呈正金字塔形特征，生活环境为一般优势，社会结构为中势，生活质量和公共服务为绝对劣势，其余4项一级指标均为绝对劣势；武威市呈倒金字塔形特征，教育发展和社会保障为绝对优势，生活环境为一般优势，生活质量为一般劣势，其余4项一级指标均为中势；张掖市呈倒金字塔形特征，社会保障为绝对优势，基础设施、公共服务和生活环境为一般优势，其余4项一级指标均为中势；平凉市呈倒金字塔形特征，教育发展为绝对优势，社会结构和生活环境为一般优势，生活质量、基础设施和公共服务为中势，经济发展和社会保障为一般劣势；酒泉市呈倒金字塔形特征，生活质量、社会保障和公共服务为绝对优势，教育发展、经济发展和基础设施为一般优势，社会结构为中势，生活环境为一般劣势；庆阳市呈纺锤形特征，教育发展为绝对优势，基础设施和公共服务为一般劣势，其余5项一级指标均为中势；定西市呈正金字塔形特征，社会保障为一般优势，社会结构、教育发展和生活环境为中势，公共服务为一般劣势，经济发展、生活质量和基础设施为绝对劣势；陇南市呈正金字塔形特征，教育发展和社会保障为一般优势，社会结构和生活环境为中势，基础设施为一般劣势，经济发展、生活质量和公共服务为绝对劣势；临夏州呈正金字塔形特征，社会保障为绝对优势，社会结构、基础设施和生活环境为中势，教育发展为一般劣势，经济发展、生活质量和公共服务为绝对劣势；甘南州呈沙漏形特征，教育发展和社会保障为绝对优势，公共服务为中势，基础设施为一般劣势，其余4项一级指标均为绝对劣势。

从甘肃省14个市（州）2013年8项县域社会发展一级指标评价得分分布特征来看，县域社会发展优势明显的为：张掖市、酒泉市、武威市、平凉市及嘉峪关市。县域社会发展一般的为：金昌市（永昌县）、兰州市（永登县、皋兰县、榆中县）、白银市（靖远县、景泰县、会宁县）、庆阳市。县域社会发展明显劣势的为：天水市（不包括秦州区）、定西市、陇南市、临夏州、甘南州。

将甘肃省14个市（州）所辖县（市、区）社会发展总体评价得分及8项一级指标（社会结构、教育发展、经济发展、生活质量、基础设施、社会保障、公共服务及生活环境）得分进行平均值、极差、方差、标准差计算分析评价（见表3）。从平均值来看，甘肃省14个市（州）2013年县域教育发展和社会保障为一般优势；社会结构、基础设施、公共服务和生活环境为中势；经济发展和生活质量为一般劣势；综合评价为一般劣势。从极差来看，各项评价指标极差均为最大，说明在每项指标下，各市（州）发展存在较大的差异性；从方差和标准差来看，甘肃省14个市（州）县域社会发展社会结构

表3　甘肃省14个市（州）2013年县域社会发展综合评价得分情况

评　价	综合得分	社会结构得分	教育发展得分	经济发展得分	生活质量得分	基础设施得分	社会保障得分	公共服务得分	生活环境得分
平均值	68.01	71.34	75.06	69.52	68.85	70.16	75.84	70.07	74.35
极　差	25	25	25	25	25	25	25	25	25
方　差	51.87	30.23	61.1	49.42	52.47	37.92	48.32	58.1	38.26
标准差	7.2	5.5	7.82	7.03	7.24	6.16	6.95	7.62	6.19

资料来源：根据《甘肃发展年鉴》（2013）和甘肃省统计局提供的数据处理而来。

相对差异性较小，另外，基础设施和生活环境，社会保障、经济发展和生活质量差异性相对明显，公共服务和教育发展差异性极为明显，同时综合评价差异性相对明显。

将甘肃省14个市（州）所辖县（市、区）社会发展总体评价得分通过均值、极值、方差及标准差分析（见表4）。从得分均值来看，嘉峪关市县域社会发展具有绝对优势；酒泉市县域社会发展具有一般优势；兰州市、金昌市、武威市、张掖市、平凉市和庆阳市县域社会发展具有中势；白银市、天水市、定西市、陇南市、临夏州和甘南州县域社会发展处于一般劣势。从得分极差、方差及标准差来看，兰州市、天水市、酒泉市、庆阳市和甘南州辖区内所辖各县（市、区）县

表4 甘肃省14个市（州）2013年所辖县域社会发展
综合排序综合得分变动情况

市(州)	辖县个数	均值	极差	方差	标准差
兰州市（永登县、皋兰县、榆中县）	3	71.01	2.11	1.266	1.125
嘉峪关市	1	84.98	—	—	—
金昌市（永昌县）	1	74.02	—	—	—
白银市（靖远县、景泰县、会宁县）	3	68.66	3.96	68.66	15.66
天水市（不包括秦州区）	6	67.17	3.75	2.35	1.53
武威市	4	72.24	11.50	23.12	4.81
张掖市	6	74.49	7.27	6.91	2.63
平凉市	7	72.54	8.50	10.51	3.24
酒泉市	7	79.57	8.76	10.31	3.21
庆阳市	8	72.70	7.57	5.61	2.37
定西市	7	65.69	8.75	8.90	2.98
陇南市	9	66.96	9.32	12.90	3.59
临夏州	8	65.10	13.36	18.72	4.33
甘南州	8	65.19	5.85	3.22	1.79

注：嘉峪关市和金昌市因辖县个数为1，只做均值分析。

资料来源：根据《甘肃发展年鉴》（2013）和甘肃省统计局提供的数据处理而来。

域社会发展差距相对较小；张掖市、平凉市和定西市辖区内各县（市、区）社会发展存在一定差距；白银市、武威市、陇南市和临夏州辖区内各县（市、区）社会发展存在较大差距。

综上所述，尽管14个市（州）所辖县域社会发展平均水平差距与77个县（市、区）差距接近，但是各市（州）、市（州）所辖县（市、区）及市（州）各子系统之间的差距仍然很大，根据市（州）所辖县（市、区）社会发展水平特征，基本上可以分为以下三大类。

一是县域社会发展水平整体较好的城市，其中又可以分为两小类：（1）均衡类，县域社会发展水平较高且县域间发展水平差异不大，如酒泉市；（2）差异类，县域社会发展平均水平较好，但县域间发展水平差异较大，如嘉峪关市。

二是县域社会发展水平整体居中的城市，其中又可分为两小类：（1）均衡类，既没有社会发展水平特别突出的县域，也没有较差的县域，如兰州市（永登县、皋兰县、榆中县）、金昌市、张掖市和庆阳市；（2）差异类，县域社会发展平均水平居中，但县域间发展水平差异非常大，如武威市、张掖市和平凉市。

三是社会发展水平整体较差的市（州），其中又可分为两小类：（1）均衡类，县域社会发展平均水平较差，但县域社会发展水平差距不大，如天水市和甘南州；（2）差异类，县域社会发展平均水平较差，但县域社会发展水平差异很大，如定西市、陇南市和临夏州。

二 兰州市所辖县域社会发展评价分析

兰州地处我国陆域版块的几何中心，是古"丝绸之路"上的交通要道和商埠重镇，也是甘肃省域社会经济的中心。除城关、七里河、安宁、西固和红古5区外，所辖县域有永登县、皋兰县和榆中县3县，本次研究仅针对这3个县域。

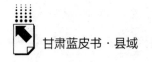

（一）2013年兰州市辖县域社会发展整体状况分析

兰州市所辖永登县、皋兰县和榆中县，根据县域社会发展一级指标综合得分情况（见表5），2013年3县，平均综合得分71.01，且3县县域社会发展均属中势。其中，永登县县域社会发展优势相对明显。

从县域社会发展8项一级指标均值来看，生活环境具有绝对优势，得分80.06；经济效益具有一般优势，得分为77.38；社会结构、教育发展、基础设施和社会保障为中势；而生活质量和公共服务处在一般劣势，其中生活质量平均得分最低，只有66.88。

从县域社会发展8项一级指标差异来看，公共服务差异最小，说明3个县之间的该项指标发展相对均衡；而社会保障和生活环境差异较大，其中社会保障差异最大，极差12.44、方差43.18、标准差6.57，说明3个县之间这两项指标发展差距较大。

（二）2013年兰州市辖县社会发展各项指标分析

从县域社会发展8项一级指标及综合评价分别来看，兰州市所辖的永登县、皋兰县和榆中县具有如下特征（见表5）。

第一，永登县的县域社会发展社会结构得分77.61，教育发展得分69.83，经济效益得分79.41，生活质量得分68.35，基础设施得分72.22，社会保障得分65.33，公共服务得分67.22，生活环境得分77.86。从县域社会发展8个一级指标得分来看，永登县经济效益、生活环境和社会结构具有一般优势，基础设施为中势，教育发展、生活质量、公共服务和社会保障为一般劣势。永登县8项县域社会发展一级指标中，一般优势3项，中势1项，一般劣势4项，属于沙漏形发展特征。永登县县域社会发展综合得分72.29，总体为中势水平。

表5　2013年兰州市永登、皋兰、榆中三县社会发展综合及
一级指标得分情况

县（市、区）	社会发展综合得分	社会结构得分	教育发展得分	经济效益得分	生活质量得分	基础设施得分	社会保障得分	公共服务得分	生活环境得分
永登县	72.29	77.61	69.83	79.41	68.35	72.22	65.33	67.22	77.86
皋兰县	70.57	72.44	74.34	76.11	65.23	75.66	67.89	68.71	77.57
榆中县	70.18	73.96	69.45	76.64	67.07	70.37	77.77	66.72	84.76
均　值	71.01	74.67	71.21	77.38	66.88	72.75	70.33	67.55	80.06
极　差	2.11	5.17	4.88	3.30	3.12	5.29	12.44	1.99	7.19
方　差	1.27	7.05	7.38	3.13	2.46	7.22	43.18	1.08	16.56
标准差	1.125	2.65	2.72	1.77	1.57	2.69	6.57	1.04	4.07

资料来源：根据《甘肃发展年鉴》（2013）和甘肃省统计局提供的数据处理而来。

第二，皋兰县的县域社会发展社会结构得分72.44，教育发展得分74.34，经济效益得分76.11，生活质量得分65.23，基础设施得分75.66，社会保障得分67.89，公共服务得分68.71，生活环境得分77.57。从县域社会发展8个一级指标得分来看，皋兰县生活环境、经济效益和基础设施具有一般优势，教育发展和社会结构为中势，公共服务、社会保障和生活质量为一般劣势。皋兰县8项县域社会发展一级指标中，一般优势3项，中势2项，一般劣势3项，属于沙漏形发展特征。皋兰县县域社会发展综合得分70.57，总体为中势偏下水平。

第三，榆中县的县域社会发展社会结构得分73.96，教育发展得分69.45，经济效益得分76.64，生活质量得分67.07，基础设施得分70.37，社会保障得分77.77，公共服务得分66.72，生活环境得分84.76。从县域社会发展8个一级指标得分来看，榆中县生活环境、社会保障和经济效益具有一般优势，社会结构和基础设施为中势，教育发展、生活质量和公共服务为一般劣势。榆中县8项县

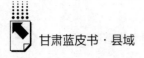

域社会发展一级指标中，一般优势 3 项，中势 2 项，一般劣势 3 项，属于沙漏形发展特征。榆中县县域社会发展综合得分 70.18，总体为中势偏下水平。

三　嘉峪关市和金昌市县域社会发展评价分析

嘉峪关市没有辖区县（市、县），本次研究只针对嘉峪关市；金昌市辖一县一区，即永昌县和金川区，本次研究只针对永昌县。因嘉峪关市和金昌市辖县均为一个，市（州）无法比较，本次研究只对嘉峪关市和金昌市相对全省县域社会发展平均水平做一对比研究。

（一）2013年嘉峪关市社会发展整体状况分析

根据嘉峪关市县域社会发展综合及一级指标得分情况（见表 6），2013 年嘉峪关市县域社会发展综合得分 84.98，相对于甘肃省平均水平具有绝对优势。其中经济效益得分 85，远高于甘肃省平均水平（75.63），基础设施得分 84.95，远高于甘肃省平均水平（72.89），生活质量得分 83.34，远高于甘肃省平均水平（69.12），社会结构得分 80.99，远高于甘肃省平均水平（72.42），这 4 项指标得分均远高于甘肃省平均水平，具有绝对优势；生活环境得分 79.86，略高于甘肃省平均水平（74.43），社会保障得分 75.31，略高于甘肃省平均水平（74.33），公共服务得分 75，略高于甘肃省平均水平（68.39），这 3 项指标略高于甘肃省平均水平，具有一般优势；教育发展得分 62.32，远低于甘肃省平均水平（68.19），相对处于绝对劣势。其中 8 项一级指标，优势占 7 项，中势为 0 项，绝对劣势 1 项，呈现沙漏形特征，说明嘉峪关市县域社会发展内部存在不均衡情况，教育发展出现短板，亟须改善和发展。总体来看，嘉峪关市县域社会发展处于优势水平。

表6 2013年嘉峪关市、金昌市县域社会发展综合及一级指标得分情况

县（市、区）	社会发展综合得分	社会结构得分	教育发展得分	经济效益得分	生活质量得分	基础设施得分	社会保障得分	公共服务得分	生活环境得分
嘉峪关市	84.98	80.99	62.32	85.00	83.34	84.95	75.31	75.00	79.86
金昌市	74.02	71.42	63.01	79.12	73.40	76.90	73.61	69.64	83.91
全省平均	70.10	72.42	68.19	75.63	69.12	72.89	74.33	68.39	74.43

资料来源：根据《甘肃发展年鉴》（2013）和甘肃省统计局提供的数据处理而来。

（二）2013年金昌市社会发展整体状况分析

根据金昌市（永昌县）县域社会发展综合及一级指标得分情况（见表6），2013年金昌市县域社会发展综合得分74.02，相对甘肃省平均水平（70.10）处于中势偏上。其中生活环境得分83.91，远高于甘肃省平均水平（74.43），具有绝对优势；经济效益得分79.12，略高于甘肃省平均水平（75.63），基础设施得分76.90，略高于甘肃省平均水平（72.89），这2项指标相对甘肃省平均水平具有一般优势；社会保障得分73.61，略低于甘肃省平均水平（74.33），生活质量得分73.4，略高于甘肃省平均水平（69.12），社会结构得分71.42，略低于甘肃省平均水平（72.42），这3项指标相对于甘肃省平均水平处于中势；公共服务得分69.64，略高于甘肃省平均水平（68.39），处于一般劣势偏上；教育发展得分63.01，远低于甘肃省平均水平（68.19），处于绝对劣势。其中8项一级指标，优势占3项，中势为3项，劣势2项，呈现纺锤形特征，说明金昌市县域社会发展内部相对均衡，但教育发展处于绝对劣势，仍存在短板，亟须改善和发展。总体来看，金昌市县域社会发展处于中势偏上水平。

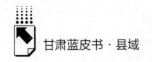

四 白银市所辖县域社会发展评价分析

白银市辖白银区、平川区、靖远县、会宁县、景泰县 5 县（区），本次研究白银区、平川区除外，只针对白银市所辖县，即靖远县、会宁县、景泰县进行研究。

（一）2013年白银市辖县社会发展整体状况分析

白银市所辖靖远县、会宁县和景泰县，根据县域社会发展一级指标综合得分情况（见表 7），2013 年 3 县平均综合得分 68.66，其中，景泰县县域社会发展综合得分 72.14，处于中势，靖远县综合得分 69.48，处于一般劣势偏上，会宁县综合得分 64.36，处于绝对劣势偏上。其中，景泰县县域社会发展具有相对优势。

表 7　2013 年白银市靖远、会宁、景泰三县社会发展综合及一级指标得分情况

县（市、区）	社会发展综合得分	社会结构得分	教育发展得分	经济效益得分	生活质量得分	基础设施得分	社会保障得分	公共服务得分	生活环境得分
靖远县	69.48	69.00	68.91	75.66	70.41	69.10	74.98	67.59	81.06
会宁县	64.36	70.34	69.06	74.21	61.37	66.35	74.90	67.17	66.88
景泰县	72.14	69.75	70.64	77.50	70.44	75.11	73.34	68.39	76.84
均　值	68.66	69.69	69.54	75.79	67.41	70.19	74.41	67.72	74.93
极　差	7.78	1.34	1.73	3.28	9.07	8.76	1.641	1.21	14.19
方　差	15.66	0.45	0.92	2.71	27.37	20.08	0.86	0.38	53.06
标准差	3.96	0.67	0.96	1.65	5.23	4.48	0.93	0.62	7.28

资料来源：根据《甘肃发展年鉴》（2013）和甘肃省统计局提供的数据处理而来。

从县域社会发展 8 项一级指标均值来看，经济效益得分 75.79，具有一般优势；生活环境得分 74.93，社会保障得分 74.41，基础设

施得分 70.19，处于中势；社会结构得分 69.69，教育发展得分 69.54，公共服务得分 67.72，生活质量得分 67.41，处于一般劣势。

从县域社会发展 8 项一级指标差异来看，公共服务差异最小，说明 3 个县之间该项指标发展相对均衡；而生活质量差异较大，极差 9.07，方差 27.37，标准差 5.23，说明 3 个县之间的这 2 项指标发展差距相对较大。

（二）2013年白银市辖县社会发展各项指标分析

根据县域社会发展 8 项一级指标及综合评价分别来看，白银市所辖的靖远县、会宁县和景泰县具有如下特征（见表7）。

第一，靖远县的县域社会发展社会结构得分69，教育发展得分68.91，经济效益得分75.66，生活质量得分70.41，基础设施得分69.1，社会保障得分74.98，公共服务得分67.59，生活环境得分81.06。从县域社会发展 8 个一级指标得分来看，生活环境具有绝对优势，经济效益具有一般优势，社会保障和生活质量为中势，基础设施、社会结构、教育发展和公共服务为一般劣势。靖远县 8 项县域社会发展一级指标中，绝对优势 1 项，一般优势 1 项，中势 2 项，一般劣势 4 项，属于正金字塔形发展特征。靖远县县域社会发展综合得分69.48，总体为一般劣势偏上水平。

第二，会宁县的县域社会发展社会结构得分70.34，教育发展得分69.06，经济效益得分74.21，生活质量得分61.37，基础设施得分66.35，社会保障得分74.9，公共服务得分67.17，生活环境得分66.88。从县域社会发展 8 个一级指标得分来看，会宁县社会保障、经济效益和社会结构处于中势，教育发展、公共服务、生活环境和基础设施处于一般劣势，生活质量处于绝对劣势。会宁县 8 项县域社会发展一级指标中，优势 0 项，中势 3 项，一般劣势 4 项，绝对劣势 1 项，属于正金字塔形发展特征，县域社会发展的短板为

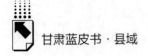

生活质量。会宁县县域社会发展综合得分64.36，总体为绝对劣势偏上水平。

第三，景泰县的县域社会发展社会结构得分69.75，教育发展得分70.64，经济效益得分77.5，生活质量得分70.44，基础设施得分75.11，社会保障得分73.34，公共服务得分68.39，生活环境得分76.84。从县域社会发展8个一级指标得分来看，景泰县经济效益、生活环境和基础设施具有一般优势，社会保障、教育发展和生活质量为中势，教育发展、公共服务为一般劣势。景泰县8项县域社会发展一级指标中，一般优势3项，中势3项，一般劣势2项，属于倒金字塔形发展特征。景泰县县域社会发展综合得分72.14，总体为中势水平。

五 天水市所辖县域社会发展评价分析

天水市位于甘肃省东南部，"东抱陇坻，西倚天门，南控巴蜀，北指金城"。天水是中华民族的发祥地之一，享有"羲皇故里"的殊荣。天水历代人文荟萃，景点及文物古迹众多，是国务院确定的中国历史文化名城。辖秦州区、麦积区、清水县、秦安县、甘谷县、武山县、张家川7县（区）。本次研究只针对除秦州区之外的1区5县。

（一）2013年天水市辖县社会发展整体状况分析

天水市所辖麦积区、清水县、秦安县、甘谷县、武山县、张家川，根据县域社会发展一级指标综合得分情况（见表8），2013年1区5县平均综合得分67.18，其中1区5县县域社会发展综合得分均在65～70之间，处于一般劣势。麦积区综合得分最高68.98，处于一般劣势偏上，秦安县综合得分最低65.23，处于一般劣势偏下。其中1区5县中不具有明显县域社会发展相对优势的县（区）。

表8　2013年天水市辖区各县（区）社会发展综合及
一级指标得分情况

县 （市、区）	社会发展 综合得分	社会结 构得分	教育发 展得分	经济效 益得分	生活质 量得分	基础设 施得分	社会保 障得分	公共服 务得分	生活环 境得分
麦积区	68.98	78.88	64.06	78.74	62.27	69.18	70.89	67.96	81.85
清水县	67.76	69.22	70.35	73.29	66.43	75.04	73.42	66.12	76.91
秦安县	65.23	72.66	64.29	73.54	66.70	67.22	73.24	63.62	78.00
甘谷县	68.20	78.16	63.66	74.82	67.42	69.61	70.52	66.50	82.08
武山县	67.51	75.61	64.04	74.60	67.08	69.45	70.49	65.59	84.91
张家川	65.38	71.41	64.53	71.66	66.50	70.02	75.90	67.74	72.33
均　值	67.18	74.32	65.15	74.44	66.07	70.09	72.41	66.25	79.35
极　差	3.75	9.65	6.69	7.08	5.14	7.82	5.41	4.34	12.57
方　差	2.35	14.88	6.57	5.71	3.59	6.85	4.69	2.52	20.32
标准差	1.53	3.86	2.56	2.39	1.90	2.62	2.17	1.59	4.51

资料来源：根据《甘肃发展年鉴》（2013）和甘肃省统计局提供的数据处理而来。

从县域社会发展8项一级指标均值来看，生活环境得分79.35，具有一般优势；经济效益得分74.44，社会结构得分74.32，基础设施得分72.41，基础设施得分70.09，处于中势；公共服务得分66.25，生活质量得分66.07，教育发展得分65.15，处于一般劣势。

从县域社会发展8项一级指标差异来看，除生活环境和社会结构具有一定差异，其他指标均差异较小，说明1区5县之间除生活环境和社会结构外其他指标发展相对均衡；而生活环境和社会结构也只是具有相对差异，其中生活环境差异最大，极差12.57，方差20.32，标准差4.51，说明1区5县之间的这2项指标发展有一定差距。

（二）2013年天水市辖县社会发展各项指标分析

根据县域社会发展8项一级指标及综合评价分别来看，天水市所辖的麦积区、清水县、秦安县、甘谷县、武山县和张家川县具有如下特征（见表8）。

第一，麦积区的县域社会发展社会结构得分78.88，教育发展得分64.06，经济效益得分78.74，生活质量得分62.27，基础设施得分69.18，社会保障得分70.89，公共服务得分67.96，生活环境得分81.85。从县域社会发展8个一级指标得分来看，生活环境具有绝对优势，社会结构和经济效益具有一般优势，社会保障为中势；基础设施和公共服务为一般劣势，教育发展和生活质量为绝对劣势。麦积区8项县域社会发展一级指标中，绝对优势1项，一般优势2项，中势1项，一般劣势2项，绝对劣势2项，属于沙漏形发展特征，县域社会发展短板为教育发展和生活质量。麦积区县域社会发展综合得分68.98，总体为一般劣势偏上水平。

第二，清水县的县域社会发展社会结构得分69.22，教育发展得分70.35，经济效益得分73.29，生活质量得分66.43，基础设施得分75.04，社会保障得分73.42，公共服务得分66.12，生活环境得分76.91。从县域社会发展8个一级指标得分来看，生活环境和基础设施具有一般优势，社会保障、经济效益和教育发展处于中势，社会结构、生活质量和公共服务为一般劣势。清水县8项县域社会发展一级指标中，一般优势2项，中势3项，一般劣势3项，属于正金字塔形发展特征。清水县县域社会发展综合得分67.76，总体为一般劣势水平。

第三，秦安县的县域社会发展社会结构得分72.66，教育发展得分64.29，经济效益得分73.54，生活质量得分66.70，基础设施得分67.22，社会保障得分73.24，公共服务得分63.62，生活环境得分78.00。从县域社会发展8个一级指标得分来看，生活环境具有一般优势，经济效益、社会保障和社会结构处于中势，基础设施和生活质量处于一般劣势，教育发展和公共服务处于绝对劣势。秦安县8项县域社会发展一级指标中，一般优势1项，中势3项，一般劣势2项，绝对劣势 2 项，属于正金字塔形发展特征，县域社会发展短板为教育发展和公共服务。秦安县县域社会发展综合得分 65.23，总体为一般劣势偏上水平。

第四，甘谷县的县域社会发展社会结构得分 78.16，教育发展得分 63.66，经济效益得分 74.82，生活质量得分 67.42，基础设施得分 69.61，社会保障得分 70.52，公共服务得分 66.5，生活环境得分 82.08。从县域社会发展 8 个一级指标得分来看，生活环境具有绝对优势；社会结构具有一般优势，经济效益和社会保障处于中势，基础设施、生活质量和公共服务处于一般劣势，教育发展为绝对劣势。甘谷县 8 项县域社会发展一级指标中，绝对优势 1 项，一般优势 1 项，中势 2 项，一般劣势 3 项，绝对劣势 1 项，属于正金字塔形发展特征，县域社会发展的短板为教育发展。甘谷县县域社会发展综合得分 68.20，总体为一般劣势水平。

第五，武山县的县域社会发展社会结构得分 75.61，教育发展得分 64.04，经济效益得分 74.60，生活质量得分 67.08，基础设施得分 69.45，社会保障得分 70.49，公共服务得分 65.59，生活环境得分 84.91。从县域社会发展 8 个一级指标得分来看，生活环境具有绝对优势，社会结构具有一般优势，经济效益和社会保障处于中势，基础设施、生活质量和公共服务处于一般劣势，教育发展为绝对劣势。武山县 8 项县域社会发展一级指标中，绝对优势 1 项，一般优势 1 项，中势 2 项，一般劣势 3 项，绝对劣势 1 项，属于正金字塔形发展特征，县域社会发展的短板为教育发展。武山县县域社会发展综合得分 67.51，总体为一般劣势水平。

第六，张家川的县域社会发展社会结构得分 71.41，教育发展得分 64.53，经济效益得分 71.66，生活质量得分 66.50，基础设施得分 70.02，社会保障得分 75.90，公共服务得分 67.74，生活环境得分 72.33。从县域社会发展 8 个一级指标得分来看，社会保障具有一般优势，生活环境、经济效益、社会结构和基础设施处于中势，公共服务和生活质量处于一般劣势，教育发展为绝对劣势。张家川8项县域社会发展一级指标中，一般优势1项，中势4项，一般劣势2项，绝对劣势1项，属于正金字塔形发展特征，县域社会发展的短板为教育发展。张家川县域社会发展综合得分65.38，总体为一般劣势水平。

六 武威市所辖县域社会发展评价分析

武威市地处甘肃省西部河西走廊东端，南依祁连山，北靠内蒙古自治区，东南与兰州市、白银市接壤，西北和金昌、张掖毗邻，有"通一线于广漠，控五郡之咽喉"的区位优势。武威是举世闻名的神奇艺术瑰宝"铜奔马"的故乡，也是今天欧亚大陆桥上我国东部沿海与欧亚诸国进行经济文化交流的枢纽。辖凉州区、民勤县、古浪县、天祝县4县。

（一）2013年武威市辖县社会发展整体状况分析

武威市所辖凉州区、民勤县、古浪县、天祝县，根据县域社会发展一级指标综合得分情况（见表9），2013年1区3县平均综合得分72.24，其中凉州区综合得分77.61，处于一般优势，古浪县综合得分66.12，处于一般劣势，天祝县和民勤县综合得分分别为73.77和71.45，处于中势；在1区3县中，凉州区具有相对发展优势，而古浪县处于相对劣势。

从县域社会发展8项一级指标均值来看，生活环境得分77.89，经济效益得分78.64，社会保障得分75.97，具有一般优势；基础设施得分73.07，社会结构得分73.01，处于中势；教育发展得分69.64，公共服务得分68.73，生活质量得分68.41，处在一般劣势。其中生活质量平均得分最低，只有68.41。

表9　2013年武威市县（区）社会发展综合及
一级指标得分情况

县（市、区）	社会发展综合得分	社会结构得分	教育发展得分	经济效益得分	生活质量得分	基础设施得分	社会保障得分	公共服务得分	生活环境得分
凉州区	77.61	84.99	69.40	81.12	74.41	75.75	73.91	67.29	74.38
民勤县	71.45	66.88	68.80	78.98	67.71	75.54	75.96	69.60	71.58
古浪县	66.12	70.16	65.18	75.12	63.40	68.23	73.85	67.60	83.70
天祝县	73.77	70.00	75.20	79.36	68.11	72.77	80.14	70.40	81.90
均　值	72.24	73.01	69.64	78.64	68.41	73.07	75.97	68.73	77.89
极　差	11.50	18.11	10.01	6.00	11.01	7.52	6.28	3.11	12.12
方　差	23.12	66.09	17.16	6.40	20.56	12.28	8.70	2.30	33.99
标准差	4.81	8.13	4.15	2.53	4.53	3.50	2.95	1.52	5.83

资料来源：根据《甘肃发展年鉴》（2013）和甘肃省统计局提供的数据处理而来。

从县域社会发展8项一级指标差异来看，公共服务差异最小，说明1区3县之间的该项指标发展相对均衡；社会结构、生活环境和生活质量差异较大，其中社会结构差异最大，极差18.11，方差66.09，标准差8.13，说明1区3县之间的这3项指标发展差距较大。在1区3县中，总体发展存在一定差异，极差11.50，方差23.12，标准差4.81。

（二）2013年武威市辖县社会发展各项指标分析

从县域社会发展8项一级指标及综合评价分别来看，武威市所辖凉州区、民勤县、古浪县、天祝县社会发展具有如下特征（见表9）。

第一，凉州区的县域社会发展社会结构得分84.99，教育发展得分69.40，经济效益得分81.12，生活质量得分74.41，基础设施得分

75.75，社会保障得分 73.91，公共服务得分 67.29，生活环境得分 74.38。从县域社会发展 8 个一级指标得分来看，社会结构和经济效益具有绝对优势，基础设施具有一般优势，生活质量、生活环境和社会保障处于中势，教育发展和公共服务处于一般劣势。凉州区 8 项县域社会发展一级指标中，绝对优势 2 项，一般优势 1 项，中势 3 项，一般劣势 2 项，属于倒金字塔形发展特征。凉州区县域社会发展综合得分 77.61，总体为一般优势水平。

第二，民勤县的县域社会发展社会结构得分 66.88，教育发展得分 68.80，经济效益得分 78.98，生活质量得分 67.71，基础设施得分 75.54，社会保障得分 75.96，公共服务得分 69.6，生活环境得分 71.58。从县域社会发展 8 个一级指标得分来看，经济效益、社会保障和基础设施具有一般优势，生活环境处于中势，公共服务、社会结构、教育发展和生活质量处于一般劣势。民勤县 8 项县域社会发展一级指标中，一般优势 3 项，中势 1 项，一般劣势 4 项，属于沙漏形发展特征。民勤县县域社会发展综合得分 71.45，总体为中势偏下水平。

第三，古浪县的县域社会发展社会结构得分 70.16，教育发展得分 65.18，经济效益得分 75.12，生活质量得分 63.40，基础设施得分 68.23，社会保障得分 73.85，公共服务得分 67.60，生活环境得分 83.70。从县域社会发展 8 个一级指标得分来看，生活环境处于绝对优势，经济效益处于一般优势，社会保障和社会结构处于中势，基础设施、公共服务和教育发展处于一般劣势，基础设施处于绝对劣势。古浪县 8 项县域社会发展一级指标中，绝对优势 1 项，一般优势 1 项，中势 2 项，一般劣势 3 项，绝对劣势 1 项，属于正金字塔形发展特征，县域社会发展的短板是基础设施。古浪县县域社会发展综合得分 66.12，总体为一般劣势偏下水平。

第四，天祝县的县域社会发展社会结构得分 70.00，教育发展得分75.20，经济效益得分79.36，生活质量得分68.11，基础设施得分72.77，社会保障得分80.14，公共服务得分70.40，生活环境得分81.90。从县域社会发展8个一级指标得分来看，生活环境和社会保障处于绝对优势，经济效益和教育发展处于一般优势，基础设施、社会保障和社会结构处于中势，生活质量处于一般劣势。天祝县8项县域社会发展一级指标中，绝对优势2项，一般优势2项，中势3项，一般劣势1项，属于倒金字塔形发展特征。天祝县县域社会发展综合得分73.77，总体为中势水平。

七 张掖市所辖县域社会发展评价分析

张掖市地处甘肃省河西走廊中段，以"张国臂掖，以通西域"而得名，史称甘州。张掖素有"桑麻之地"、"鱼米之乡"之美称，是全国历史文化名城之一。辖甘州区、肃南县、民乐县、临泽县、高台县和山丹县6县（区）。

（一）2013年张掖市辖县社会发展整体状况分析

张掖市所辖甘州区、肃南县、民乐县、临泽县、高台县和山丹县，根据县域社会发展一级指标综合得分情况（见表10），2013年1区5县平均综合得分74.49，其中肃南县县域发展综合得分77.66，甘州区综合得分76.82，山丹县综合得分75.04，具有一般优势，其余3县得分均在70~75之间，处于中势；在1区5县中，肃南县和甘州区具有相对发展优势，而民乐县处于相对劣势。

从县域社会发展8项一级指标均值来看，基础设施得分78.46，生活环境得分77.20，经济效益得分77.09，社会保障得分75.21，具有一般优势；社会结构得分74.13，生活质量得分73.16，公共服务得分71.86，处于中势；教育发展得分66.49，处于一般劣势。

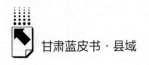

表10　2013年张掖市辖区各县（区）县域社会发展综合及
一级指标得分情况

县（市、区）	社会发展综合得分	社会结构得分	教育发展得分	经济效益得分	生活质量得分	基础设施得分	社会保障得分	公共服务得分	生活环境得分
甘州区	76.82	80.23	62.47	79.69	73.81	79.96	77.09	71.57	77.43
肃南县	77.66	68.76	75.08	79.62	76.15	73.64	74.69	77.65	74.30
民乐县	70.39	67.70	64.38	74.74	70.70	79.98	72.54	68.45	80.75
临泽县	73.30	74.22	67.84	75.61	73.11	77.93	72.71	70.03	78.31
高台县	73.76	74.58	64.30	77.02	71.62	78.80	78.11	72.11	74.48
山丹县	75.04	79.92	64.88	75.84	73.59	80.45	76.12	71.34	77.96
均　值	74.49	74.13	66.49	77.09	73.16	78.46	75.21	71.86	77.20
极　差	7.27	13.16	12.61	4.95	5.46	6.81	5.57	9.19	6.45
方　差	6.91	29.92	20.72	4.49	3.61	6.43	5.28	9.76	6.06
标准差	2.63	5.47	4.55	2.12	1.90	2.54	2.30	3.12	2.46

资料来源：根据《甘肃发展年鉴》（2013）和甘肃省统计局提供的数据处理而来。

从县域社会发展8项一级指标差异来看，经济效益差异最小，说明1区5县之间的该项指标发展相对均衡；社会结构、教育发展差异较大，其中社会结构差异最大，极差13.16，方差29.92，标准差5.47，说明1区5县之间的这2项指标发展差距较大。在1区5县中，从极差来看，总体县域社会发展8项一级指标均存在一定差异。

（二）2013年张掖市辖县社会发展各项指标分析

从县域社会发展8项一级指标及综合评价分别来看，张掖市所辖甘州区、肃南县、民乐县、临泽县、高台县和山丹县县域社会发展具有如下特征（见表10）。

第一，甘州区的县域社会发展社会结构得分80.23，教育发展得分62.47，经济效益得分79.69，生活质量得分73.81，基础设施得分79.96，社会保障得分77.09，公共服务得分71.57，生活环境得分77.43。从县域社会发展8个一级指标得分来看，社会结构具有绝对优势，基础设施、经济效益、生活环境和社会保障具有一般优势，公共服务处于中势，教育发展处于绝对劣势。甘州区8项县域社会发展一级指标中，绝对优势1项，一般优势4项，中势1项，绝对劣势1项，属于倒金字塔形发展特征，县域社会发展的短板是教育发展。甘州区县域社会发展综合得分76.82，总体为一般优势水平。

第二，肃南县的县域社会发展社会结构得分68.76，教育发展得分75.08，经济效益得分79.62，生活质量得分76.15，基础设施得分73.64，社会保障得分74.69，公共服务得分77.65，生活环境得分74.30。从县域社会发展8个一级指标得分来看，经济效益、公共服务、生活质量和教育发展具有一般优势，社会保障、生活环境和基础设施处于中势，社会结构处于一般劣势。肃南县8项县域社会发展一级指标中，一般优势4项，中势3项，一般劣势1项，属于倒金字塔形发展特征，县域社会发展的短板是教育发展。肃南县县域社会发展综合得分77.66，总体为一般优势水平。

第三，民乐县的县域社会发展社会结构得分67.70，教育发展得分64.38，经济效益得分74.74，生活质量得分70.70，基础设施得分79.98，社会保障得分72.54，公共服务得分68.45，生活环境得分80.75。从县域社会发展8个一级指标得分来看，生活环境具有绝对优势，基础设施具有一般优势，经济效益、社会保障和生活质量处于中势，公共服务和社会结构处于一般劣势，教育发展处于绝对劣势。民乐县8项县域社会发展一级指标中，绝对优势1项，一般优势1项，中势3项，一般劣势2项，绝对劣势1项，属于纺锤形发展特征，县域社会发展的短板是教育发展。民乐县县域社会发展综合得分70.39，总体为中势偏下水平。

第四，临泽县的县域社会发展社会结构得分74.22，教育发展得分 67.84，经济效益得分 75.61，生活质量得分 73.11，基础设施得分 77.93，社会保障得分 72.71，公共服务得分 70.03，生活环境得分 78.31。从县域社会发展 8 个一级指标得分来看，生活环境、基础设施和经济效益具有一般优势，社会结构、生活质量、社会保障和公共服务处于中势，教育发展处于一般劣势。临泽县 8 项县域社会发展一级指标中，一般优势 3 项，中势 4 项，一般劣势 1 项，属于倒金字塔形发展特征，县域社会发展的短板是教育发展。临泽县县域社会发展综合得分 73.30，总体为中势水平。

第五，高台县的县域社会发展社会结构得分 74.58，教育发展得分 64.30，经济效益得分 77.02，生活质量得分 71.62，基础设施得分 78.80，社会保障得分 78.11，公共服务得分 72.11，生活环境得分 74.48。从县域社会发展 8 个一级指标得分来看，基础设施、社会保障和经济效益具有一般优势，社会结构、生活环境、公共服务和生活质量处于中势，教育发展处于绝对劣势。高台县 8 项县域社会发展一级指标中，一般优势 3 项，中势 4 项，绝对劣势 1 项，属于倒金字塔形发展特征，县域社会发展的短板是教育发展。高台县县域社会发展综合得分 73.76，总体为中势水平。

第六，山丹县的县域社会发展社会结构得分 79.92，教育发展得分 64.88，经济效益得分 75.84，生活质量得分 73.59，基础设施得分 80.45，社会保障得分 76.12，公共服务得分 71.34，生活环境得分 77.96。从县域社会发展 8 个一级指标得分来看，基础设施具有绝对优势，社会结构、生活环境、社会保障和经济效益具有一般优势，生活质量和公共服务处于中势；教育发展处于绝对劣势。山丹县 8 项县域社会发展一级指标中，绝对优势 1 项，一般优势 4 项，中势 2 项，绝对劣势 1 项，属于倒金字塔形发展特征，县域社会发展的短板是教育发展。山丹县县域社会发展综合得分 75.04，总体为一般优势偏下水平。

八　平凉市所辖县域社会发展评价分析

平凉市位于甘肃省东部，地处陕、甘、宁三省区交汇处地理大三角的几何中心，东邻陕西咸阳，西连甘肃定西、白银，南接陕西宝鸡和甘肃天水，北与宁夏固原、甘肃庆阳毗邻，是古"丝绸之路"必经重镇，素有陇上"旱码头"之称。辖崆峒区、泾川县、灵台县、崇信县、华亭县、庄浪县、静宁县7个县（区）。

（一）2013年平凉市辖县社会发展整体状况分析

平凉市所辖崆峒区、泾川县、灵台县、崇信县、华亭县、庄浪县、静宁县，共1区6县，根据县域社会发展一级指标综合得分情况（见表11），2013年1区6县平均综合得分72.54，其中华亭县社会发展平均综合得分77.63，具有一般优势；灵台县平均综合得分69.85，静宁县平均综合得分69.13，处于一般劣势；其余1区3县得分均在70~75之间，处于中势；在1区6县中，华亭县具有相对发展优势，静宁县和灵台县处于相对劣势。

从县域社会发展8项一级指标均值来看，生活环境得分78.12，经济效益得分76.38，社会结构得分75.22，具有一般优势；基础设施得分74.67，社会保障得分71.95，生活质量得分70.88，处于中势；教育发展得分69.75，公共服务得分69.42，处于一般劣势。其中教育发展和公共服务平均得分相对较低，处于相对劣势。

从县域社会发展8项一级指标差异来看，基础设施和公共服务差异最小，说明1区6县之间这2项指标发展相对均衡；生活环境差异最大，极差14.20，方差30.11，标准差5.49，说明1区6个县之间的该项指标发展差距较大。在1区6县中，从极差来看，总体县域社会发展8项一级指标均存在一定差异。

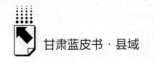

（二）2013年平凉市辖县社会发展各项指标分析

从根据县域社会发展8项一级指标及综合评价分别来看，平凉市所辖崆峒区、泾川县、灵台县、崇信县、华亭县、庄浪县、静宁县等1区6县社会发展具有如下特征（见表11）。

表11　2013年平凉市辖区各县（区）社会发展综合及
一级指标得分情况

县（市、区）	社会发展综合得分	社会结构得分	教育发展得分	经济效益得分	生活质量得分	基础设施得分	社会保障得分	公共服务得分	生活环境得分
崆峒区	74.92	80.76	65.01	79.43	71.32	75.17	72.83	70.00	81.99
泾川县	70.79	74.35	68.57	75.62	69.46	74.20	72.44	68.83	72.63
灵台县	69.85	72.23	72.90	74.70	67.89	74.26	70.69	68.66	69.00
崇信县	74.91	75.04	72.94	77.16	74.70	75.34	73.52	68.88	76.99
华亭县	77.63	79.02	70.81	80.03	75.37	76.32	67.38	71.50	80.52
庄浪县	70.55	75.48	67.62	73.14	69.52	74.71	75.48	70.10	83.20
静宁县	69.13	69.66	70.39	74.59	67.93	72.68	71.32	67.95	82.54
均　值	72.54	75.22	69.75	76.38	70.88	74.67	71.95	69.42	78.12
极　差	8.50	11.10	7.93	6.90	7.48	3.64	8.10	3.54	14.20
方　差	10.51	14.32	8.34	6.74	9.41	1.30	6.47	1.41	30.11
标准差	3.24	3.78	2.89	2.60	3.07	1.14	2.54	1.19	5.49

资料来源：根据《甘肃发展年鉴》（2013）和甘肃省统计局提供的数据处理而来。

第一，崆峒区的县域社会发展社会结构得分80.76，教育发展得分65.01，经济效益得分79.43，生活质量得分71.32，基础设施得分75.17，社会保障得分72.83，公共服务得分70.00，生活环境得分81.99。从县域社会发展8个一级指标得分来看，生活环境和社会结构具有绝对优势；经济效益和基础设施具有一般优势；社会保障、生活质量和公共服务处于中势；教育发展处于一般劣势。崆峒区8项县域社会发展一级指标中，绝对优势2项，一般优势2项，中势3项，一般劣势1项，属于倒金字塔形发展特征，县域社会发展的短板是教育发展。崆峒区县域社会发展综合得分74.92，总体为中势偏上水平。

第二，泾川县的县域社会发展社会结构得分74.35，教育发展得分68.57，经济效益得分75.62，生活质量得分69.46，基础设施得分74.20，社会保障得分72.44，公共服务得分68.83，生活环境得分72.63。从县域社会发展8个一级指标得分来看，经济效益具有一般优势，社会结构、基础设施、生活环境和社会保障处于中势，生活质量、公共服务和教育发展处于一般劣势。泾川县8项县域社会发展一级指标中，一般优势1项，中势4项，一般劣势3项，属于正金字塔形发展特征。泾川县县域社会发展综合得分70.79，总体为中势偏下水平。

第三，灵台县的县域社会发展社会结构得分72.23，教育发展得分72.9，经济效益得分74.70，生活质量得分67.89，基础设施得分74.29，社会保障得分70.69，公共服务得分68.66，生活环境得分69.00。从县域社会发展8个一级指标得分来看，经济效益、基础设施、教育发展、社会结构和社会保障处于中势，生活环境、公共服务和生活质量处于一般劣势。灵台县8项县域社会发展一级指标中，中势5项，一般劣势3项，属于纺锤形发展特征。灵台县社会发展综合得分69.85，总体为一般劣势偏上水平。

第四，崇信县的县域社会发展社会结构得分75.04，教育发展得分72.94，经济效益得分77.16，生活质量得分74.70，基础设施得分75.34，社会保障得分73.52，公共服务得分68.88，生活环境得分76.99。从县域社会发展8个一级指标得分来看，经济效益、生活环境、基础设施和社会结构具有一般优势，生活质量、社会保障和教育发展处于中势，公共服务处于一般劣势。崇信县8项县域社会发展一级指标中，一般优势4项，中势3项，一般劣势1项，属于倒金字塔形发展特征，公共服务相对为县域社会发展的短板。崇信县县域社会

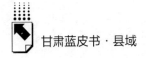

发展综合得分74.91，总体为中势偏上水平。

第五，华亭县的县域社会发展社会结构得分79.02，教育发展得分70.81，经济效益得分80.03，生活质量得分75.37，基础设施得分76.32，社会保障得分67.38，公共服务得分71.50，生活环境得分80.52。从县域社会发展8个一级指标得分来看，生活环境和经济效益具有绝对优势，社会结构、基础设施和生活质量具有一般优势，公共服务和教育发展处于中势，社会保障处于一般劣势。华亭县8项县域社会发展一级指标中，绝对优势2项，一般优势3项，中势2项，一般劣势1项，属于倒金字塔形发展特征，社会保障相对来看为县域社会发展的短板。华亭县社会发展综合得分77.63，总体为一般优势水平。

第六，庄浪县的县域社会发展社会结构得分75.48，教育发展得分67.62，经济效益得分73.14，生活质量得分69.52，基础设施得分74.71，社会保障得分75.48，公共服务得分70.10，生活环境得分83.20。从县域社会发展8个一级指标得分来看，生活环境具有绝对优势；社会结构和社会保障具有一般优势，基础设施、经济效益和公共服务处于中势，生活质量和教育发展处于一般劣势。庄浪县8项县域社会发展一级指标中，绝对优势1项，一般优势2项，中势3项，一般劣势2项，属于纺锤形发展特征。庄浪县社会发展综合得分70.55，总体为一般中势偏下水平。

第七，静宁县的县域社会发展社会结构得分69.66，教育发展得分70.39，经济效益得分74.59，生活质量得分67.93，基础设施得分72.68，社会保障得分71.32，公共服务得分67.95，生活环境得分82.54。从县域社会发展8个一级指标得分来看，生活环境具有绝对优势，经济效益、基础设施、社会保障和教育发展处于中势，社会结构、公共服务和生活质量处于一般劣势。静宁县8项县域社会发展一级指标中，绝对优势1项，中势4项，一般劣势3项，属于纺锤形发展特征。静宁县社会发展综合得分69.13，总体为一般劣势偏上水平。

九 酒泉市所辖县域社会发展评价分析

酒泉市位于甘肃省西北部，河西走廊西端，东与张掖地区相连，南靠青海省，西邻新疆维吾尔自治区，北与内蒙古自治区的额济纳旗接壤，并与蒙古国交界。酒泉古称肃州，以"城下有泉、其水若酒"而得名。酒泉历来是亚欧大陆东西往来的要冲，古"丝绸之路"的必经之地。辖肃州区、金塔县、瓜州县、肃北县、阿克塞、玉门市、敦煌市7县（市、区）。

（一）2013年酒泉市辖县社会发展整体状况分析

酒泉市所辖肃州区、金塔县、瓜州县、肃北县、阿克塞县、玉门市、敦煌市，共1区2市4县，根据县域社会发展一级指标综合得分情况（见表12），2013年1区2市4县平均综合得分79.57，其中肃北县综合得分83.36，阿克塞县综合得分83.33，玉门市综合得分80.27，肃州区综合得分80.05，具有绝对优势；敦煌市综合得分78.39，瓜州县综合得分77.02，具有一般优势；只有金塔县综合得分74.60，处于中势。在酒泉市1区2市4县中，肃北县、阿克塞县、玉门市和肃州区具有相对发展优势，金塔县处于相对劣势。

从县域社会发展8项一级指标均值来看，经济效益得分81.54，生活质量得分80.29，具有绝对优势；基础设施得分77.61，社会保障得分75.41，具有一般优势；公共服务得分74.25，社会结构得分72.00，生活环境得分71.02，处于中势；教育发展得分68.84，处于一般劣势。其中教育发展平均得分相对较低，处于相对劣势。

从县域社会发展8项一级指标差异来看，经济效益差异最小，说明 1 区 2 市 4 县之间该指标发展相对均衡；教育发展、公共服务、生活环境和社会保障均存在较大差异，特别是教育发展，极差 24.72，方差 76.11，标准差 8.72，说明在 1 区 2 市 4 县中，这 4 项指标差异较大，特别是教育发展差异明显。总体来看，酒泉市所辖县域社会发展存在一定差异。

（二）2013 年酒泉市辖县社会发展各项指标分析

从县域社会发展 8 项一级指标及综合评价分别来看，酒泉市所辖肃州区、金塔县、瓜州县、肃北县、阿克塞县、玉门市、敦煌市，共 1 区 2 市 4 县社会发展具有如下特征（见表 12）。

表 12　2013 年酒泉市辖区各县（区）社会发展综合及
一级指标得分情况

县 （市、区）	社会发展综合得分	社会结构得分	教育发展得分	经济效益得分	生活质量得分	基础设施得分	社会保障得分	公共服务得分	生活环境得分
肃州区	80.05	80.18	60.22	82.42	79.72	82.73	69.05	71.75	74.73
金塔县	74.60	70.01	63.15	78.70	77.58	75.67	76.81	70.84	70.93
瓜州县	77.02	68.01	65.53	81.97	77.31	77.60	80.98	70.07	73.63
肃北县	83.36	68.09	84.94	82.55	81.13	74.81	77.21	81.49	62.50
阿克塞	83.33	70.05	76.60	80.02	84.98	79.12	66.55	84.99	63.29
玉门市	80.27	73.16	65.83	83.38	80.60	78.39	77.17	70.86	79.42
敦煌市	78.39	74.48	65.63	81.70	80.69	74.97	80.08	69.76	72.66
均　值	79.57	72.00	68.84	81.54	80.29	77.61	75.41	74.25	71.02
极　差	8.765	12.17	24.72	4.68	7.67	7.92	14.43	15.23	16.92
方　差	10.31	18.89	76.11	2.63	6.59	7.94	30.03	39.11	37.69
标准差	3.21	4.35	8.72	1.62	2.57	2.82	5.48	6.25	6.14

资料来源：根据《甘肃发展年鉴》（2013）和甘肃省统计局提供的数据处理而来。

第一，肃州区的县域社会发展社会结构得分 80.18，教育发展得分 60.22，经济效益得分 82.42，生活质量得分 79.72，基础设施得分

82.73，社会保障得分 69.05，公共服务得分 71.75，生活环境得分74.73。从县域社会发展 8 个一级指标得分来看，基础设施、经济效益和社会结构具有绝对优势，生活质量具有一般优势，生活环境和公共服务处于中势，社会保障处于一般劣势，教育发展处于绝对劣势。肃州区 8 项县域社会发展一级指标中，绝对优势 3 项，一般优势 1项，中势 2 项，一般劣势 1 项，绝对劣势 1 项，属于沙漏形发展特征，县域社会发展的短板是教育发展。肃州区社会发展综合得分80.05，总体为绝对优势偏下水平。

第二，金塔县的县域社会发展社会结构得分 70.01，教育发展得分 63.15，经济效益得分 78.70，生活质量得分 77.58，基础设施得分75.67，社会保障得分 76.81，公共服务得分 70.84，生活环境得分70.93。从县域社会发展 8 个一级指标得分来看，经济效益、生活质量、社会保障和基础设施具有一般优势，生活环境、公共服务和社会结构处于中势，教育发展处于绝对劣势。金塔县 8 项县域社会发展一级指标中，一般优势 4 项，中势 3 项，绝对劣势 1 项，属于正金字塔形发展特征，县域社会发展的短板是教育发展。金塔县社会发展综合得分 74.60，总体为中势偏上水平。

第三，瓜州县的县域社会发展社会结构得分 68.01，教育发展得分 65.53，经济效益得分 81.97，生活质量得分 77.31，基础设施得分 77.60，社会保障得分 80.98，公共服务得分 70.07，生活环境得分 73.63。从县域社会发展 8 个一级指标得分来看，经济效益和社会保障具有绝对优势，基础设施和生活质量具有一般优势，生活环境和公共服务处于中势，社会结构和教育发展处于一般劣势。瓜州县 8 项县域社会发展一级指标中，绝对优势 2 项，一般优势 2 项，中势 2 项，一般劣势 2 项，属于倒金字塔形发展特征，县域社会发展的短板是教育发展。瓜州县社会发展综合得分 77.02，总体为一般优势水平。

第四，肃北县的县域社会发展社会结构得分68.09，教育发展得分84.94，经济效益得分82.55，生活质量得分81.13，基础设施得分74.81，社会保障得分77.21，公共服务得分81.49，生活环境得分62.50。从县域社会发展8个一级指标得分来看，教育发展、经济效益、公共服务和生活质量具有绝对优势，社会保障具有一般优势，基础设施处于中势，社会结构处于一般劣势，生活环境处于绝对劣势。肃北县8项县域社会发展一级指标中，绝对优势4项，一般优势1项，中势1项，一般劣势1项，绝对劣势1项，属于沙漏形发展特征，县域社会发展的短板是生活环境。肃北县社会发展综合得分83.36，总体为绝对优势水平。

第五，阿克塞的县域社会发展社会结构得分70.05，教育发展得分76.6，经济效益得分80.02，生活质量得分84.98，基础设施得分79.12，社会保障得分66.55，公共服务得分84.99，生活环境得分63.29。从县域社会发展8个一级指标得分来看，公共服务、生活质量和经济发展具有绝对优势，基础设施和教育发展具有一般优势，社会结构处于中势，社会保障处于一般劣势，生活环境处于绝对劣势。阿克塞8项县域社会发展一级指标中，绝对优势3项，一般优势2项，中势1项，一般劣势1项，绝对劣势1项，属于沙漏形发展特征，县域社会发展的短板是生活环境。阿克塞县域社会发展综合得分83.33，总体为绝对优势水平。

第六，玉门市的县域社会发展社会结构得分73.16，教育发展得分65.83，经济效益得分83.38，生活质量得分80.60，基础设施得分78.39，社会保障得分77.17，公共服务得分70.86，生活环境得分79.42。从县域社会发展8个一级指标得分来看，经济效益和生活质量具有绝对优势，生活环境、基础设施和社会保障具有一般优势，社会结构和公共服务处于中势，教育发展处于一般劣势。玉门市8项县域社会发展一级指标中，绝对优势2项，一般优势3项，中势2项，一般劣势1项，属于倒金字塔形发展特征，县域社会发展的短板是教育发展。玉门市社会发展综合得分80.27，总体为绝对优势偏下水平。

第七，敦煌市的县域社会发展社会结构得分74.48，教育发展得分65.63，经济效益得分81.70，生活质量得分80.69，基础设施得分74.97，社会保障得分80.08，公共服务得分69.76，生活环境得分72.66。从县域社会发展8个一级指标得分来看，经济效益、生活质量和社会保障具有绝对优势，基础设施、社会结构和生活环境处于中势，公共服务和教育发展处于一般劣势。敦煌市8项县域社会发展一级指标中，绝对优势3项，中势3项，一般劣势2项，属于纺锤形发展特征，县域社会发展的短板是教育发展。敦煌市社会发展综合得分78.39，总体为一般优势水平。

十 庆阳市所辖县域社会发展评价分析

庆阳市位于甘肃东部，习称"陇东"，古称"北豳"，地处黄河中游流域、甘肃东南端，东接陕西延安，西邻宁夏固原，南连陕西咸阳、铜川及平凉，北靠宁夏银南，是宁夏通往关中的必经之路，古有"控振萧关，襟带秦岭"之誉，是驰名世界的"黄河古象"之故乡，刺绣、剪纸、皮影、道情堪称庆阳"四绝"。辖西峰区、庆城县、环县、华池县、合水县、正宁县、宁县、镇原县8个县（区）。

（一）2013年庆阳市辖县社会发展整体状况分析

庆阳市所辖西峰区、庆城县、环县、华池县、合水县、正宁县、宁县、镇原县，共1区7县，根据县域社会发展一级指标综合得分情况（见表13），2013年1区7县平均综合得分72.70，其中西峰区综合得分78.39，具有一般优势，其余7县县域社会发展综合得分均在

70~75 之间，处于中势。在平凉市 1 区 7 县中，除西峰区具有相对发展优势，其余 7 县社会发展相对均衡。

从县域社会发展 8 项一级指标均值来看，经济效益得分 78.45，具有一般优势；社会保障得分 73.51，生活环境得分 73.10，生活质量得分 72.77，基础设施得分 71.69，社会结构得分 72.19，教育发展得分 70.62，处于中势；公共服务得分 67.27，处于一般劣势。其中公共服务平均得分相对较低，处于相对劣势。

从县域社会发展 8 项一级指标差异来看，生活质量差异最小，说明 1 区 7 县之间的该指标发展相对均衡；生活环境、基础设施和社会结构均存在较大差异，特别是生活环境，极差 17.36，方差 30.46，标准差 5.52，说明在 1 区 7 县中，这 3 项指标差异较大。总体来看，庆阳市所辖县域社会发展存在一定差异。

表 13　2013 年庆阳市辖区各县（区）社会发展综合及一级指标得分情况

县（市、区）	社会发展综合得分	社会结构得分	教育发展得分	经济效益得分	生活质量得分	基础设施得分	社会保障得分	公共服务得分	生活环境得分
西峰区	78.39	77.19	64.38	82.82	75.09	80.69	74.72	70.95	70.66
庆城县	72.49	71.06	71.01	79.34	74.34	69.64	69.28	66.92	65.84
环 县	71.42	76.13	72.66	77.93	70.93	62.92	75.97	67.02	83.20
华池县	72.31	62.70	76.57	79.66	72.53	66.78	75.12	69.57	73.16
合水县	72.15	69.85	68.92	77.83	72.73	71.34	72.13	68.91	78.71
正宁县	71.65	70.39	70.31	76.19	73.41	74.44	74.30	65.79	73.18
宁 县	72.35	74.95	71.03	77.82	72.27	74.71	74.11	63.49	68.94
镇原县	70.82	75.24	70.04	76.04	70.86	72.98	72.42	65.47	71.14
均　值	72.70	72.19	70.62	78.45	72.77	71.69	73.51	67.27	73.10
极　差	7.57	14.49	12.19	6.78	4.24	17.77	6.68	7.47	17.36
方　差	5.61	22.50	11.73	4.76	2.23	29.24	4.58	5.92	30.46
标准差	2.37	4.74	3.42	2.18	1.49	5.41	2.14	2.43	5.52

资料来源：根据《甘肃发展年鉴》（2013）和甘肃省统计局提供的数据处理而来。

（二）2013年庆阳市辖县社会发展各项指标分析

从县域社会发展8项一级指标及综合评价分别来看，庆阳市所辖西峰区、庆城县、环县、华池县、合水县、正宁县、宁县、镇原县，共1区7县的社会发展具有如下特征（见表13）。

第一，西峰区的县域社会发展社会结构得分77.19，教育发展得分64.38，经济效益得分82.82，生活质量得分75.09，基础设施得分80.69，社会保障得分74.72，公共服务得分70.95，生活环境得分70.66。从县域社会发展8个一级指标得分来看，经济效益和基础设施具有绝对优势，社会结构和生活质量具有一般优势，社会保障、公共服务和生活环境处于中势，教育发展处于绝对劣势。西峰区8项县域社会发展一级指标中，绝对优势2项，一般优势2项，中势3项，绝对劣势1项，属于倒金字塔形发展特征，县域社会发展的短板是教育发展。西峰区社会发展综合得分78.39，总体为一般优势水平。

第二，庆城县的县域社会发展社会结构得分71.06，教育发展得分71.01，经济效益得分79.34，生活质量得分74.34，基础设施得分69.64，社会保障得分69.28，公共服务得分66.92，生活环境得分65.84。从县域社会发展8个一级指标得分来看，经济效益具有一般优势，生活质量、社会结构和教育发展处于中势，基础设施、社会保障、公共服务和生活环境处于一般劣势。庆城县8项县域社会发展一级指标中，一般优势1项，中势3项，一般劣势4项，属于正金字塔形发展特征，县域社会发展的短板是生活环境和公共服务。庆城县社会发展综合得分72.49，总体为中势水平。

第三，环县的县域社会发展社会结构得分76.13，教育发展得分72.66，经济效益得分77.93，生活质量得分70.93，基础设施得分62.92，社会保障得分75.97，公共服务得分67.02，生活环境得分83.20。从县域社会发展8个一级指标得分来看，生活环境具有绝对优势，经济效益、社会结构和社会保障具有一般优势，教育发展和生活质量处于中势，公共服务处于一般劣势，基础设施处于绝对劣势。环县 8 项县域社会发展一级指标中，绝对优势 1 项，一般优势 3 项，中势 2 项，一般劣势 1 项，绝对劣势 1 项，属于倒金字塔形发展特征，县域社会发展的短板是基础设施。环县社会发展综合得分71.42，总体为中势水平。

第四，华池县的县域社会发展社会结构得分62.70，教育发展得分76.57，经济效益得分79.66，生活质量得分72.53，基础设施得分66.78，社会保障得分75.12，公共服务得分69.57，生活环境得分73.16。从县域社会发展 8 个一级指标得分来看，经济效益、教育发展和社会保障具有一般优势，生活环境和生活质量处于中势，公共服务和基础设施处于一般劣势，社会结构处于绝对劣势。华池县 8 项县域社会发展一级指标中，一般优势 3 项，中势 2 项，一般劣势 2 项，绝对劣势 1 项，属于沙漏形发展特征，县域社会发展的短板是社会结构。华池县社会发展综合得分72.31，总体为中势水平。

第五，合水县的县域社会发展社会结构得分69.85，教育发展得分68.92，经济效益得分77.83，生活质量得分72.73，基础设施得分71.34，社会保障得分72.13，公共服务得分68.91，生活环境得分78.71。从县域社会发展 8 个一级指标得分来看，生活环境和经济效益具有一般优势，生活质量、社会保障和基础设施处于中势，社会结构、教育发展和公共服务处于一般劣势。合水县 8 项县域社会发展一级指标中，一般优势 2 项，中势 3 项，一般劣势 3 项，属于纺锤形发展特征。合水县社会综合得分72.15，总体为中势水平。

第六，正宁县的县域社会发展社会结构得分70.39，教育发展得分70.31，经济效益得分76.19，生活质量得分73.41，基础设施得分74.44，社会保障得分74.30，公共服务得分65.79，生活环境得分73.18。从县域社会发展 8 个一级指标得分来看，经济效益具有一般优势，公共服务处于一般劣势，其余 6 项指标均处于中势。正宁县 8 项县域社会发展一级指标中，一般优势 1 项，中势 6 项，一般劣势 1 项，属于纺锤形发展特征，县域社会发展的短板为公共服务。正宁县社会发展综合得分 71.65，总体为中势水平。

第七，宁县的县域社会发展社会结构得分 74.95，教育发展得分 71.03，经济效益得分 77.82，生活质量得分 72.27，基础设施得分 74.71，社会保障得分 74.11，公共服务得分 63.49，生活环境得分 68.94。从县域社会发展 8 个一级指标得分来看，经济效益具有一般优势，社会结构、基础设施、社会保障、生活质量和教育发展处于中势，生活环境处于一般劣势，公共服务处于绝对劣势。宁县 8 项县域社会发展一级指标中，一般优势 1 项，中势 5 项，一般劣势 1 项，绝对劣势 1 项，属于纺锤形发展特征，县域社会发展的短板为公共服务。宁县社会发展综合得分 72.35，总体为中势水平。

第八，镇原县的县域社会发展社会结构得分 75.24，教育发展得分 70.04，经济效益得分 76.04，生活质量得分 70.86，基础设施得分 72.98，社会保障得分 72.42，公共服务得分 65.47，生活环境得分 71.14。从县域社会发展 8 个一级指标得分来看，经济效益和社会结构具有一般优势，基础设施、社会保障、生活环境、生活质量和教育发展处于中势，公共服务处于一般劣势。镇原县 8 项县域社会发展一级指标中，一般优势 2 项，中势 5 项，一般劣势 1 项，属于纺锤形发展特征，县域社会发展的短板为公共服务。镇原县社会发展综合得分 70.82，总体为中势偏下水平。

十一　定西市所辖县域社会发展评价分析

定西市北靠兰州，南临天水，是古"丝绸之路"重镇，素有"甘肃咽喉，兰州门户"之称，现在是东西大通道的必经之地。定西

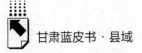
干旱少雨、光照充足、冷凉和无污染的气候条件，赋予了马铃薯、中药材等农产品独特品质，尤其是中药材种植历史悠久，素有"千年药乡"之称。辖安定区、通渭县、陇西县、渭源县、临洮县、漳县、岷县7县（区）。

（一）2013年定西市辖县社会发展整体状况分析

定西市所辖安定区、通渭县、陇西县、渭源县、临洮县、漳县、岷县，共1区6县，根据县域社会发展一级指标综合得分情况（见表14），2013年1区6县平均综合得分65.69，其中陇西县综合得分68.93，临洮县综合得分68.12，安定区综合得分67.85，通渭县综合得分65.24，处于一般劣势；漳县综合得分64.83，渭源县综合得分64.69，岷县综合得分60.18，处于绝对劣势。定西市的1区6县，均处于县域社会发展劣势，特别是岷县社会发展劣势明显。

从县域社会发展8项一级指标均值来看，社会保障得分74.65，生活环境得分73.51，经济效益得分73.13，社会结构得分72.02，处于中势；教育发展得分67.40，生活质量得分66.61，公共服务得分66.40，基础设施得分66.23，处于一般劣势。其中8项一级指标中，相对优势和相对劣势都不明显。

从县域社会发展8项一级指标差异来看出，生活环境差异较大，极差16.23，方差31.23，标准差5.59，说明定西市1区6县的该项指标具有一定差异，其余7项指标差虽然有一定差异，但不明显。总体来看，定西市所辖县域社会发展差异不明显，县域社会发展整体水平相对较低。

（二）2013年定西市辖县社会发展各项指标分析

从县域社会发展8项一级指标及综合评价分别来看，定西市所辖安定区、通渭县、陇西县、渭源县、临洮县、漳县、岷县，共1区6县的社会发展具有如下特征（见表14）。

表14 2013年定西市辖区各县（区）社会发展综合及一级指标得分情况

县（市、区）	社会发展综合得分	社会结构得分	教育发展得分	经济效益得分	生活质量得分	基础设施得分	社会保障得分	公共服务得分	生活环境得分
安定区	67.85	73.16	70.00	77.46	66.34	63.80	70.01	66.05	75.47
通渭县	65.24	72.98	69.67	71.16	63.83	67.15	79.17	68.09	77.59
陇西县	68.93	73.11	68.76	76.20	67.00	68.45	74.16	68.65	73.98
渭源县	64.69	67.28	66.04	71.35	66.43	70.83	73.77	67.48	70.60
临洮县	68.12	72.47	69.07	74.82	68.91	67.55	72.44	65.99	78.50
漳　县	64.83	75.56	65.33	71.81	66.74	65.15	75.80	64.84	76.15
岷　县	60.18	69.62	62.91	69.09	67.01	60.68	77.17	63.71	62.27
均　值	65.69	72.02	67.40	73.13	66.61	66.23	74.65	66.40	73.51
极　差	8.75	8.27	7.09	8.37	5.09	10.15	9.16	4.94	16.23
方　差	8.90	7.38	7.15	9.36	2.25	11.09	9.26	3.18	31.23
标准差	2.98	2.72	2.67	3.06	1.50	3.33	3.04	1.78	5.59

资料来源：根据《甘肃发展年鉴》（2013）和甘肃省统计局提供的数据处理而来。

第一，安定区的县域社会发展社会结构得分73.16，教育发展得分70.00，经济效益得分77.46，生活质量得分66.34，基础设施得分63.80，社会保障得分70.01，公共服务得分66.05，生活环境得分75.47。从县域社会发展8个一级指标得分来看，经济效益和生活环境具有一般优势，社会结构、社会保障和教育发展处于中势，生活质量和公共服务处于一般劣势，基础设施处于绝对劣势。安定区8项县域社会发展一级指标中，一般优势2项，中势3项，一般劣势2项，绝对劣势1项，属于纺锤形发展特征，县域社会发展的短板为基础设施。安定区社会发展综合得分67.85，总体为一般劣势水平。

第二，通渭县的县域社会发展社会结构得分72.98，教育发展得分69.67，经济效益得分71.16，生活质量得分63.83，基础设施得分67.15，社会保障得分79.17，公共服务得分68.09，生活环境得分77.59。从县域社会发展8个一级指标得分来看，社会保障和生活环境具有一般优势，社会结构和经济效益处于中势，教育发展、公共服务和基础设施处于一般劣势，生活质量处于绝对劣势。通渭县8项县域社会发展一级指标中，一般优势2项，中势2项，一般劣势3项，绝对劣势1项，属于正金字塔形发展特征，县域社会发展的短板为生活质量。通渭县社会发展综合得分65.24，总体为一般劣势偏下水平。

第三，陇西县的县域社会发展社会结构得分73.11，教育发展得分68.76，经济效益得分76.20，生活质量得分67.00，基础设施得分68.45，社会保障得分74.16，公共服务得分68.65，生活环境得分73.98。从县域社会发展8个一级指标得分来看，经济效益具有一般优势，社会保障、社会结构、基础设施和生活环境处于中势，教育发展、公共服务和生活质量处于一般劣势，基础设施处于绝对劣势。陇西县8项县域社会发展一级指标中，一般优势1项，中势4项，一般劣势3项，属于纺锤形发展特征，县域社会发展的短板不明显。陇西县社会发展综合得分68.93，总体为一般劣势偏上水平。

第四，渭源县的县域社会发展社会结构得分67.28，教育发展得分66.04，经济效益得分71.35，生活质量得分66.43，基础设施得分70.83，社会保障得分73.77，公共服务得分67.48，生活环境得分70.60。从县域社会发展8个一级指标得分来看，社会保障、经济效益、基础设施和生活环境处于中势，公共服务、社会结构、生活质量和教育发展处于一般劣势。渭源县8项县域社会发展一级指标中，中势4项，一般劣势4项，属于正金字塔形发展特征，县域社会发展的短板不明显。渭源县社会发展综合得分64.69，总体为绝对劣势偏上水平。

第五，临洮县的县域社会发展社会结构得分72.47，教育发展得分69.07，经济效益得分74.82，生活质量得分68.91，基础设施得分67.55，社会保障得分72.44，公共服务得分65.99，生活环境得分78.50。从县域社会发展8个一级指标得分来看，生活环境具有一般优势，经济效益、社会结构和社会保障处于中势，教育发展、生活质量、基础设施和公共服务处于一般劣势。临洮县8项县域社会发展一级指标中，一般优势1项，中势3项，一般劣势4项，属于正金字塔形发展特征，县域社会发展的短板为公共服务。临洮县社会发展综合得分68.12，总体为一般劣势水平。

第六，漳县的县域社会发展社会结构得分75.56，教育发展得分65.33，经济效益得分71.81，生活质量得分66.74，基础设施得分65.15，社会保障得分75.80，公共服务得分64.84，生活环境得分76.15。从县域社会发展8个一级指标得分来看，生活环境、社会保障和社会结构具有一般优势，经济效益处于中势，生活质量、教育发展和基础设施处于一般劣势，公共服务处于绝对劣势。漳县8项县域社会发展一级指标中，一般优势3项，中势1项，一般劣势3项，绝对劣势1项，属于沙漏形发展特征，县域社会发展的短板为公共服务。漳县社会发展综合得分64.83，总体为绝对劣势偏上水平。

第七，岷县的县域社会发展社会结构得分69.62，教育发展得分62.91，经济效益得分69.09，生活质量得分67.01，基础设施得分60.68，社会保障得分77.17，公共服务得分63.71，生活环境得分62.27。从县域社会发展8个一级指标得分来看，社会保障具有一般优势，社会结构、经济效益和生活质量处于一般劣势，公共服务、教育发展、生活环境和基础设施处于绝对劣势。岷县8项县域社会发展一级指标中，一般优势1项，中势0项，一般劣势3项，绝对劣势4项，属于沙漏形发展特征，县域社会发展的短板为基础设施、生活环

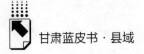
境、教育发展和公共服务。岷县社会发展综合得分60.18，总体为绝对劣势偏下水平，县域社会发展整体水平相对较低。

十二　陇南市所辖县域社会发展评价分析

陇南市位于甘肃省东南边陲，是甘肃唯一的长江流域地区，东连陕西，南接四川，北靠天水，西连甘南，素称"秦陇锁钥，巴蜀咽喉"，境内地形地貌复杂，光热垂直分布，气候立体多样，资源禀赋优越。陇南市辖武都区、宕昌县、成县、康县、文县、西和县、礼县、两当县、徽县9个县（区）。

（一）2013年陇南市辖县社会发展整体状况分析

陇南市所辖武都区、宕昌县、成县、康县、文县、西和县、礼县、两当县、徽县，共1区8县，根据县域社会发展一级指标综合得分情况（见表15），2013年1区8县平均综合得分66.96，其中成县综合得分71.18，徽县综合得分70.74，武都区综合得分70.20，处于中势；两当县综合得分69.17，康县综合得分67.35，文县综合得分65.56，处于一般劣势；西和县综合得分63.82，宕昌县综合得分62.75，礼县综合得分61.86，处于绝对劣势。在陇南市1区8县中，有6个县处于县域社会发展劣势，特别是西和县、宕昌县和礼县的社会发展劣势明显。

从县域社会发展8项一级指标均值来看，生活环境得分75.01，具有一般优势；社会保障得分74.28，经济效益得分73.14，社会结构得分72.81，基础设施得分71.48，处于中势；教育发展得分68.35，公共服务得分66.67，生活质量得分65.73，处于一般劣势。其中8项一级指标中，除生活环境具有一定相对优势，其他7项指标相对优势和相对劣势都不明显。

从县域社会发展8项一级指标差异来看，除经济发展、生活质量、基础设施相对差异较小，其他5项指标均存在一定差异，其中教育发展和生活环境差异相对较大，教育发展差异最大，极差14.76，方差25.74，标准差5.07，说明陇南市所辖县域各县（区）社会发展存在一定的不均衡情况。总体来看，陇南市所辖县域社会发展存在一定差异，且县域社会发展整体水平相对较低。

（二）2013年陇南市辖县社会发展各项指标分析

从县域社会发展8项一级指标及综合评价分别来看，陇南市所辖武都区、宕昌县、成县、康县、文县、西和县、礼县、两当县、徽县，共1区8县社会发展具有如下特征（见表15）。

表15　2013年陇南市辖区各县（区）社会发展综合及一级指标得分情况

县（市、区）	社会发展综合得分	社会结构得分	教育发展得分	经济效益得分	生活质量得分	基础设施得分	社会保障得分	公共服务得分	生活环境得分
武都区	70.20	81.22	63.62	77.13	66.92	71.80	75.58	65.26	80.55
成　县	71.18	75.01	67.46	75.29	69.81	74.00	75.34	69.70	77.09
文　县	65.56	71.31	72.13	73.38	63.43	72.11	73.36	59.94	80.72
宕昌县	62.75	67.83	64.49	71.15	62.95	71.36	73.44	65.39	69.62
康　县	67.35	67.90	71.07	72.88	65.90	71.78	77.95	68.96	75.09
西和县	63.82	72.61	63.63	71.72	65.10	69.30	64.38	65.99	73.64
礼　县	61.86	74.17	63.97	70.65	62.02	66.04	72.12	64.58	73.37
徽　县	70.74	76.48	70.40	74.61	69.66	73.84	79.01	67.83	66.32
两当县	69.17	68.79	78.38	71.40	65.81	73.11	77.38	72.40	78.67
均　值	66.96	72.81	68.35	73.14	65.73	71.48	74.28	66.67	75.01
极　差	9.32	13.39	14.76	6.47	7.78	7.97	14.63	12.46	14.40
方　差	12.90	19.79	25.74	4.74	7.59	6.20	19.06	12.80	23.77
标准差	3.59	4.45	5.074	2.18	2.75	2.49	4.37	3.58	4.88

资料来源：根据《甘肃发展年鉴》（2013）和甘肃省统计局提供的数据处理而来。

第一，武都区的县域社会发展社会结构得分81.22，教育发展得分63.62，经济效益得分77.13，生活质量得分66.92，基础设施得分71.80，社会保障得分75.58，公共服务得分65.26，生活环境得分80.55。从县域社会发展8个一级指标得分来看，社会结构和生活环境具有绝对优势；经济发展和社会保障具有一般优势；基础设施处于中势；生活质量和公共服务处于一般劣势；教育发展处于绝对劣势。武都区8项县域社会发展一级指标中，绝对优势2项，一般优势2项，中势1项，一般劣势2项，绝对劣势1项，属于沙漏形发展特征，县域社会发展的短板为教育发展。武都区社会发展综合得分70.20，总体为中势偏下水平，县域社会发展整体不均衡。

第二，成县的县域社会发展社会结构得分75.01，教育发展得分67.46，经济效益得分75.29，生活质量得分69.81，基础设施得分74.00，社会保障得分75.34，公共服务得分69.70，生活环境得分77.09。从县域社会发展8个一级指标得分来看，生活环境、社会保障、经济效益和社会结构具有一般优势，基础设施处于中势，生活质量、公共服务和教育发展处于一般劣势。成县8项县域社会发展一级指标中，一般优势4项，中势1项，一般劣势3项，属于沙漏形发展特征，县域社会发展的短板为教育发展。成县社会发展综合得分71.18，总体为中势水平，县域社会发展整体不均衡。

第三，文县的县域社会发展社会结构得分71.31，教育发展得分72.13，经济效益得分73.38，生活质量得分63.43，基础设施得分72.11，社会保障得分73.36，公共服务得分59.94，生活环境得分80.72。从县域社会发展8个一级指标得分来看，生活环境具有绝对优势，经济效益、社会保障、基础设施、教育发展和社会结构处于中势，生活质量和公共服务处于绝对劣势。文县8项县域社会发展一级指标中，绝对优势1项，中势5项，绝对劣势2项，属于纺锤形发展特征，县域社会发展的短板为公共服务和生活质量。文县社会发展综合得分

65.56，总体为一般劣势偏下水平，县域社会发展整体非常不均衡。

第四，宕昌县的县域社会发展社会结构得分67.83，教育发展得分64.49，经济效益得分71.15，生活质量得分62.95，基础设施得分71.36，社会保障得分73.44，公共服务得分65.39，生活环境得分69.62。从县域社会发展8个一级指标得分来看，社会保障、基础设施和经济效益处于中势，生活环境、社会结构和公共服务处于一般劣势，教育发展和生活质量处于绝对劣势。宕昌县8项县域社会发展一级指标中，中势3项，一般劣势3项，绝对劣势2项，属于纺锤形发展特征，县域社会发展的短板为教育发展和生活质量。宕昌县社会发展综合得分62.75，总体为绝对劣势水平，县域社会发展整体偏下，而且存在一定程度不均衡情况。

第五，康县的县域社会发展社会结构得分67.90，教育发展得分71.07，经济效益得分72.88，生活质量得分65.90，基础设施得分71.78，社会保障得分77.95，公共服务得分68.96，生活环境得分75.09。从县域社会发展8个一级指标得分来看，社会保障和生活环境具有一般优势；经济效益、基础设施和教育发展处于中势；公共服务、社会结构和生活质量处于一般劣势。康县8项县域社会发展一级指标中，一般优势2项，中势3项，一般劣势3项，属于纺锤形发展特征，县域社会发展的短板不明显。康县社会发展综合得分67.35，总体为一般劣势水平。

第六，西和县的县域社会发展社会结构得分72.61，教育发展得分63.63，经济效益得分71.72，生活质量得分65.10，基础设施得分69.30，社会保障得分64.38，公共服务得分65.99，生活环境得分73.64。从县域社会发展8个一级指标得分来看，生活环境、社会结构和经济效益处于中势，基础设施、公共服务和生活质量处于一般劣势，社会保障和教育发展处于绝对劣势。西和县8项县域社会发展一级指标中，中势3项，一般劣势3项，绝对劣势2项，属于正金字塔形发展

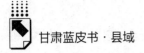

特征，县域社会发展的短板为教育发展和社会保障。西和县社会发展综合得分63.82，总体为绝对劣势水平，县域社会发展整体水平较低。

第七，礼县的县域社会发展社会结构得分74.17，教育发展得分63.97，经济效益得分70.65，生活质量得分62.02，基础设施得分66.04，社会保障得分72.12，公共服务得分64.58，生活环境得分73.37。从县域社会发展8个一级指标得分来看，社会结构、生活环境、社会保障和经济效益处于中势，基础设施处于一般劣势，公共服务、教育发展和生活质量处于绝对劣势。礼县8项县域社会发展一级指标中，中势4项，一般劣势1项，绝对劣势3项，属于正金字塔形发展特征，县域社会发展的短板为生活质量、教育发展和公共服务。礼县县域社会发展综合得分61.86，总体为绝对劣势水平，县域社会发展整体水平较低。

第八，徽县的县域社会发展社会结构得分76.48，教育发展得分70.40，经济效益得分74.61，生活质量得分69.66，基础设施得分73.84，社会保障得分79.01，公共服务得分67.83，生活环境得分66.32。从县域社会发展8个一级指标得分来看，社会保障和社会结构具有一般优势，经济效益、基础设施和教育发展处于中势，生活质量、公共服务和生活环境处于一般劣势。徽县8项县域社会发展一级指标中，一般优势2项，中势3项，一般劣势3项，属于纺锤形发展特征，县域社会发展的短板不明显。徽县社会发展综合得分70.74，总体为中势偏下水平。

第九，两当县的县域社会发展社会结构得分68.79，教育发展得分78.38，经济效益得分71.40，生活质量得分65.81，基础设施得分73.11，社会保障得分77.38，公共服务得分72.40，生活环境得分78.67。从县域社会发展8个一级指标得分来看，生活环境、教育发展和社会保障具有一般优势，基础设施、公共服务和经济效益处于中势，社会结构和生活质量处于一般劣势。两当县8项县域社会发展一级指标中，一般优势3项，中势3项，一般劣势2项，属于纺锤形发展特征，县域社会发展的短板为生活质量。两当县社会发展综合得分69.17，总体为一般劣势偏上水平。

十三 临夏回族自治州所辖县域社会发展评价分析

临夏回族自治州（简称临夏州）位于甘肃西南部，西倚积石山与青海省循化县搭界，东濒洮河与定西地区相望；北临湟水、黄河与兰州市、青海省民和县毗邻；南靠太子山、白石山与甘南藏族自治州接壤；是历代兵家必争之地，古"丝绸之路"南道之要冲，唐蕃古道之重镇，茶马互市之中心，是明代著名的四大茶马司之一，有"河湟雄镇"之称。辖临夏市、临夏县、康乐县、永靖县、广河县、和政县、东乡县、积石山县8个县（市）。

（一）2013年临夏州辖县社会发展整体状况分析

临夏州所辖临夏市、临夏县、康乐县、永靖县、广河县、和政县、东乡县、积石山县，共1市7县，根据县域社会发展一级指标综合得分情况（见表16），2013年1市7县平均综合得分65.07，其中临夏市综合得分73.24，处于中势；永靖县综合得分68.88，临夏县综合得分66.81，处于一般劣势；康乐县综合得分63.09，和政县综合得分62.93，积石山综合得分62.00，东乡县综合得分60.00，处于绝对劣势。在临夏州1市7县中，除临夏市处于中势水平，其余7县均处于劣势水平，特别是东乡县、积石山、和政县和康乐县社会发展劣势明显。

从县域社会发展8项一级指标均值来看，社会保障得分76.44，具有一般优势；基础设施得分74.76，生活环境得分73.38，社会结构得分 72.83，经济效益得分 71.58，处于中势；教育发展得分 65.61，公共服务得分 65.05，处于一般劣势；生活质量得分 63.03，处于绝对劣势。其中 8 项一级指标中，生活质量、公共服务和教育发展具有明显劣势。

从县域社会发展 8 项一级指标差异来看，除社会保障和社会结构差异明显之外，其余 6 项指标均存在一定差异，说明临夏州所辖县域各县（市）社会发展存在一定的不均衡情况。总体来看，临夏州所辖县域社会发展存在一定差异，且县域社会发展整体水平相对较低。

（二）2013年临夏州辖县社会发展各项指标分析

从县域社会发展 8 项一级指标及综合评价分别来看，临夏州所辖临夏市、临夏县、康乐县、永靖县、广河县、和政县、东乡县、积石山县，共 1 市 7 县社会发展具有如下特征（见表 16）。

表 16 2013 年临夏州辖区各县（市）社会发展综合及一级指标得分情况

县（市、区）	社会发展综合得分	社会结构得分	教育发展得分	经济效益得分	生活质量得分	基础设施得分	社会保障得分	公共服务得分	生活环境得分
临夏市	73.24	84.94	60.00	77.63	68.85	80.09	72.41	69.67	69.87
临夏县	66.81	76.90	68.08	70.59	63.55	75.86	84.90	66.59	71.71
康乐县	63.09	66.24	66.01	70.14	62.94	73.09	76.00	66.33	72.63
永靖县	68.88	72.58	70.36	74.55	64.23	73.66	74.09	69.70	79.02
广河县	63.70	68.06	61.56	71.38	64.52	76.03	81.41	61.49	72.77
和政县	62.93	71.86	67.61	70.27	60.00	76.45	82.37	60.12	70.27
东乡县	60.00	70.43	65.39	68.19	60.06	71.32	73.55	61.51	70.89
积石山县	62.00	71.65	65.88	69.85	60.09	71.60	66.81	65.01	79.85
均值	65.07	72.83	65.61	71.58	63.03	74.76	76.44	65.05	73.38
极差	13.36	18.70	10.38	9.44	8.84	8.77	18.09	9.59	9.98
方差	18.72	33.95	11.58	9.24	9.20	8.56	36.35	13.80	15.09
标准差	4.33	5.83	3.40	3.04	3.03	2.93	6.03	3.71	3.88

资料来源：根据《甘肃发展年鉴》（2013）和甘肃省统计局提供的数据处理而来。

第一，临夏市的县域社会发展社会结构得分 84.94，教育发展得分 60.00，经济效益得分 77.63，生活质量得分 68.85，基础设施得分 80.09，社会保障得分 72.41，公共服务得分 69.67，生活环境得分 69.87。从县域社会发展 8 个一级指标得分来看，社会结构和基础设施具有绝对优势，经济效益具有一般优势，社会保障处于中势，生活环境、公共服务和生活质量处于一般劣势，教育发展处于绝对劣势。临夏市 8 项县域社会发展一级指标中，绝对优势 2 项，一般优势 1 项，中势 1 项，一般劣势 3 项，绝对劣势 1 项，属于沙漏形发展特征，县域社会发展的短板为教育发展，且特别明显。临夏市社会发展综合得分 73.24，总体为中势水平，县域社会发展差异较大，非常不均衡。

第二，临夏县的县域社会发展社会结构得分 76.90，教育发展得分 68.08，经济效益得分 70.59，生活质量得分 63.55，基础设施得分 75.86，社会保障得分 84.90，公共服务得分 66.59，生活环境得分 71.71。从县域社会发展 8 个一级指标得分来看，社会保障具有绝对优势，社会结构和基础设施具有一般优势，生活环境和经济效益处于中势，教育发展和公共服务处于一般劣势，生活质量处于绝对劣势。临夏县 8 项县域社会发展一级指标中，绝对优势 1 项，一般优势 2 项，中势 2 项，一般劣势 2 项，绝对劣势 1 项，属于沙漏形发展特征，县域社会发展的短板为生活质量。临夏县社会发展综合得分 66.81，总体为一般劣势水平，县域社会发展差异较大，非常不均衡。

第三，康乐县的县域社会发展社会结构得分 66.24，教育发展得分 66.01，经济效益得分 70.14，生活质量得分 62.94，基础设施得分 73.09，社会保障得分 76.00，公共服务得分 66.33，生活环境得分 72.63。从县域社会发展 8 个一级指标得分来看，社会保障具有一般优势，基础设施、生活环境和经济效益处于中势，公共服务、社会结构和教育发展处于一般劣势，生活质量处于绝对劣势。康乐县 8 项县域社会发展一级指标中，一般优势 1 项，中势 3 项，一般劣势 3 项，绝对劣势 1 项，属于正金字塔形发展特征，县域社会发展的短板为生活质量。康乐县社会发展综合得分 63.09，总体为绝对劣势水平，县域社会发展存在一定差异且整体水平相对较低。

第四，永靖县的县域社会发展社会结构得分 72.58，教育发展得分 70.36，经济效益得分 74.55，生活质量得分 64.23，基础设施得分 73.66，社会保障得分 74.09，公共服务得分 69.70，生活环境得分 79.02。从县域社会发展 8 个一级指标得分来看，生活环境具有一般优势，经济效益、社会保障、基础设施、社会结构和教育发展处于中势，公共服务处于一般劣势，生活质量处于绝对劣势。永靖县 8 项县域社会发展一级指标中，一般优势 1 项，中势 5 项，一般劣势 1 项，绝对劣势 1 项，属于纺锤形发展特征，县域社会发展的短板为生活质量。永靖县社会发展综合得分 68.88，总体为一般劣势水平，县域社会发展存在一定差异。

第五，广河县的县域社会发展社会结构得分 68.06，教育发展得分 61.56，经济效益得分 71.38，生活质量得分 64.52，基础设施得分 76.03，社会保障得分 81.41，公共服务得分 61.49，生活环境得分 72.77。从县域社会发展 8 个一级指标得分来看，社会保障具有绝对优势，基础设施具有一般优势，生活环境和经济效益处于中势，社会结构处于一般劣势，生活质量、教育发展和公共服务处于绝对劣势。广河县 8 项县域社会发展一级指标中，绝对优势 1 项，一般优势 1 项，中势 2 项，一般劣势 1 项，绝对劣势 3 项，属于正金字塔形发展特征，县域社会发展的短板为公共服务、教育发展和生活质量。广河县社会发展综合得分 63.7，总体为绝对劣势水平，县域社会发展存在一定差异且整体水平相对较低。

第六，和政县的县域社会发展社会结构得分 71.86，教育发展得分 67.61，经济效益得分 70.27，生活质量得分 60.00，基础设施得分 76.45，社会保障得分 82.37，公共服务得分 60.12，生活环境得分 70.27。从县域社会发展8个一级指标得分来看，社会保障具有绝对优势，基础设施具有一般优势，社会结构、经济效益和生活环境处于中势，教育发展处于一般劣势，公共服务和生活质量处于绝对劣势。和政县8项县域社会发展一级指标中，绝对优势1项，一般优势1项，中势3项，一般劣势1项，绝对劣势2项，属于纺锤形发展特征，县域社会发展的短板为公共服务和生活质量。和政县社会发展综合得分62.93，总体为绝对劣势水平，县域社会发展存在一定差异且整体水平相对较低。

第七，东乡县的县域社会发展社会结构得分70.43，教育发展得分65.39，经济效益得分68.19，生活质量得分60.06，基础设施得分71.32，社会保障得分73.55，公共服务得分61.51，生活环境得分70.89。从县域社会发展8个一级指标得分来看，社会保障、基础设施、公共服务和社会结构处于中势；经济效益和教育发展处于一般劣势；公共服务和生活质量处于绝对劣势。东乡县8项县域社会发展一级指标中，中势4项，一般劣势2项，绝对劣势2项，属于正金字塔形发展特征，县域社会发展的短板为公共服务和生活质量。东乡县县域社会发展综合得分60.00，总体为绝对劣势水平，县域社会发展差异不大但整体水平非常低。

第八，积石山县的县域社会发展社会结构得分71.65，教育发展得分65.88，经济效益得分69.85，生活质量得分60.09，基础设施得分71.60，社会保障得分66.81，公共服务得分65.01，生活环境得分79.85。从县域社会发展8个一级指标得分来看，生活环境具有一般优势，社会结构和基础设施处于中势，经济效益、社会保障、教育发展和公共服务处于一般劣势，生活质量处于绝对劣势。积石山8项县域社会发展一级指标中，一般优势1项，中势2项，一般劣势4项，绝对劣势1项，属于正金字塔形发展特征，县域社会发展的短板为生活质量。积石山县社会发展综合得分62.00，总体为绝对劣势水平，县域社会发展存在一定差异且整体水平较低。

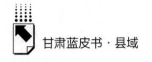

十四 甘南藏族自治州所辖县域
社会发展评价分析

甘南藏族自治州（简称甘南州）位于甘肃省西南部，南临四川，西界青海。甘南州地域辽阔，历史悠久，境内文物古迹众多，自然风光独特，少数民族聚居，风土人情各异，形成了丰富多彩的旅游资源。藏传佛教格鲁派六大名寺之一的拉卜楞寺，历史悠久的卓尼禅定寺，被称为"虎穴仙女"的碌曲郎木寺等百余处寺院，是甘南州独有的宗教文化景观。辖合作市、临潭县、卓尼县、舟曲县、迭部县、玛曲县、碌曲县、夏河县8个县（市）。

（一）2013年甘南州辖县社会发展整体状况分析

甘南州所辖合作市、临潭县、卓尼县、舟曲县、迭部县、玛曲县、碌曲县、夏河县，共1市7县，根据县域社会发展一级指标综合得分情况（见表17），2013年1市7县平均综合得分65.19，其中碌曲县综合得分67.18，合作市综合得分66.84，临潭县综合得分66.01，夏河县综合得分65.32，卓尼县综合得分65.20，处于一般劣势水平；玛曲县综合得分64.86，舟曲县综合得分64.80，迭部县综合得分61.33，处于绝对劣势水平。在甘南州中，各县（市）均处在劣势水平，其中迭部县劣势水平明显。

从县域社会发展8项一级指标均值来看，社会保障得分75.38，具有一般优势；经济效益得分72.01，基础设施得分70.80，处于中势；教育发展得分69.51，公共服务得分68.96，社会结构得分66.32，生活环境得分65.08，生活质量得分65.07，处于一般劣势。其中8项一级指标中，除社会保障具有一定优势，其他7项指标优劣势均不明显。

从县域社会发展8项一级指标差异来看，社会保障、基础设施、经济效益和社会结构差异明显，其中社会保障差异最大，极差23.1，方差48.09，标准差6.93；其余4项指标也存在一定差异。说明甘南州所辖县域各县（市）县域社会发展存在很大的不均衡问题。总体来看，甘南州所辖县域社会发展存在一定差异，且县域社会发展整体水平相对较低。

（二）2011年甘南州辖县社会发展各项指标分析

从县域社会发展8项一级指标及综合评价分别来看，甘南州所辖合作市、临潭县、卓尼县、舟曲县、迭部县、玛曲县、碌曲县、夏河县，共1市7县，社会发展具有如下特征（见表17）。

表17　2013年甘南州辖区各县（市）社会发展综合及一级指标得分情况

县（市、区）	社会发展综合得分	社会结构得分	教育发展得分	经济效益得分	生活质量得分	基础设施得分	社会保障得分	公共服务得分	生活环境得分
合作市	66.84	68.50	63.74	78.21	63.53	76.10	60.00	64.99	66.57
临潭县	66.01	68.11	72.42	71.75	63.81	72.35	76.53	68.90	69.11
卓尼县	65.20	62.52	70.77	72.59	62.64	74.83	77.64	68.37	66.42
舟曲县	64.80	74.22	65.16	70.53	65.59	70.03	80.03	68.07	61.51
迭部县	61.33	70.33	71.32	60.00	66.68	76.05	76.46	69.76	60.89
玛曲县	64.86	60.01	70.03	74.57	69.74	60.00	72.60	70.62	60.00
碌曲县	67.18	60.72	73.50	73.59	65.65	69.72	76.87	74.74	65.68
夏河县	65.32	66.17	69.14	74.89	63.08	67.38	83.02	66.27	70.56
均　值	65.19	66.32	69.51	72.01	65.07	70.80	75.38	68.96	65.08
极　差	5.85	14.21	9.77	18.22	7.10	16.16	23.10	9.75	10.63
方　差	3.22	24.59	11.71	28.96	5.53	29.37	48.09	8.71	15.35
标准差	1.79	4.96	3.42	5.38	2.35	5.42	6.93	2.95	3.92

资料来源：根据《甘肃发展年鉴》（2013）和甘肃省统计局提供的数据处理而来。

第一，合作市的县域社会发展社会结构得分 68.50，教育发展得分 63.74，经济效益得分 78.21，生活质量得分 63.53，基础设施得分 76.10，社会保障得分 60.00，公共服务得分 64.99，生活环境得分 66.57。从县域社会发展 8 个一级指标得分来看，经济效益和基础设施具有一般优势，社会结构和生活环境处于一般劣势，公共服务、教育发展、生活质量和社会保障处于绝对劣势。合作市 8 项县域社会发展一级指标中，一般优势 2 项，中势 0 项，一般劣势 2 项，绝对劣势 4 项，属于沙漏形发展特征，县域社会发展的短板为社会保障、生活质量和教育发展。合作市社会发展综合得分 66.84，总体为一般劣势水平，县域社会发展存在一定差异且整体水平较低。

第二，临潭县的县域社会发展社会结构得分 68.11，教育发展得分 72.42，经济效益得分 71.75，生活质量得分 63.81，基础设施得分 72.35，社会保障得分 76.53，公共服务得分 68.90，生活环境得分 69.11。从县域社会发展 8 个一级指标得分来看，社会保障具有一般优势，基础设施、教育发展和经济效益处于中势，生活环境、公共服务和社会结构处于一般劣势，生活质量处于绝对劣势。临潭县 8 项县域社会发展一级指标中，一般优势 1 项，中势 3 项，一般劣势 3 项，绝对劣势 1 项，属于正金字塔形发展特征，县域社会发展的短板为生活质量。临潭县社会发展综合得分 66.01，总体为一般劣势水平，县域社会发展存在一定差异且整体水平较低。

第三，卓尼县的县域社会发展社会结构得分 62.52，教育发展得分 70.77，经济效益得分 72.59，生活质量得分 62.64，基础设施得分 74.83，社会保障得分 77.64，公共服务得分 68.37，生活环境得分 66.42。从县域社会发展 8 个一级指标得分来看，社会保障具有一般优势；基础设施、经济效益和教育发展处于中势；公共服务和生活环境处于一般劣势；生活质量和社会结构处于绝对劣势。卓尼县 8 项县域社会发展一级指标中，一般优势 1 项，中势 3 项，一般劣势 2 项，绝对劣势 2 项，属于正金字塔形发展特征，县域社会发展的短板为生活质量和社会结构。卓尼县社会发展综合得分 65.2，总体为一般劣势水平，县域社会发展存在一定差异且整体水平较低。

第四，舟曲县的县域社会发展社会结构得分 74.22，教育发展得分 65.16，经济效益得分 70.53，生活质量得分 65.59，基础设施得分 70.03，社会保障得分 80.03，公共服务得分 68.07，生活环境得分 61.51。从县域社会发展 8 个一级指标得分来看，社会保障具有绝对优势，社会结构、经济效益和基础设施处于中势，公共服务、生活质量和教育发展处于一般劣势，生活环境处于绝对劣势。舟曲县 8 项县域社会发展一级指标中，绝对优势 1 项，中势 3 项，一般劣势 3 项，绝对劣势 1 项，属于正金字塔形发展特征，县域社会发展的短板为生活环境。舟曲县社会发展综合得分 64.80，总体为绝对劣势偏上水平，县域社会发展存在一定差异且整体水平较低。

第五，迭部县的县域社会发展社会结构得分 70.33，教育发展得分 71.32，经济效益得分 60.00，生活质量得分 66.68，基础设施得分 76.05，社会保障得分 76.46，公共服务得分 69.76，生活环境得分 60.89。从县域社会发展 8 个一级指标得分来看，社会保障和基础设施具有一般优势，教育发展和社会结构处于中势，公共服务和生活质量处于一般劣势，生活环境和经济效益处于绝对劣势。迭部县 8 项县域社会发展一级指标中，一般优势 2 项，中势 2 项，一般劣势 2 项，绝对劣势 2 项，属于正金字塔形发展特征，县域社会发展的短板为经济效益和生活环境。迭部县社会发展综合得分 61.33，总体为绝对劣势水平，县域社会发展存在一定差异且整体水平很低。

第六，玛曲县的县域社会发展社会结构得分 60.01，教育发展得分 70.03，经济效益得分 74.57，生活质量得分 69.97，基础设施得分 60.00，社会保障得分 72.60，公共服务得分 70.62，生活环境得分 60.00。从县域社会发展 8 个一级指标得分来看，经济效益、社会保障、公共服务和教育发展处于中势，生活质量处于一般劣势，社会结构、基础设施和生活环境处于绝对劣势。玛曲县8项县域社会发展一级指标中，中势4项，一般劣势1项，绝对劣势3项，属于纺锤形发展特征，县域社会发展的短板为生活环境、基础设施和社会结构。玛曲县社会发展综合得分64.86，总体为绝对劣势偏上水平，县域社会发展存在一定差异且整体水平较低。

第七，碌曲县的县域社会发展社会结构得分60.72，教育发展得分73.50，经济效益得分73.59，生活质量得分65.50，基础设施得分69.72，社会保障得分76.87，公共服务得分74.74，生活环境得分65.68。从县域社会发展8个一级指标得分来看，社会保障具有一般优势，公共服务、经济效益和教育发展处于中势，基础设施、生活环境和生活质量处于一般劣势，社会结构处于绝对劣势。碌曲县8项县域社会发展一级指标中，一般优势1项，中势3项，一般劣势3项，绝对劣势1项，属于正金字塔形发展特征，县域社会发展的短板为社会结构。碌曲县社会发展综合得分67.18，总体为一般劣势水平，县域社会发展存在一定差距。

第八，夏河县的县域社会发展社会结构得分66.17，教育发展得分69.14，经济效益得分74.89，生活质量得分63.08，基础设施得分67.38，社会保障得分83.02，公共服务得分66.27，生活环境得分70.56。从县域社会发展8个一级指标得分来看，社会保障具有绝对优势，经济效益和生活环境处于中势，教育发展、基础设施、公共服务和社会结构处于一般劣势，生活质量处于绝对劣势。夏河县8项县域社会发展一级指标中，绝对优势1项，中势2项，一般劣势4项，绝对劣势1项，属于正金字塔形发展特征，县域社会发展的短板为生活质量。夏河县社会发展综合得分65.32，总体为一般劣势偏下水平，县域社会发展存在一定差且整体水平相对较低。

专 题 篇

Special Reports

B.6

甘肃省新型城镇化发展研究

王建兵　何　剑*

摘　要：　新型城镇化是甘肃经济社会转型升级和城乡一体化的重大举措，也是县域社会发展的必由之路。本文在总结甘肃省城镇化发展现状的基础上，查清制约甘肃省城镇化发展的主要因素，然后从破解城乡二元体制，因地制宜、量力而行注重规划先行，实现土地资源的有序利用，实现基本公共服务均等化，多元化拓宽建设投融资渠道，提高城镇产业支撑能力等七个方面提出了甘肃省新型城镇化发展的对策与建议。

关键词：　新型城镇化　农村转移人口　甘肃省

---

*　王建兵，博士，研究员，甘肃省社会科学院农村发展研究所所长，研究领域：生态经济和农村发展；何剑，甘肃省社会科学院。

新型城镇化道路是以产城融合、四化同步、城乡一体为特征的城镇化发展新模式。目前，新型城镇化已成为缩小城乡差距、化解城乡矛盾、扩大内需、提振产业、加快经济转型、实现内生增长的重要举措。推进甘肃省新型城镇化建设，有助于加快农业现代化步伐，有效实现农业发展、农村繁荣和农民增收目标，从而为甘肃省经济社会转型跨越提供有力支撑。

一　甘肃省城镇化的发展现状

甘肃省城镇化率低、基础设施不完善、区域发展不平衡特征明显。2013 年甘肃人口城市化率为 40.13%，较全国平均水平（53.73%）低 13.6 个百分点；与北京、上海、天津、广东等地相比，城镇化率差距更为明显。比全国城镇化率最高的上海市低 47.89 个百分点，居全国第 28 位（见表 1）。同西部 12 省区中的内蒙古相比低 18.58 个百分点，居西部第 9 位（见表 2）。

表 1　2013 年全国 31 个省（自治区、直辖市）的城市化率

单位：%

地　区	城镇化率	排名	地　区	城镇化率	排名
上　海	88.02	1	陕　西	51.31	17
北　京	86.30	2	海　南	51.10	18
天　津	78.28	3	江　西	48.87	19
广　东	67.76	4	青　海	48.51	20
辽　宁	66.45	5	湖　南	47.96	21
浙　江	62.96	6	安　徽	47.86	22
江　苏	62.85	7	河　北	46.51	23
福　建	60.76	8	四　川	44.90	24
内蒙古	58.71	9	广　西	44.82	25
重　庆	58.34	10	新　疆	44.47	26

地　区	城镇化率	排名	地　区	城镇化率	排名
黑龙江	56.90	11	河　南	42.40	27
湖　北	54.51	12	甘　肃	40.13	28
吉　林	54.20	13	云　南	39.31	29
山　西	52.76	14	贵　州	37.83	30
山　东	52.17	15	西　藏	22.75	31
宁　夏	52.02	16	全　国	53.73	—

资料来源：各省（自治区、直辖市）国民经济和社会发展统计公报。

表2　2013年西部12个省（自治区、直辖区）的城市化率

单位：%

地　区	城镇化率	排名	地　区	城镇化率	排名
内蒙古	58.71	1	新　疆	44.47	8
重　庆	58.34	2	甘　肃	40.13	9
宁　夏	52.02	3	云　南	39.31	10
陕　西	51.31	4	贵　州	37.83	11
青　海	48.51	5	西　藏	22.75	12
四　川	44.90	6	全　国	53.73	
广　西	44.82	7			

资料来源：各省（自治区、直辖市）国民经济和社会发展统计公报。

根据新的城镇规模划分标准，截至2012年末，甘肃省目前有大城市（城区人口100万~500万）1座（兰州市），中等城市（城区人口50万~100万）1座（天水市），其余均为小城市（城区人口50万以下）。甘肃省2012年的4城市指数和11城市指数分别为1.55和1.53，而按照城市分布的"位序—规模"原理，正常城市体系的4城市指数和11城市指数应在1.0左右，因此甘肃省的城市首位度较高，城市规模体系属于典型的首位分布类型。省会兰州市在甘肃省城市体系中居于绝对优势地位，其他城市普遍规模偏小。

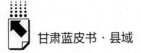

按照空间分布特点，甘肃省城镇可划分为三种类型：一是沿陇海铁路、连霍公路两条主要交通线分布的城镇，如嘉峪关、张掖、武威、天水；二是随着周边矿产资源的开发而兴起的城镇，如酒泉、玉门、金昌、白银、庆阳；三是在水资源较为丰富的河谷阶地和绿洲地带分布的城镇，如兰州、陇南、景泰、临洮、泾川。受地形、地貌和资源条件的限制，甘肃省城镇空间分布总体比较分散，如西端敦煌市距东端庆阳市的直线距离超过 1100 公里。由于甘肃省小城镇主要集中在河东地区，城市布局呈现"东密西疏"的情况。2012 年，河西 5 市（嘉峪关、酒泉、金昌、张掖、武威）城镇密度 4.8 个/万平方公里，河东 6 市州（定西、天水、平凉、庆阳、甘南、陇南）城镇密度 21.4 个/万平方公里。

甘肃省位于内陆，区位优势不明显，城镇的建立和发展形成了政治和经济两个中心交互发展的格局。全省 14 个市（州）的政府所在地是区域政治、经济、文化和信息中心，其周边卫星县镇的产业布局尚未成型，缺乏区域主导产业，工业经济发展落后，二、三产业发展速度缓慢。

二 甘肃省城镇化发展中存在的问题

（一）城市数量少、规模小，区域发展差异大

从区域发展来看，甘肃省城镇化水平存在较大的地区差异性。2013 年，甘肃省城镇人口 1036.23 万人，人口城镇化率为 40.13%。各市（州）中，城镇化率高于全省平均水平的有嘉峪关、兰州、金昌、酒泉、白银 5 个市；低于全省平均水平的有张掖、平凉、天水、武威、甘南、临夏、庆阳、定西、陇南 9 个市（州）（见表 3）。其中，嘉峪关市城镇化率最高，比全省城镇化率高出 53.25 个百分点；

陇南市城镇化率最低，低于全省城镇化率 15.44 个百分点，低于嘉峪关市 68.69 个百分点，城镇化水平严重滞后。总体来看，甘肃省城镇人口比重呈现"西高东低"的态势：兰州、嘉峪关、金昌及酒泉市城镇人口比重较高，均在 50% 以上；定西、陇南、临夏州、庆阳市和甘南州城镇人口的比重较低，均在 30% 以下。

表3　2010 年、2013 年全省各市州人口城镇化水平比较

单位：%，万人

地　区	城镇人口占常住人口比重				城镇人口数
	2013 年	2010 年	增长情况		
			± 百分点	年均 ± 百分点	
全　　省	40.13	36.12	4.01	1.34	1036.23
嘉峪关市	93.38	93.32	0.06	0.02	21.88
兰 州 市	79.71	76.28	3.43	1.14	201.41
金 昌 市	64.13	62.10	2.03	0.68	29.97
酒 泉 市	53.64	50.05	3.59	1.20	59.45
白 银 市	43.23	39.48	3.75	1.25	74.02
张 掖 市	38.71	34.84	3.87	1.29	46.86
平 凉 市	33.04	29.09	3.95	1.32	68.94
天 水 市	33	28.36	4.64	1.55	120
武 威 市	32.34	27.56	4.78	1.59	58.54
甘 南 州	27.39	24.46	2.93	0.98	19.11
临 夏 州	28.01	24.30	3.71	1.24	43.39
庆 阳 市	29.59	23.79	5.8	1.93	65.77
定 西 市	27.16	23.42	3.74	1.25	75.25
陇 南 市	24.69	19.70	4.99	1.66	63.58

资料来源：甘肃省各市（州）国民经济和社会发展统计公报（其中天水和金昌的数据采用 2012 年国民经济和社会发展统计公报）。

（二）土地城镇化特征明显，城镇化质量较低

城镇化不仅仅是城市范围的扩大和城市景观的蔓延，而是包括

了产业结构调整、地域空间转换和生活方式转型的一种复杂的社会变迁过程，其核心是农村人口转移到城镇。近年来，甘肃省城镇化率虽然提高很快，但在城镇发展方式上仍以粗放型和单纯扩大城市地域为主，其规模城镇化和土地城镇化特征明显，而与此相对的是，农村人口向城镇转移的速度缓慢。2003～2012年，甘肃省12个地级市的市辖区建成区面积由437平方公里增加到612平方公里，年均增长3.4%（见图1）；而同期城区二、三产业从业人口由103.8万人增加到113.6万人，年均增长仅0.9%，个别年份甚至出现负增长（见图2）。

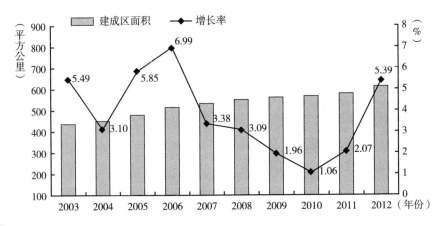

图1 2003～2012年甘肃省12个地级市市辖区建成区面积变化

资料来源：《中国城市统计年鉴》（2002～2013）。

甘肃省城镇化更多地表现为土地的城镇化，房地产和开发区建设，使各地城市的规模越来越大，但与此同时，产业发展和基础设施建设并未得到相应的重视，导致城市产业基础薄弱，土地利用效率偏低，难以充分发挥对劳动力等生产要素的集聚效应。此外，土地城镇化还造成交通拥挤、住宅紧张、环境污染等问题，降低了城镇发展的质量和效益。

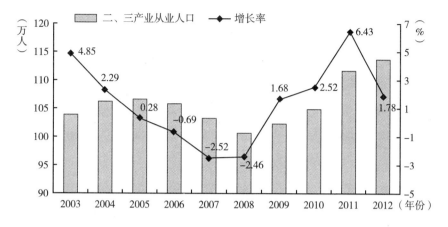

**图2　2003~2012年甘肃省12个地级市市辖区
二、三产业从业人口变化**

资料来源：《中国城市统计年鉴》（2002~2013）。

（三）城镇化发展滞后于工业化和非农化

虽然甘肃省已进入城镇化高速发展阶段，但由于底子薄、起点低、以往积累不足，城镇化水平仍然偏低，突出表现在城镇化与工业化、非农化不相协调，城镇化进程明显滞后于工业化和非农化步伐。2012年甘肃省人均GDP为21978元，折合3495美元。以美国经济学家钱纳里提出的"常态发展模式"为标准，则甘肃省合理的城镇化率应介于52.7%到60.1%，相应的工业化率为33.1%~34.7%，两者之差为19.6%~25.4%。甘肃省2012年实际的城镇化率为38.75%，工业化率为36.64%，两者之差仅2.11%，可见目前甘肃省城镇化水平严重滞后于工业化水平。

甘肃省城镇化率长期滞后于非农化率，近年来随着城镇化的快速推进以及政府对农业投入的不断增大，两者之间的差距才逐渐缩小（见图3），但直到2012年，非农化率仍超过城镇化率0.8个百分点，为39.55%。

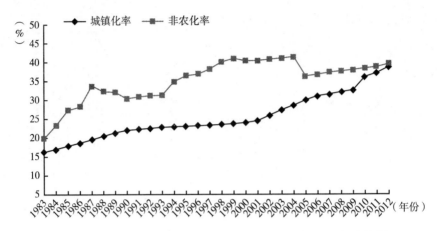

图3 甘肃省1983～2012年城镇化率与非农化率变动趋势

资料来源：《甘肃发展年鉴》（2013）。

城市化滞后于工业化和非农化，本身表明城镇化的质量不高，城镇的集聚效应和规模效应没有得到有效发挥，从而制约了产业结构的升级和经济增长效益的提升。第一，甘肃省一批大、中城市主要是依托当地资源优势发展起来的，长期实行的以重化工业为主导的产业政策使这些城市形成了对冶金、有色、电力、石化、机械、建材等资源型工业的过度依赖，而这些部门均属于资本密集型产业部门，对劳动力的吸纳能力极其有限，造成城镇化发展跟不上工业化步伐；第二，城乡二元的户籍制度限制了农村人口向城市的自由流动，使大批剩余劳动力只能在农村内部吸收；第三，甘肃省整体经济落后，人均收入偏低，市场经济不完善，严重制约着城镇化的发展；第四，城市非公经济规模小、比重低，民营企业吸纳进城人口空间窄；第五，城市产业结构单一，第三产业特别是现代服务业发展滞后。

（四）产业结构需进一步优化调整

产业发展是城镇化进程的根本动力，产业发展带动了生产要素向城市集聚，也加快了城镇化进程。2013年，甘肃省一、二、三产业比值为14∶45∶41，在城镇化过程中，传统农业所占比重不大。相对于第一产业，资源型产业的发展不断推动着甘肃省城镇化的进一步发展，第三产业的发展还存在较大的空间。从表4可以看出，甘肃省生产总值增长速度较快，而三大产业增加值在逐年稳定增加。第一产业所占份额较低，产值增长缓慢；二、三产业比重相差不大，二产略高于三产。甘肃的城镇化模式主要以政府为主导、资源为依托，国家资金投入与资源配置为甘肃省城镇建设提供了强有力的保障，先后投资建设了兰炼、兰化、酒钢、金川、白银、玉门等矿产资源开采、冶炼大型工程，奠定了兰州、嘉峪关、白银、金昌和玉门等资源型城市的工业基础和城市地位。

表4　2008～2013年甘肃省生产总值及三大产业增加值

单位：亿元，%

年份	总产值	第一产值		第二产值		第三产值	
		增加值	占总产值比例	增加值	占总产值比例	增加值	占总产值比例
2008	3166.82	462.27	14.60	1470.34	46.43	1234.21	38.97
2009	3387.56	497.05	14.67	1527.24	45.09	1363.27	40.24
2010	4120.75	599.28	14.54	1984.97	48.17	1536.50	37.29
2011	5020.37	678.75	13.52	2377.83	47.36	1963.79	39.12
2012	5650.20	780.50	13.81	2600.09	46.02	2269.61	40.17
2013	6268.00	879.40	14.03	2821.00	45.01	2567.60	40.96

资料来源：2008～2012年数据来源于"http：//data. stats. gov. cn/workspace/index？m = fs"；2013年数据来源于甘肃省国民经济和社会发展统计公报。

（五）农业生产率较低，制约城镇化的推进

由于水、土、热资源在时间、空间上匹配不佳，甘肃省农业生产受到很大制约，加之长期以来投入不足，城市资金、技术难以输入到农村地区，农业机械化、专业化程度较低，农业生产率不高。甘肃省

产业结构和就业结构发展不同步，就业结构性矛盾突出。2000～2012年，甘肃省农业产值在 GDP 中所占比重不断下降，由 19.6% 降为 14.0%（见图 4），但与此同时，农业从业人口占总从业人口的比重却一直居高不下，介于 58.6%～63.7%（见图 5），而同期全国农业

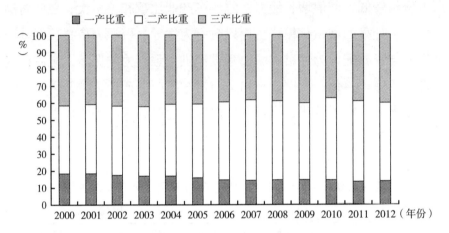

图 4　甘肃省 2000～2012 年三次产业在 GDP 中所占比重变化

资料来源：《甘肃发展年鉴》（2013）。

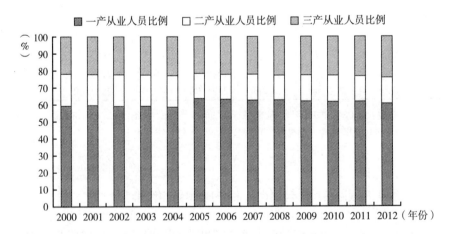

图 5　甘肃省 2000～2012 年三次产业从业人员比例变化

资料来源：《甘肃发展年鉴》（2013）。

人口占总从业人口的比重却由 50.0% 降为 33.6%。甘肃省有限的农业资源承载了过多的农业人口，使农业的要素生产率和比较收益都处于较低的水平。2012 年，甘肃省农民人均粮食产量 1591 千克，单位播种面积粮食产量 3908 千克/公顷，农村居民家庭经营纯收入 2115 元，三项指标分别仅为全国平均水平的 68.3%、73.7% 和 59.9%。农业生产率不高已成为制约甘肃城镇化水平提高的重要因素。

三 甘肃省新型城镇化发展的思路与对策

加快城镇化发展，不仅要始终遵循城市化的基本规律、保持较快的经济增长速度，更重要的是必须依靠制度创新和政策配套来推进，只有这样，城镇化建设才能成为经济增长的强大动力。

（一）新型城镇化发展首先要破解城乡二元体制

实施城镇化的重点是打破城乡二元结构，实现统筹城乡发展，推进城乡在公共服务、土地、要素市场和户籍等制度方面的一体化。一要推进城乡要素自由流动、平等交换和资源的均衡配置；二要建立完善的城乡统一的户籍登记管理制度、土地管理制度、就业管理制度、社会保障制度和行政管理制度；三要促进城市基础设施向乡村延伸、基本公共服务向农村覆盖、城市文明向农村扩散，实现城乡良性互动。

（二）新型城镇化发展要因地制宜、量力而行

甘肃省地域辽阔，各地城镇化水平差异较大，在区位条件、资源禀赋、经济基础、产业结构等方面具有显著地域特色，因此城市发展侧重也应不同。推进新型城镇化不能千篇一律，要按照"因地制宜，分片分类"的原则，针对不同区域、不同类别的城市，选用不同的城镇化发展路径。分区域来看，河东地区城镇密集、农业人口较多，

重点是发展小城镇，增强城镇之间互补功能，形成中小城市群；河西地区地广人稀，城镇较少，要侧重于扩大城镇规模，增加城镇人口，提高集聚效应。分类别来看，资源型城市（如酒泉、嘉峪关、金昌）的发展重点是调整产业结构、延长产业链条，利用基础设施完善和人才、技术的优势，大力发展新能源、新材料、生物科技等新兴产业，推进资源型工业向现代工业转型；生态脆弱型城市（如武威、定西）应侧重于环境保护，有选择性地发展一些节能、节水型产业，倡导低碳循环经济；平原地区城市（如张掖、庆阳）应合理布局产业和人口，减轻城市中心区人口、交通、环境压力，加强城市治理，防止城市盲目、无序扩张；山区城市（如陇南）应加强交通基础设施建设，扩大与周边区域经济交流，发展中药材、林果种植等山区特色农业和生态旅游业。

（三）新型城镇化发展要注重规划先行

要根据各地资源环境承载能力，科学制定新型城镇化发展规划，从而引导要素合理布局，优化资源空间配置。要将规划放在首位，注重规划的可持续性，不断改善投资和人居环境，重点是通过规划来控制建设用地的审批和农业用地的保护。规划要有前瞻性和高起点，避免由于对城镇定位不准而出现的盲目建设等短期行为。对交通、通信、排污等公共设施建设，政府应充分调研，做好适度超前规划，避免重复建设。在规划中对产业选择严格把关，将不利于本区域发展或可能对区域生态环境造成不良影响的产业严格控制，坚决杜绝以牺牲环境为代价的发展方式。

（四）新型城镇化发展要实现基本公共服务均等化

要解决农村转移人口在职业、身份上的转变问题，使他们享受到在就业、教育、住房、医疗和社会保障等方面与城镇居民同等的待遇，实现基本公共服务均等化。首先，鼓励和支持有一定基础和稳定就业的省内外生产者在当地定居。允许进城落户农民按政策规定保留其原有的土地承包经营权、宅基地使用权、林草权和集体收益分配权，继续享受各项惠农政策，使他们无后顾之忧，能在城镇安居乐业；其次，加快城乡劳动力市场建设，强化对劳动力市场的管理，保护劳动者权益；最后，在教育、医疗、住房等方面为农民工提供基本保障。各级政府要将农民工随迁子女义务教育纳入财政保障范畴，保障农民工随迁子女接受义务教育。依法将农民工纳入城镇职工基本医疗保险、进城落户农民纳入城镇住房保障体系。要鼓励企业提高农民工工资待遇和基本福利，为农民工办理基本社会保险。

（五）新型城镇化发展要实现对土地资源的有序利用

首先，依照各地区人口总量、土地面积、水资源潜力和生态环境等方面的综合承载能力，优化城镇规模和结构，促进城镇空间布局合理均衡。其次，提高城镇用地集约化程度，采取积极政策盘活城区存量土地。要在确保全省耕地总量动态平衡、不逾越6900万亩耕地面积和4200万亩粮播面积"两条红线"的前提下，让用地指标向城镇建设倾斜，优先满足各级城市和中心镇建设用地需求。有条件的城市可建立土地收购储备中心，整合利用闲置土地。最后，加快建立有效的土地使用权流转机制，优化农村土地的使用结构。要在稳定农村土地集体所有、家庭承包经营政策的基础上，鼓励用抵押、担保、租赁、参股等多种形式转让土地经营权。

（六）新型城镇化发展要多元化拓宽建设投融资渠道

必须加快推进城镇建设投融资体制改革，建立多元化投入机制，逐步形成政府和社会共同投资的多形式、多渠道融资渠道。在政府层面，加大对城镇化建设的财政支撑力度。除争取国家更多的财政资金

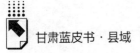
外，有效整合交通、建设、水利、林业、环保等城镇基础设施建设项目，拓展资金来源；在社会层面，发挥市场作用，鼓励社会资本参与城市建设。允许有条件的城镇发行基础设施建设债券，以引导民间资本进入城镇公共设施投资运营领域，对小城镇建设项目赋予更大的自主权，积极开展多种类型的项目融资方式。

（七）新型城镇化发展要提高产业支撑能力，防止"鬼城"出现

推进新型城镇化，必须依托产业发展，不断提高产业对城镇的支撑能力。要转变城市经济增长方式，支持实体经济尤其是先进制造业和生产性服务业的发展，促进产城融合、产城互动，避免"有城无业"、"空城房市"、人气不足的"鬼城"出现。具体来讲，首先要大力推进产业集聚区建设。要针对各地区实际情况，培育各具特色的产业集聚区，以产业集聚区为载体，实现项目集中布局、产业集群发展、资源集约利用、功能集合构建。其次要加强工业企业技术改造，走新型工业化道路，通过优化投资结构，改造提升传统产业，着重发展一批高科技含量、高附加值、高效益、低能耗、低排放、低污染的新兴产业，提高城市和区域的核心竞争力。最后，发展民营经济，支持中小微企业发展。要加大对中小微企业的财税支持和融资支持力度，健全中小微企业公共服务体系。通过减免行政事业性收费、落实税收优惠政策、设立中小企业发展基金、拓宽融资渠道、完善融资担保体系等途径，促进民营经济和中小微企业转型升级和创新发展。

参考文献

新玉言：《新型城镇化——理论发展与前景透析》，国家行政学院出版

社，2013。

叶连松、靳新彬、叶秀庭：《再论新型城镇化——着力提高城镇化质量》，中国经济出版社，2014。

唐兴和：《从贫困到跨越的战略抉择——甘肃新型城镇化道路研究》，《兰州大学学报》（社会科学版）2014 年第 4 期。

王伟、黄梅兰、刘德光：《甘肃省创新型城镇化建设研究》，《甘肃农业》2014 年第 6 期。

柳开军：《推进甘肃特色新型城镇化的三维路径》，《甘肃日报》2014 年 9 月 29 日，第 11 版。

李振佑：《完善新型城镇化健康发展体制机制》，《甘肃日报》2014 年 1 月 13 日，第 11 版。

许学强、周一星、宁越敏：《城市地理学》，高等教育出版社，1997。

伏润之、陈泳：《甘肃新型城镇化建设将顺势而为——全省经济工作和城镇化工作会记者观察（四）》，《甘肃日报》2014 年 1 月 6 日，第 3 版。

中原发展研究院课题组：《改革红利论——全面深化经济体制改革的理论探索》，人民出版社，2013。

周其仁：《打开城乡间的市场之门——城乡中国系列评论（93）》，《经济观察报》2014 年 7 月 7 日，第 42 版。

杨晓峰：《现阶段甘肃推进城乡一体化建设的思路、原则和对策建议》，《甘肃行政学院学报》2012 年第 4 期。

刘进辉、王殿安：《我国新型城镇化的科学内涵及其发展道路》，《农业经济》2014 年第 1 期。

任致远：《关于我国城镇化问题的思考》，《城镇化》2013 年第 12 期。

B.7
甘肃现代农业体系中新型
农业经营主体的培育与发展

李振东 *

摘　要： 本文通过对甘肃现代农业和新型农业经营主体发展现
状的分析，指出基础薄弱、新型农业经营主体规模小、
带动能力弱、产业链条短、产品附加值低、人才缺乏
和资金不足是制约甘肃发展现代农业的瓶颈。提出了
培育和发展新型农业经营主体的建议：积极创新投融
资机制，破解新型农业经营的融资瓶颈；加快人才培
养，提高新型农业经营主体的技术创新能力；强化整合
提升，增强新型农业经营主体的市场竞争力；稳步推进
土地流转，加大新型农业经营主体的拓展空间；加强规
范管理，提升新型农业经营主体的自身发展水平。

关键词： 甘肃　现代农业　经营主体　新型　培育

2014 年中央一号文件指出，当前我国农村改革发展面临的环境
更加复杂、困难挑战增多。必须全面贯彻落实党的十八大和十八届三
中全会精神，全面深化农村改革，坚决破除体制机制弊端，推进中国

---

* 李振东，博士，副研究员，现就职于甘肃省社会科学院农村发展研究所，主要从事生态经济
方面的研究。

特色农业现代化，要始终把改革作为根本动力，立足国情农情，坚持以家庭经营为基础与多种经营形式共同发展，加快构建新型农业经营体系，扶持发展新型农业经营主体，深入推进农业发展方式转变。[1]

新型农业经营主体是具有相对较大的经营规模、较好的物质装备条件和经营管理能力，劳动生产、资源利用和土地产出率较高，以商品化生产为主要目标的农业经营组织，主要包括专业种养大户、家庭农场、农民专业合作社、龙头企业和经营性农业服务组织等。

甘肃作为我国西部经济欠发达省份，农业在国民经济中的基础地位更为明显。2013 年，农业增加值879.4 亿元，同比增长5.6%，占国民生产总值的14.0%，与上年相比上升了0.2 个百分点[2]，比全国平均水平（10.0%）高4 个百分点，农业在国民经济中的比重较高，位列全国第6。因此，加速甘肃新型农业经营主体的培育和发展对甘肃经济转型升级有着重要意义。

一 新型农业经营主体发展现状

（一）龙头企业发展现状[3]

1. 龙头企业持续快速发展

截至2013 年底，甘肃省各类农业产业化龙头企业达到2377 家，同比增长3.9%，其中国家重点龙头企业有27 家，省级重点龙头企

---

① 农业部：《农业部关于切实做好2014 年农业农村经济工作的意见》，《中华人民共和国农业部公报》，2014 年2 月。

② 《2013 年甘肃省国民经济和社会发展统计公报》，甘肃统计信息网，http：//www. gstj. gov. cn/www/HdClsContentDisp. asp？ Id = 28329。

③ 本部分数据源自：2010 年、2011 年、2013 年《全省农业产业化经营发展统计调查分析》，《甘肃发展年鉴》（2010～2013）、《甘肃省农业产业化发展综述》，甘肃农业信息网，http：//www. gsny. gov. cn/cyhjy/gssnycyhfzbg/2014/09/19/1411098671625. html#。

业有 365 家，市级重点龙头企业有 772 家，县级重点龙头企业有 652 家，县级以下龙头企业有 561 家。同时，有 84 家龙头企业销售收入超过 1 亿元，同比增长 21.7%，其中有 5 家超过 10 亿元，较上年增加 3 家；有 761 家龙头企业销售收入超过 2000 万元，同比增长 31.9%；有 1231 家龙头企业销售收入在 500 万元以上，同比增长 29.4%。全省龙头企业固定资产总值达到 463.61 亿元，同比增长 11.5%，全年实现销售收入 665.59 亿元，同比增长 19.6%，获得净利润 67.31 亿元，同比增长 17.6%，缴纳税款 16.96 亿元，同比增长 25.1%；出口创汇 2.69 亿美元，同比增长 3.6%。

与 2009 年相比，龙头企业总数增加了 641 家，国家重点龙头企业增加了 7 家，省级重点龙头企业增加了 102 家，年平均增长率分别为 6.49%、6.19% 和 6.77%；年销售收入超过 1 亿元的龙头企业增加了 43 家，年销售收入超过 500 万元的龙头企业增加了 458 家，年平均增长率均突破个位数，分别为 15.42% 和 9.75%（见图 1、图 2）。说明甘肃省农业产业化龙头企业在数量持续快速增长的同时，企业实力也在不断壮大。

2. 龙头企业研发能力和质量安全意识不断增强

截至 2013 年底，全省有 246 家龙头企业建有专门研发机构，同比增长 40.6%，拥有农业科技研发人员 3714 人，同比增长 12.6%，全年投入研发资金 6.45 亿元，同比增长 31.2%；有 1666 家龙头企业建有专门质检机构，同比增长 22.2%；有 498 家龙头企业通过 ISO9000、GAP、GMP、HACCP 等质量体系认证，同比增长 4.4%；有 306 家龙头企业获得省以上著名（驰名）商标或名牌产品，同比增长 4.8%；有 325 家龙头企业获得"三品一标"认证，同比增长 2.2%；有 783 个产品获得"三品一标"认证，同比增长 20.8%。在质检、认证、检疫等产品质量安全保障方面投入资金 2.34 亿元，同比增长 14.5%。

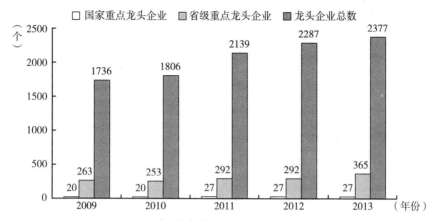

图1　2009~2013年甘肃省农业产业化龙头企业发展情况

资料来源：2010年、2011年、2013年《全省农业产业化经营发展统计调查分析》，《甘肃发展年鉴》（2010~2013）、《甘肃省农业产业化发展综述》（2010~2013）。

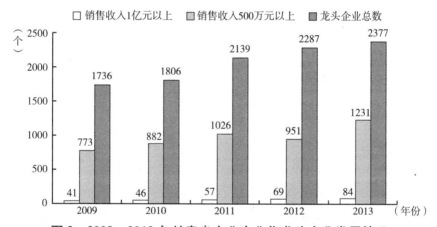

图2　2009~2013年甘肃省农业产业化龙头企业发展情况

资料来源：2010年、2011年、2013年《全省农业产业化经营发展统计调查分析》，《甘肃发展年鉴》（2010~2013）、《甘肃省农业产业化发展综述》（2010~2013）。

3. 龙头企业带动能力逐步提高

2013年，全省龙头企业带动基地农户增收59.98亿元，比上年同比增长3.5%，其中按高于市场价的合同价收购多支付的差价

14. 37 亿元，同比增长 5. 7%。全省龙头企业职工总数达到 27. 78 万人，同比增长 11. 5%，其中固定职工有 10. 26 万人，同比增长 4. 5%，吸收城镇劳动力 4. 78 万人，同比增长 4. 5%，农村劳动力 5. 48 万人，同比增长 4. 5%；季节性用工 17. 52 万人，同比增长 16%，吸收城镇劳动力 2 万人，同比下降 13. 1%，农村劳动力 15. 51 万人，同比增长 21. 3%。

4. 基地建设规模不断扩大

2013 年，全省龙头企业种植基地面积 2178 万亩，同比增长 9. 5%，牲畜饲养量 1950 万头，同比增长 20. 4%，禽类饲养量 3130 万只，同比增长 23. 2%，其中龙头企业获得"三品一标"认证的种植基地面积 743 万亩、牲畜饲养量 538 万头，同比分别增长 29. 5% 和 71. 3%。龙头企业对农产品原料生产基地的投入达到 70. 49 亿元，同比增长 32. 4%，其中基础设施建设投入 42. 48 亿元，同比增长 48. 8%，农民培训投入 1. 82 亿元，同比增长 27. 8%，生产资料垫付 19. 76 亿元，同比增长 5. 6%，其他投入 6. 42 亿元，同比增长 41. 2%。龙头企业用于主要农产品原料采购 316. 18 亿元，同比增长 5. 4%，其中从自建基地采购 78. 19 亿元，同比下降 32. 7%，从订单基地采购 160. 36 亿元，同比增长 26. 6%，其他方式采购 77. 62 亿元，同比增长 36%。

（二）农民专业合作社发展现状[①]

1. 发展势头迅猛

甘肃省农民专业合作社的发展大体经历了四个阶段。第一阶段是从改革开放初期至 20 世纪 90 年代后期的自发阶段。主要是为了提高产量、增加收入，专业农户组成了各种科普性质的专业技术协会。

---

① 本部分数据由甘肃省农牧厅提供。

第二阶段是从 20 世纪 90 年代后期至 2003 年，属实体演变阶段。为了解决农产品"卖难"问题，合作社由产中科技服务向产后的销售服务扩展，实现了从技术型到实体型的转变。第三阶段是 2004 ~ 2006 年的加快发展阶段。截至 2006 年底，全省农民专业合作组织发展到 4173 个，成员总数 100 多万户，比 2004 年底合作组织总数增加了 1166 个，同比增长 38.78%；成员总数增加了 53 万户，同比增长了一倍多。第四阶段是 2007 年至今的依法规范阶段。2007 年 7 月 1 日《农民专业合作社法》实施后，省政府下发了《关于加快发展农民专业合作社的意见》，并将农民专业合作社发展列入全省促进农民增收"六大行动"的重要内容，制定了一系列扶持政策，促进了农民专业合作社的迅速发展（见图 3）。农民专业合作组织进入了依法发展阶段。截至 2013 年 6 月底，全省依法登记农民专业合作社 21665 个，较 2012 年同期增长了 105.86%，比 2012 年底增长 42.41%，是 2007 年底数量的近 52 倍。成员总数 75.79 万户，带动非成员农户数 204.30 万户，发展数量居西部前列。按农民专业合作社行业划分：种植业 9132 个、畜牧业 9205 个、渔业 120 个、林业 1098 个，服务业 854 个、手工业 54 个、其他行业 1205 个，分别占合作社总数的 42.15%、42.49%、0.55%、5.07%、3.94%、0.25% 和 5.56%。

2. 优势特色产业特征明显

甘肃省农民专业合作社大多数是围绕市场风险较大、专业化生产程度和商品率较高的优势特色产业组建，围绕其生产、加工、销售等环节开展互助合作。在全省合作社中，马铃薯产业合作社 750 多个、蔬菜产业合作社 2200 多个、草食畜产业合作社 4300 多个、果品产业合作社 1500 多个、中药材产业合作社 1400 多个，以及百合、蜜瓜、茶叶、小杂粮等优势特色产业组建的合作社数量占到全省合作社总数的 90% 以上，实现了特色产业的全覆盖。

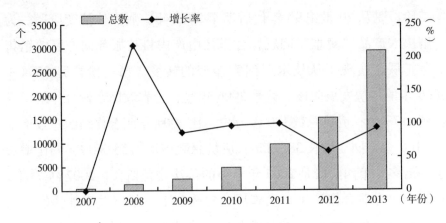

图3 2007~2013年甘肃省农民专业合作社发展情况

资料来源：甘肃省农牧厅。

3.多领域多元化发展

甘肃省跨区域的合作社有2554个，其中：跨乡镇的合作社有2492个，跨市县的合作社有47个，跨省的有15个；合作社联合社（会）27家。从行业分布来看，广泛分布于种植业、畜牧业、渔业、林业、服务业、手工业、其他产业等多种行业。从合作服务内容看，从最初的提供产前、产中服务逐步拓展到产后的农产品加工、销售及品牌等多个环节，并从单纯的种、养业服务扩展到农机化、休闲农业等多领域服务。其中：农机化合作社有297个，休闲农业合作社有45个，拥有加工实体的合作社有1122个，产加销一体化服务的合作社占合作社总数的66.52%。目前，全省农民专业合作社的发展已初步呈现多领域合作、多元化发展的态势。

4.规范化发展水平逐步提升

目前，全省合作社中有971个实施了生产质量安全标准，占全省合作社总数的4.48%；有7041个按交易量（额）返还了可分配盈余，占全省合作社总数的32.50%，有3864个返还额在60%以上，占全省合作社总数的31.68%，提取公积金的4452个，占全省合作社总数的

20.55%。拥有农产品质量认证的 354 个，占全省合作社总数的 1.63%，获得无公害农产品产地认定 113 个，占全省合作社总数的 0.52%，拥有注册商标 651 个，占全省合作社总数的 3.0%，与 2007 年底相比均增长 3~15 倍。全省农民专业合作社规范化发展水平正在逐步提升。

（三）其他新型农业经营主体发展现状[①]

2014 年 9 月，省政府发布了《甘肃省人民政府办公厅关于培育发展家庭农场的指导意见》。甘肃省家庭农场和种养大户等其他新型农业经营主体的培育正处于起步阶段，目前对家庭农场和种养大户的具体界定，全省还没有制定出统一的标准。甘肃地形狭长，东西长 1655 公里，地处青藏高原、内蒙古高原、黄土高原交汇处，分属长江、黄河、内陆河三大流域，地理环境复杂多样，农业发展水平各不相同，制定统一的家庭农场和种养大户界定标准也有一定的难度。类似于全国各地对种粮大户的认定，由于土地资源禀赋的差异，全国各地对种粮大户的数量标准也不尽相同。例如，2012 年，国家对种粮大户认定标准为粮食种植面积 30 亩以上，山东省的认定标准为种粮面积 300 亩及以上，黑龙江省的认定标准为种粮面积不低于 1000 亩。因此，甘肃省农牧厅没有提供种养大户和家庭农场具体的发展数据。媒体报道：全省家庭农场达 2458 个，经营面积达 85 万亩，家庭农场劳动力 9300 人，同时已具备家庭雏形的种养大户达 1 万家以上[②]，平均每个家庭农场经营面积达到 345.81 亩。说明 2013 年中央一号文件出台后，甘肃省家庭农场等新型经营主体在实践摸索中获得了一定程度的发展，这得益于全省土地流转进程的推进。截至 2013 年底，全省土地流转面积 743.3 万亩，是 2009 年的 5.3 倍，占承包耕地面积

---

① 本部分数据除特别注释外均由甘肃省农牧厅提供。
② 庄俊康：《全省家庭农场达 2458 个》，《甘肃经济日报》2014 年 5 月 20 日，第 2 版。

的 15.5%，2009～2013 年全省土地流转面积稳步增长，每年的增长速度保持在 40% 以上，5 年的平均增长率为 51.5%（见图 4）。全省土地经营面积 50 亩以上的主体达到 15382 个，其中 50～100 亩的达8381 个，101～500 亩的达 5166 个，501～1000 亩的达 1163 个，1000 亩以上的 672 个。截至 2013 年底，全省建立县级流转服务中心 80 个，乡级流转服务站 1019 个，村级流转服务点 10878 个；县级仲裁委员会 81个。省级财政从 2011 年开始每年安排 1000 万元，用于扶持流转体系和流转经营主体建设，截至 2013 年共投入资金 3000 万元。

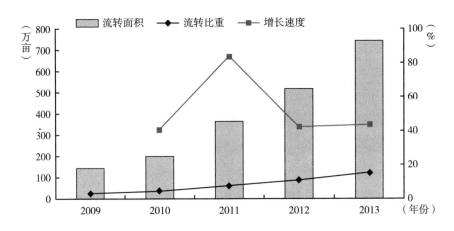

图 4　2009～2013 年甘肃省土地流转情况

资料来源：甘肃省农牧厅提供。

二　培育新型农业经营主体的难点及问题

传统家庭联产承包责任制在实行之初极大地解放和发展了我国农村生产力，促进了农业和农村发展。但是，随着工业化、城镇化的不断深入，农业科技的不断发展和农业现代化的逐步推进，以及农村劳动力的大量转移，由于生产规模小且分散、效益低下，传统家庭承包经营户在加速分化，许多从商品生产者逐渐衰退为生计型小农，农村出现了农户兼业化、村庄空心化、人口老龄化等一系列问题，制约了以规模化、集约化、专业化、组织化、社会化为特征的现代农业发展[1]。甘肃现代农业发展是否存在以上制约新型农业经营主体发展问题？以及新型农业经营主体发展存在哪些自身问题？

（一）制约新型农业经营主体发展的外因[2]

1. 耕地细碎化，严重制约了现代农业的发展

甘肃农村居民人均家庭经营耕地面积为 2.72 亩，比全国平均水平高出 0.38 亩，位列全国第 7，其中山地为 0.6 亩，占人均家庭经营耕地的 22.06%，略高于全国平均水平，位列全国第 15。在实施家庭联产承包责任制时，耕地承包数量按家庭大小均分，承包质量上按地力肥瘦搭配、距家远近兼顾的原则，以及后来的兄弟分家时耕地再次细分，导致甘肃省耕地零散、条块分割，不利于大型农业机械的使用和现代农业科技的推广应用，也严重制约着甘肃农业规模集约经营（见表 1）。

表 1　2012 年甘肃省农村居民人均耕地面积与全国比较

单位：亩/人，%

项　　目	甘肃省	全国平均水平	排名
农村居民家庭经营耕地面积	2.72	2.34	7
农村居民家庭经营山地面积	0.6	0.48	9
人均家庭经营耕地中山地的比重	22.06	20.51	15

资料来源：国家统计局网站 http://www.stats.gov.cn/。

---

① 罗丹、陈洁：《效益多元、地区差异与愿景诉求：3400 个种粮户证据》，《改革》2013 年第 6 期。

② 本部分数据除特别注释外均源自国家统计局网站，http://www.stats.gov.cn/。

2. 自然灾害频发，加速了农村的空心化

甘肃省自然灾害多发，2012 年有 24.79% 的播种面积受灾，受灾面积比重高于全国平均水平 9.52 个百分点，位列全国第 5；成灾面积占播种面积的 11.92%，成灾面积比重高于全国平均成灾面积比重 4.9 个百分点，位列全国第 7，成灾率高达 48.07%，高于全国平均水平 2.12 个百分点，位列全国第 18。自然灾害严重冲击着农业生产和农民收入，特别是传统农户分散经营、规模小、物质基础薄弱、抗灾能力差，无力更是无心改善生产条件，外出务工是其最佳选择，耕地基本处于撂荒状态，加速了农村的空心化（见表 2）。

表 2　2012 年甘肃省农业受灾情况与全国比较

单位：千公顷，%

项　　目	甘肃省	全国平均水平	排名
受灾面积	1016.50	—	11
成灾面积	488.6	—	10
受灾面积占播种面积的比重	24.79	15.27	5
成灾面积占播种面积的比重	11.92	7.02	7
成灾率	48.07	45.95	18

资料来源：国家统计局网站，http://www.stats.gov.cn/。

3. 现代农业规模化和集约化程度低

2012 年，甘肃省耕地有效灌溉面积为 1297.58 千公顷，占耕地面积的 27.85%，低于全国平均水平 23.94 个百分点，耕地有效灌溉率位列全国倒数第 3。化肥使用量为 197.76 吨/千公顷，只有全国平均使用量的 41.22%，位列全国倒数第 3；农村用电量为 102.71 万千瓦/千公顷，仅是全国农村平均用电量的 16.65%，位列全国第 26；农用机械动力为 4892.02 千瓦/千公顷，只有全国平均水平的

58.06%，位列全国第24。甘肃现代农业在水利化、化学化、电气化和机械化四个方面都处在全国低水平集团，说明与其他省区相比，甘肃现代农业发展水平很低。农用大中型拖拉机和小型拖拉机拥有量分别是全国平均拥有量的62.55%和79.74%，但是农用机械动力只有全国平均水平的58.06%，说明甘肃省单个农用拖拉机的动力较小，小型或中型拖拉机更适合甘肃农业生产，也反映出甘肃现代农业规模化和集约化程度低（见表3）。

表3　2012年甘肃省农业现代水平与全国平均水平比较

项　　目	甘肃省	全国平均水平	排名
耕地有效灌溉率(%)	27.85	51.79	29
化肥使用量(吨/千公顷)	197.76	479.71	29
农村用电量(万千瓦/千公顷)	102.71	616.88	26
农用机械动力(千瓦/千公顷)	4892.02	8426.09	24
农用大中型拖拉机(台/千公顷)	24.94	39.87	19
农用小型拖拉机(台/千公顷)	117.74	147.66	12

资料来源：国家统计局网站，http：//www.stats.gov.cn/。

4. 农村劳动力流失严重，制约农村发展后劲

随着城镇化进程的不断加快，农村常住人口逐步减少，2012年甘肃省农村常住人口1579万，占年末常住人口的61.25%，比上一年减少了33万，下降了2.05%。2005～2012年的甘肃省农村常住人口持续下降，累计减少了202万，平均年下降1.71%，同时城镇人口不断增长，由于甘肃省城镇人口基数小，其增速高于农村常住人口的下降速度，2012年城镇常住人口占年末常住人口的38.75%（见图5）。

另外，劳务输出是甘肃省农民增收的重要来源，也是农村劳动力流失的重要因素。2011年劳务输出532.85万人，劳务创收

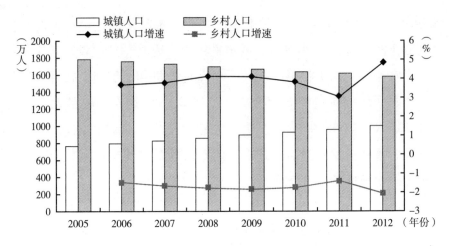

图5 2005～2012年甘肃省城乡常住人口变化

资料来源：国家统计局网站，http：//www.stats.gov.cn/。

515.66亿元[1][2]。与2005年[3]相比，输转人数和创收分别增长了1.95倍和4.11倍，平均年增速分别为11.77%和31.26%。2012年是甘肃历史上少有的风调雨顺之年，全年粮食产量增幅达9.4%，农民人均经营耕地（种植业）纯收入1442.37元，仅全年纯收入占32.00%，人均工资性纯收入1787.70元，占全年纯收入39.67%[4]。打工收入已经高于种地收入，这将激励更多的农民外出务工，加速农村空心化。

劳务输出也导致农村劳动力整体素质大幅下降。2012年，甘肃省农村居民家庭劳动力具有高中及以上程度的占17%，略高于全国平均水平，位列全国第15；具有初中文化程度的占45.6%，低于全国平均水平7.4个百分点，位列全国第25；小学及以下程度的占

① 由于统计口径的变化，《甘肃发展年鉴（2013）》中缺农村劳动力转移人数创收的数据，延用2011的数据。
② 甘肃发展年鉴编委会：《甘肃发展年鉴（2012）》，中国统计出版社，2012，第170页。
③ 甘肃发展年鉴编委会：《甘肃发展年鉴（2011）》，中国统计出版社，2011，第188页。
④ 甘肃发展年鉴编委会：《甘肃发展年鉴（2013）》，中国统计出版社，2013，第169页。

37.5%，高于全国平均水平6.1个百分点，位列全国第8，说明甘肃省农村居民的文化程度整体水平较低（见表4）。

表4 2012年甘肃省农村居民家庭劳动力的文化程度

单位：%

项 目	甘肃省	全国平均水平	排名
大专及大专以上	2.8	2.9	16
中专程度	2.9	2.7	12
高中程度	11.3	10	12
初中程度	45.6	53	25
小学程度	26.8	26.1	14
不识字或识字很少	10.7	5.3	4

资料来源：《中国农村统计年鉴2013》，第34页。

2010年，甘肃劳务输转516.89万人[1]，农村从业人员中高中以上文化程度和初中文化程度分别输转了75.48%和60.27%；留守劳动力中具有高中以上文化程度的劳动力只占8.04%，初中文化程度的劳动力占30.18%，小学及以下文化程度的劳动力占61.78%（见表5）。劳务输出提高农民收入的同时带给农业发展的却是劳动力老弱化。

表5 2010年甘肃省农村转移劳动力和留守劳动力构成情况*

单位：%

项 目	农村劳动力转移构成	留守劳动力构成	转移劳动力占农村从业人员比重
不识字或识字很少	2.73	23.15	9.25
小学程度	15.64	38.63	25.92
初中程度	53	30.18	60.27
高中以上程度	28.63	8.04	75.48

资料来源：《甘肃发展年鉴（2011）》，《甘肃农村年鉴（2011）》。

* 由于统计口径的变化，《甘肃发展年鉴（2013）》中缺农村劳动力转移构成的数据，延用2010年的数据。

---

[1] 甘肃发展年鉴编委会：《甘肃发展年鉴（2011）》，中国统计出版社，2011，第188页。

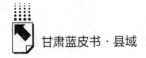

5. 农业产出水平低

2012 年，甘肃省农业单位耕地面积农业增加值为 16753.36 元/公顷，只有全国平均水平的 38.93%，位列全国倒数第 1；单位面积粮食产量为 3908.22 公斤/公顷，是全国平均水平的 73.72%，位列全国倒数第 4；农业劳动生产率为 11187.72 元/人，只有全国平均水平的 57.74%，位列全国倒数第 5。说明甘肃农业产出水平很低，这与前述自然灾害多发，水利化、化学化、电气化和机械化四个方面在全国范围内都属于低水平集团，高文化程度劳动力大量输转不无关系（见表 6）。

表 6 2012 年甘肃省农业产出水平与全国平均水平比较

项 目	甘肃省 （元/公顷）	全国平均水平 （公斤/公顷）	排名 （元/人）
粮食单位面积产量	3908.22	5301.76	28
单位耕地面积农业增加值	16753.36	43029.41	31
农业劳动生产率	11187.72	19374.50	27

资料来源：国家统计局网站，http://www.stats.gov.cn/。

（二）制约新型农业经营主体发展的内因

1. 新型农业经营主体规模小，带动能力弱

2013 年，甘肃省各类农业产业化龙头企业的总数是相邻的陕西省的 1.07 倍，省级以上重点龙头企业数量却只有陕西省的 79.35%，年销售收入过亿元和过 10 亿元的龙头企业数量分别只有陕西省的 45.16% 和 33.33%。甘肃省龙头企业的固定资产总值、年销售收入、净利润和出口创汇分别是陕西省的 79.93%、60.78%、90.47% 和 40.76%（见表 7）。

截至 2012 年底，甘肃省农民专业合作社社均成员数 8.11 户，仅为江苏省农民合作社社均成员数的 4.91%（见表 8）。说明甘肃省新

型农业经营主体规模较小、实力较差，对产业和农户的带动辐射作用不够强。

表7　2012年甘肃省和陕西省农业产业化龙头企业比较

项　目	甘肃省	陕西省
龙头企业(个)	2337	2190
省级以上龙头企业(个)	392	494
销售收入10亿元以上(个)	5	15
销售收入1亿元以上(个)	84	186
龙头企业固定资产总值(亿元)	463.61	580
年销售收入(亿元)	665.59	1095.1
净利润(亿元)	67.31	74.4
出口创汇(亿美元)	2.69	6.6

资料来源：甘肃省《新型农业经营主体引领现代农业发展》*、陕西省《我省186家农业企业销售收入迈入"亿元"级》**。

　*《甘肃农牧简报》2014年第5期，甘肃农业信息网，http://www.gsny.gov.cn/jblm/nmjb/2014/04/01/1396338880484.html#A1。

　**元莉华：《我省186家农业企业销售收入迈入"亿元"级》，《陕西日报》2014年4月18日，第1版。

表8　2012年甘肃省和江苏省农民专业合作社比较

单位：个，个/社

项　目	甘肃省	江苏省
农民专业合作社总数	15213	55312
成员总数	123302	9130000
社均成员数	8.11	165.06

资料来源：甘肃省《2012年度全省市场主体信息统计分析报告》*、江苏省《一个经济大省的农民合作经济之路》**。

　*《甘肃省工商行政管理局　甘肃省统计局2012年度全省市场主体信息统计分析报告》，甘肃企业登记网，http://qydj.gsaic.gov.cn/GSGG/2013/05/17/1368781446281.html。

　**《一个经济大省的农民合作经济之路_调查研究》，中国农民专业合作社网，http://www.cfc.agri.gov.cn/cfc/html/141/2013/20130708142325949104171/20130708142325949104171_.html。

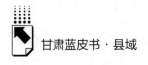
2. 产业链条短，产品附加值低

截至 2013 年底，全省龙头企业还有 28.71% 没有专门质检机构，只有 21.31% 的龙头企业通过 ISO9000、GAP、GMP、HACCP 等质量体系认证，只有 13.09% 的龙头企业拥有省以上著名（驰名）商标或名牌产品，只有 13.91% 的龙头企业获得"三品一标"认证。说明全省龙头企业的产业链条短，农产品加工层次低，初级低档产品多，高档精加工产品少，产品附加值不高，品牌知名度低，缺乏竞争力，内销产品多，出口创汇产品少。

3. 合作社规范化发展水平普遍不高

合作社制定的章程制度等不切实际，并且没有有效执行。合作社虽然制定了"三会"制度，但普遍存在社长一人说了算的"一言堂"现象，议事、决策、管理的民主性不强，财务管理普遍薄弱。大部分合作社未按合作社财务会计制度核算，成员个人账户没有完全建立起来，财务管理比较混乱，利益联结不紧密，凝聚力不强，没有形成合作的长效机制。

4. 人才缺乏成为制约新型农业经营主体发展的重要因素

全省建有专门研发机构的龙头企业只占总数的 10.53%，农业科技研发人员占职工总数的 1.34%，并且技术人员的职称评定渠道不顺，职称待遇落实困难，研发队伍稳定性差，人才流动性大。龙头企业有不少是由农民企业家发展起来的，家族式企业较多，合作社绝大部分是由农村的能人带动组建，农民企业家和能人都是农民，受教育程度不高，经营管理水平较差。高层次研发人才和优秀管理人才及营销人员的缺乏，导致企业对新产品、新技术的开发应用力度不够，产品竞争力不强；企业和合作社应对瞬息万变的市场时，灵活捕捉商机的能力不足。

5. 资金不足制约着新型农业经营主体的发展壮大

农业产业化龙头企业和农民专业合作社资金使用季节性强，需求量大。2000年，龙头企业及产业化组织只有150多家[1]，因此，目前大多数龙头企业正处于运营初级阶段，自身积累不足，内源性融资能力有限。合作社成员普遍出资较少或不出资，多数合作社又没有年度提取积累，内源性融资能力很小。外源融资主要是金融机构、上市、政府以及民间借贷，目前民间融资利率高，融资渠道不稳定，并且缺乏适当的法律保障；上市融资对甘肃省大多数龙头企业来说很难实现；全国各省、市本级财政扶持合作社年预算资金平均达到4300多万元，而甘肃省2013年省财政扶持合作社预算资金仅有1000万元，市县两级财政普遍没有预算安排，财政扶持资金投入不足。所以，外源性融资只能通过金融机构来实现，企业可以用有限的抵押物融资；合作社面临着注册资金少、缺乏有效的抵押物、授信不足等问题，普遍难以贷款。农村金融发育迟缓，担保体系建设滞后，企业融资渠道单一，合作社融资艰难。融资难制约了龙头企业、合作社等新型农业经营主体的发展壮大。

三 对策建议

（一）积极创新投融资机制，破解新型农业经营主体的融资瓶颈

认真落实2014年中央1号文件关于"发展新型农村合作金融组织"的精神，制定相关政策切实推动社区性农村资金互助组织发展。由农业、工商、财政、银监等多部门联合健全完善新型农业经营主体信用体系，加强信用等级评定，建立信用黑名单制度。鼓励金融机构针对农业生产经营特有的自然和市场属性，根据不同放贷对象的需求

---

[1]　甘肃年鉴编委会：《甘肃年鉴（2001）》，中国统计出版社，2001，第86页。

创新金融产品，发放专项信贷，适当扩大信贷额度，优惠贷款利率，简化贷款程序。鼓励金融机构积极拓展有效抵押物领域，如接纳土地承包经营权、林权、温室大棚和农民住房等作为抵押物，切实解决新型农业经营主体有效抵押物不足的问题。鼓励和引导工商资本投资农业。同时加大财政扶持力度，整合各类财政支农资金，培育壮大现代农业经营主体。

（二）加快人才培养，提高新型农业经营主体的技术创新能力

制定优惠政策鼓励高校毕业生到农业产业化龙头企业、农民专业合作组织、基层农技推广机构和农村公共服务机构就业，完善新型农业经营主体专业技术人员职称评定等政策，提升新型农业经营主体的技术创新能力，稳定新型农业经营主体的研发队伍。大力开展企业管理辅导培训，提升企业家管理水平，为企业做大做强提供智力支持。推进"阳光工程"转型升级，重点培训农民合作社带头人、家庭农场经营者、种养大户、科技示范户和返乡创业的农民工。加大指导和扶持力度，实施青年农民创业计划，吸引青年流向农村，留在农业。鼓励和支持农业产业化龙头企业、农业高等院校和农民合作社组建农业生产实训基地，积极培养农业后备人才。

（三）强化整合提升，增强新型农业经营主体的市场竞争力

针对甘肃省龙头企业和合作社规模小、市场竞争力不强的弱点，进一步完善扶持政策，促进龙头企业和合作社做大做强。重点扶持产品研发、技改投入、外向开拓等方面，促进龙头企业科技创新，提高辐射带动能力。积极引导龙头企业通过控股、重组、兼并、收购等方式，整合资源组建大型企业集团，提升产品质量，增加附加

值，创立名牌。推动龙头企业与农户建立紧密型利益联结机制，采取保底收购、利润返还、股份分红等方式，让农户分享更多加工销售收益。支持龙头企业建设原料基地，改善农产品贮藏、加工、运输和配送等冷链设施，帮助龙头企业扩大农产品出口，增强国际竞争力。

（四）稳步推进土地流转，加大新型农业经营主体的拓展空间

加快农村土地流转服务体系和土地承包经营纠纷调解仲裁体系建设，健全土地流转价格形成机制，建立土地流转信息服务网络。在切实保护农户承包土地的合法权利、充分尊重农民意愿、不改变农村土地集体所有权、不改变土地用途的前提下，积极引导农民将承包土地的经营权向农林企业、农民合作社、家庭农场、专业大户等新型农业经营主体流转。以消除土地细碎化对土地集约化、专业化、规模化经营的制约，使其他生产要素也随着土地集中的"洼地效应"相应集中。为新型农业经营主体不断发展壮大提供足够的发展空间。

（五）加强规范管理，提升新型农业经营主体的自身发展水平

加强农民专业合作社负责人的培训，强化负责人对市场营销、经济管理及《农民专业合作社法》和《农民专业合作社财务会计制度》等法律法规的认识，帮助完善合作社的规章制度，提高经营管理水平。引导合作社实行规范化运作、制度化管理。同时，向广大合作社成员和农民群众宣传有关合作社规范运作的知识和各项扶持专业合作社的优惠政策，引导成员和农民监督、参与合作。提高农业、税务、工商、财政、审计等部门对农民专业合作社监管的认识，加强行政监

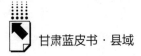

管。促进农民专业合作社自身建设，规范组织和行为，保障合作社及社员利益。加大扶持力度，抓好典型带动。扶持一批管理规范、示范带动作用强的农民专业合作社，通过示范带动作用促进合作社又快又好的发展。

参考文献

杜志雄、王新志：《中国农业基本经营制度变革的理论思考》，《理论探讨》2013 年第 4 期。

黄祖辉、俞宁：《新型农业经营主体：现状、约束与发展思路——以浙江省为例的分析》，《中国农村经济》2010 年第 10 期。

陈锡文：《构建新型农业经营体系刻不容缓》，《求是》2013 年第 22 期。

邓磊：《中国共产党农业现代化理论演进初探》，《江汉论坛》2013 年第 12 期。

杨林娟、王铁、陈瑜：《甘肃省农业产业化龙头企业发展问题调查分析》，《甘肃农业》2013 年第 21 期。

嘉峪关市农牧局：《农业产业化龙头企业发展中存在的问题及对策》，《甘肃农业》2013 年第 21 期。

王铁、杨林娟：《欠发达地区农业产业化龙头企业问题研究——基于甘肃省 358 家企业的调查》，《云南农业大学学报》（社会科学版）2014 年第 4 期。

翟同宪、郎玉丽：《构建新型农业经营体系的紧迫性和路径选择》，《山东农业工程学院学报》2014 年第 2 期。

农业部：《中共中央国务院关于加快发展现代农业进一步增强农村发展活力的若干意见》，《中华人民共和国农业部公报》，2013 年 2 月。

农业部：《农业部关于切实做好 2014 年农业农村经济工作的意见》，《中华人民共和国农业部公报》，2014 年 2 月。

魏翔、杨林娟：《甘肃省农民专业合作社的发展现状及对策分析》，《广东农业科学》2012 年第 19 期。

李薇、陈秉谱：《甘肃省农业经营主体演变特点及制约因素初探》，《中小企业管理与科技（下旬刊)》2011 年第 10 期。

钱克明、彭廷军：《关于现代农业经营主体的调研报告》，《农业经济问题》2013 年第 6 期。

楼栋、孔祥智：《新型农业经营主体的多维发展形式和现实观照》，《改革》2013 年第 2 期。

B.8
甘肃农村土地承包
经营权流转问题研究

潘从银*

摘　要：　本文在理论研究和现状分析的基础之上，总结得出甘肃省农村土地流转在政府职能转变、农业产出效益低下、土地确权、粮食安全、利益协调及服务保障体系等六个方面存在的问题，并针对问题存在的根源相应提出解决问题的对策及措施。

关键词：　甘肃　农村土地　承包经营权　流转

一　农村土地承包经营权流转研究现状及评述

学界对农村土地流转这一热点问题进行了多角度探讨，为推动我国农村土地依法、合理、有序流转奠定了坚实理论和实践基础。关于农村土地流转的实践问题，主要的研究结论有两点：一是农村土地流转市场已逐步形成，但是存在着发育缓慢、流转不规范、产权不清、资本化程度低等问题，因此社会经济发展状况、市场与产权状况、参与主体状况等因素综合影响着农户的农村土地流转行为；二是发达地

---

* 潘从银，硕士，甘肃省社会科学院农村发展研究所助理研究员，主要研究方向为农村区域经济发展。

区土地流转率明显高于贫困地区，影响主要来源于劳动力转移、土地规模化经营、诱致性制度变迁、政策趋向和资本配置等方面。贫困地区农村土地流转缓慢的主要原因既有农村土地承包经营权的不完全性、农村社会保障体系不完善等制度方面的缺陷，也有生产条件差、非农就业机会短缺、规模经营水平低、信息不对称等社会、经济发展滞后原因及自然地理环境恶劣等特殊原因。

学者们的主要关注点集中在东部发达地区，针对西部贫困地区的相关研究较少。无论是从土地制度变迁角度还是从经营规模角度对农村土地流转的绩效评价看，农村土地有序流转对农业生产效率及农民收入的提高都有显著的正面影响。因此，研究甘肃农村土地流转问题，不仅有助于补充完善不同区域特征下的土地流转体系，更有助于探索贫困地区提升扶贫质量和效率的有效途径，为农村土地流转提供理论上的支撑和实践上的借鉴。

二 甘肃省农村土地承包经营权流转概况

（一）农村土地流转现状

自 2012 年以来，甘肃省积极落实推进中央相关政策，全省农村土地流转速度开始加快。根据甘肃省农牧厅统计，截至 2014 年上半年，全省流转面积 867.9 万亩，农村土地承包经营权流转比例达到 18.1%，比 2012 年同期增长 27%，比 2012 年底新增农村土地承包经营权流转面积 113.7 万亩，增长 16.6%，在全国排第 20 位。

根据农业部统计，截至 2013 年，全国流转面积 3.4 亿亩，比 2012 年同期增长 40%，流转比例达到了 26%，其中 50 亩以上的农业经营大户超过 287 万户，家庭农场超过 87 万个。与全国水平相比较，甘肃省农村土地承包经营权流转相对水平较低。

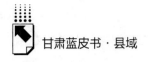
（二）流转形式和流转对象

1. 流转形式

甘肃省农村土地主要流转形式包括转包、转让、互换、出租、股份合作等，其中，出租、转包面积占流转面积的70%以上，新型流转模式所占流转面积比例相对较低，新型土地流转模式在流转过程中推进缓慢。

2. 流转对象

自2012年以来，甘肃省农村土地流转对象逐步向多元化方向发展，逐步形成了由农户、合作社、家庭农场、农业企业等共同流转的格局。根据甘肃省农牧厅统计，截至2014年上半年，甘肃省农户间流转面积达到460.9万亩，占流转总面积的53.1%；农民合作社流转面积达到197.9万亩，占流转总面积的22.8%；农业企业流转面积达到115.4万亩，占流转总面积的13.3%。

3. 经营主体规模

甘肃省农村土地流转经营主体主要有专业大户、家庭农场、农民合作社、农业龙头企业等。根据甘肃省农牧厅统计，截至2014年上半年，甘肃省农村土地承包经营权经营主体经营面积50～100亩的9182个，101～500亩的5435个，501～1000亩的1472个，1000亩以上的829个。

（三）农村土地流转的有序推进

截至2014年8月，甘肃省14个市（州）、76个县（市、区）出台了土地流转意见、办法，有7个市（州）、40个县（市、区）财政预算安排了专项奖补资金，全省各市（州）、大部分县（市、区）成立了土地流转工作小组。

2014年上半年，甘肃省积极推进确权登记试点方面工作，确定临夏县、金川区、金塔县等 3 个县（市、区）为省级整县推进试点县，肃州区等 28 个县（市、区）为省级整乡推进试点县，其他 55 个县（市、区）各选择 1～2 个村开展试点。

截至 2014 年 8 月，甘肃省有 80 个县（市、区）成立了土地流转服务中心，1053 个乡（镇）成立了土地流转服务站，11563 个村成立了土地流转服务点，基本形成了县（市、区）有服务中心、乡（镇）有服务站、村有服务点的土地流转服务体系。

2014 年，甘肃省农牧厅制定印发了《农村土地承包经营权流转合同》样本、《农村土地承包经营权市场体系规范化建设有关制度》样本，制定印发了《关于切实加强农村土地流转服务体系建设和农村土地承包经营权纠纷调解仲裁体系建设意见》，积极推进甘肃省农村土地流转市场体系建设。

三　甘肃省农村土地承包经营权流转存在的问题及对策

（一）政府职能转变滞后

1. 存在的问题

我们在对甘肃省河西地区、六盘山区、秦巴山区 10 个县（市、区）抽样调查发现，地方政府直接干预甚至粗暴干预农村土地流转的现象仍然存在，部分已经有土地承包经营权流转的农户对已流转的土地反映出非自愿或自愿流转的意向不明确。因此，在甘肃省农村土地流转过程中，政府职能转变的问题依然存在。

2. 问题的根源

究其问题存在的主要原因：一是甘肃省农业发展相对落后，农业生产产出效益低下，加大了流转的难度；二是甘肃省农村土地流转市场体系、服务体系及社会保障体系等很不完善，农户自愿流转的基础很不牢靠，进一步加大了流转的难度；三是经济社会的快速发展与传统的政府绩效考评机制的不相适应。甘肃省委、省政府虽然强调农村土地承包经营权流转中政府以引导为主，但上级部门在政策和文件中提出的"加快推进"等字眼，到了下级部门那就是工作任务，"加快推进"，在传统政府绩效考评机制下就是"政绩"。因此，在一些农业产出效益很低、农户自愿流转意识不强的县（市、区），地方政府为了"加快推进"就不得已而直接干预。

3. 对策及措施

首先是要打破传统的政府绩效考评机制，建立与经济社会发展相适应的全新的全指标差异化的政府绩效考评机制。全指标差异化的考评机制，一是指标涵盖要全；二是根据各地区发展任务、发展重点及百姓需求等不同，各指标的权重不同，甚至有很大差异；三是在实施考评过程中必须有一定数量的普通群众参与；四是考评不是由上级部门对下级部门实施，而是由独立于政府部门之外的第三方考评机构完成；五是必须有与之相对应的、严格的奖惩激励机制。

其次是切实发挥政府的引导作用，农村土地流转，其任务就是实现农业生产要素之一的土地集中，实现农业生产要素的集中及规模化生产；其目的就是通过农业生产要素的集中及规模化生产，实现农业生产的规模效益，促进农业生产的结构调整，从而加快农业发展。政府要做到流转过程中的引导作用，一是有必要从农业生产的其他要素入手，如农资物品流通、农产品销售、农业科技服务等要素的规范化、规模化及高效优质，为流转创造条件；二是切实加快农业发展速度，提高农业产出效益，为流转注入动力；三是加大农业从业人员的培养、培训力度，为流转提供支撑。

（二）农业产出效益低下

1. 存在的问题

甘肃省的贫穷与落后不是相对的，而是绝对的、全面的、深层次的，而农业发展的落后问题尤为突出。我们根据甘肃省河西地区、六盘山区、秦巴山区10个县（市、区）2013年600多农户农业生产抽样调查的数据计算得出以下结论。

在甘肃省河西地区，在不考虑遭受自然风险、市场风险及制度风险等因素影响下，在扣除农户自身劳动力成本的情况下，农户种植粮食作物平均每亩正常收益在 −100 ~ 100 元之间，种植经济作物平均每亩正常收益500 ~ 4000 元不等（种植经济作物的差别较大主要是由于种植作物的类型不同）。若不计农户自身劳动力成本，粮食作物正常收益在300 ~ 500 元之间，经济作物1300 ~ 5000 元不等；在考虑自然风险、市场风险及制度风险等因素的影响下，种植粮食作物风险较小，而种植经济作物风险发生的频次为每3年1次，农户每承受1次风险的损失，要2 ~ 3年的正常收益才能弥补回来。

在甘肃省六盘山区和秦巴山区，在不考虑遭受自然风险、市场风险及制度风险等因素影响下，在扣除农户自身劳动力成本的情况下，农户种植粮食作物平均每亩正常收益 −300 ~ −100 元之间，种植经济作物平均每亩正常收益300 ~ 4200 元不等（种植经济作物的差别较大主要是由于种植作物的类型不同）。若不计农户自身劳动力成本，粮食作物正常收益在100 ~ 300 元之间，经济作物900 ~ 5600 元不等；在考虑自然风险、市场风险及制度风险等因素的影响下，种植粮食作物主要是自然风险，而对于甘肃省六盘山区和秦巴山区，虽说"十年九灾"有点夸大，但根据调查数据统计，影响到农户农业生产正常收益的自然灾害频次根据各县（市、区）自然地理环境不同，每3 ~ 5年发生1次。而种植经济作物对于六盘山区和秦巴山区来说各

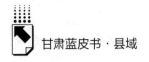

种风险同时存在，风险发生的频次为每2~3年1次，农户每承受1次风险的损失，要3年以上的正常收益才能弥补回来。

从以上调查数据计算分析，甘肃省单个农户农业生产经营的产出收益在考虑自身劳动力成本和风险因素影响的情况下，收益为负。在不考虑自身劳动力成本情况下，其收益只是获得部分劳动力投入收益。其从事农业生产经营的主要目的，是为了保证全家口粮的稳定供给和满足部分无法外出打工劳动力的就业要求。

甘肃省农业产出效益低下对于农村土地承包经营权的影响在于农村土地承包经营权流转与土地使用权的价值预期。虽然土地流转之后，农业生产的规模化经营，抵御风险能力会在很大程度上提高，但由于目前农业产出效益的低下，很大程度影响到流转后的收入预期，因此，流转主体的积极性并不是很高；对于流转对象的农户而言，由于实际的农业产出效益影响到土地流转收入，土地流转收入相对较低，同时考虑土地对农户的保障功能等因素影响，农户对土地流转的积极性相对更低。

2. 问题的根源

甘肃省农业产出效益低下的主要根源：一是甘肃省农业生产抵御风险能力较差，农业生产的风险预警机制和风险保障机制不健全；二是对农业生产的支持和保护力度不够；三是农业发展过程中的科技支撑和技术服务不到位；四是农村劳动力转移，特别是农村大量青壮年劳动力外出打工，已经很大程度上影响到了本地农业发展。

3. 对策及措施

首先是完善农村市场流通体系，加大监管力度，合理干预农产品价格。完善农村市场流通体系，加大农村市场监管力度，一是防止假冒伪劣农资物品扰乱市场；二是通过完善农村市场流通体系，利用物流网等新型流通模式的发展，开拓农资市场新型流通模式，培育新型经营主体，实现农资物品的可追溯监管。

其次是建立健全农业风险防范和保障机制。一是通过完善农村市场流通体系，加大农村市场监管力度，防范农业生产的市场风险；二是完善农业生产的风险预警和补偿机制，提高补偿额度，从而提高农业生产抵御风险的能力。

最后是加大贫困地区农村劳动力培训。一是加大农民技能培训，使农民有一技之长，促进贫困地区农民的有效转移，实现农民收入的稳定增加；二是加大农民农业生产的专业技能培训，培育专业化、技能化、高素质新型农民；三是加大农业经纪人培训，为加快农村新型专业合作社及家庭农场等发展提供专业技术人才。

（三）土地确权艰难

1. 存在的问题

自 2012 年甘肃省农村土地承包经营权确权工作开展以来，主要存在的问题表现为：一是农村土地承包经营权确权工作经费严重不足，每亩土地确权工作成本平均 35 元左右，中央财政计划安排每亩 10 元，市、县、乡三级普遍面临经费不足的困扰；二是农村土地承包经营权确权工作工作量大，工作面广，工作人员严重不足；三是农村土地承包经营权确权过程中出现面积不准、空间位置不明、信息不一致等问题时，没有相应的法律法规及政策文件等依据来做出处理。

2. 问题的根源

对于农村土地确权过程中反映出来的问题的根源：对于经费不足的情况，一方面是甘肃省各级地方财政的实际情况，确实无力落实配套资金；另一方面是甘肃省向中央财政的争取不够；同时也存在确权过程中的控制成本过高的情况。对于工作人员不足的情况，虽然问题确实存在，但也跟工作效率有很大关系。对于确权过程中出现的面积不准、空间位置不明、信息不一致等问题没有相应的法律法规及政策文件等为依据来处理问题，主要与确权试点工作过程中出现问题的信息反馈、分析处理及相应法规及政策出台的滞后有很大关系，另外跟农村土地承包过程中历史遗留问题也有一定关系。

3. 对策及措施

对于甘肃省而言，经费不足的问题，一方面需要工作过程中控制成本，另一方面只能积极争取中央财政加大支持力度；对于工作人员短缺问题，有效的解决方法就是提高政府工作效率；对于确权过程中发现的新问题，要做到信息及时、全面反馈的同时快速做出反应，组织相应专家在充分调查论证的基础上，综合考虑流转主体和流转对象的前提下，依据或借鉴相应法律法规、政策文件、规章制度制定出相应的地方法规、政策和制度等。

（四）粮食安全堪忧

1. 存在的问题

一是农业用地流转后进行非农经营，严重违背国家土地政策的现象时有发生；二是种粮耕地流转后基本不再进行粮食作物生产经营，而是进行经济作物生产经营，从而对粮食安全产生一定影响。

2. 问题的根源

对于违背土地政策进行土地流转后非农经营的，主要原因一方面是利益驱动，另一方面还是政府工作不到位、监管不严；对于种粮用地流转后从事经济作物经营的，一方面是经济效益驱动的，另一方面也跟政府对粮食生产的支持力度不够有关。

3. 对策及措施

对于流转过程中的一些违规问题，需要加强监管、落实责任，对于农村土地流转实施全面的规范化管理。对于土地流转后主要用于经济作物经营的现象，一要加大粮食生产的支持力度，提高生产者的种粮积极性；二要在土地流转过程中注重培育粮食生产企业、粮食生产合作组织、种粮大户及家庭农场，给予特殊政策、金融信贷、管理和生产能力培训等方面大力支持。

（五）利益协调困难

1. 存在的问题

一是流转过程中的土地流转价格"博弈"。由于甘肃省农业发展相对落后，农业生产产出效益较低，不仅影响了现期的土地流转价格，而且影响了土地流转的价格预期。虽然从目前来看，土地流转暂时增加了农民收益，但从长远来看，却是在一定程度上损害了农民收益，同时也将给已经流转经营主体和流转对象埋下以后发生摩擦和矛盾的潜在风险。二是流转过程中的政府两难抉择。甘肃省农村土地流转过程中，政府一方面要保护农民利益不受损失，保障农民长期有效、持续增收，另一方面又要协调流转主体利益不受损失，确保流转主体对农村土地流转的积极性，而在农业发展相对落后、流转体系不完善、流转制度不健全、流转形式过于简单等因素制约下，不能有效形成良好的联动机制，从而使政府处在了无法协调双方利益的两难境地。

2. 问题的根源

究其问题存在的根源：一是农业发展落后，农业产出效益低下；二是农村土地流转体系不完善、制度不健全；三是农村土地流转形式过于简单化，不能确保农户有效参与到土地流转所带来的利益分享中来。

3. 对策及措施

一是积极促进农业自身发展，加大农业投入和支持力度；二是加快农村土地流转服务保障体系的完善和有效实施，建立健全农村土地流转保障机制；三是积极探索和尝试有效的流转形式，确保农户能有效参与到土地流转后的利益分成中来，建立土地流转主体和流转对象的利益联动机制。

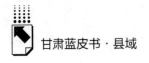

（六）服务保障体系缺陷

1. 存在的问题

一是服务保障体系不完善。主要体现在金融服务体系、纠纷协调和仲裁服务体系、服务监管体系、司法保障体系等；二是服务保障功能实施不到位，大部分的县乡村都是有文件、有机构但不能提供有效服务，一方面是因为工作人员短缺，另一方面是工作过程中无据可依；三是在农村土地流转过程中政府没有有效发挥平台作用。具体体现在托（代）管、土地银行、土地股份制合作等方面，政府基本没有发挥出应有的服务功能，从而导致了甘肃省农村土地流转形式过于简单化。

2. 问题的根源

以上问题存在的根源：一方面是农村土地流转自身工作量大、工作繁杂、存在的问题较多；另一方面是甘肃省各级地方政府工作服务意识不强、工作效率低下、工作形式化和简单化，"说得多，做得少"。

3. 对策及措施

一是进一步深化甘肃省各级地方政府群众路线教育活动，切实改变政府工作作风，强化服务意识，坚决制止政府工作趋于形式化和简单化；二是在充分调查研究的基础上，加快完善农村土地承包经营权流转的服务保障体系，并确保其有效实施。

参考文献

孔泾源：《中国农村土地制度：变迁过程的实证分析》，《经济研究》1993 年第 2 期。

徐旭、蒋文华、应风其：《我国农村土地流转的动因分析》，《管理世界》2002 年第 9 期。

钟涨宝：《农村土地流转过程中的农户行为分析》，《中国农村观察》2003 年第 6 期。

陈曜、罗进华：《对中国农村土地流转缓慢原因的研究》，《上海财经研究》2004 年第 6 期。

周飞：《我国农地流转的现状、问题及对策研究》，《经济师》2006 年第 5 期。

杨长富：《促进土地承包经营权流转的思考》，《当代经济》2009 年第 6 期。

冯应斌、杨庆媛、董世琳等：《基于农户收入的农村土地流转绩效分析》，《西南大学学报》（自然科学版）2008 年第 4 期。

冯炳英：《农村土地流转的绩效与发展对策》，《农业经济》2004 年第 4 期。

贺振华：《农村土地流转的效率分析》，《改革》2003 年第 4 期。

康国玺：《全省农村土地流转工作汇报》，推进农村土地流转——省政协月协商座谈会建言会编、甘肃省政协农业和农村工作委员会，2014 年 8 月。

孙海峰：《甘肃上半年流转土地八百多万亩——开展确权登记试点》，《甘肃日报》2014 年 7 月 24 日。

甘肃省农村居民文化消费发展研究

贾 琼*

摘 要： 随着农村经济的不断发展，农村居民文化消费能力、消费观念、消费方式、消费群体结构都发生了深刻变化，这些变化对甘肃经济社会发展特别是对甘肃农村文化建设产生了广泛影响。本文拟通过对甘肃省农村居民文化消费现状与政府农村文化供给机制现状两个层面的分析，揭示农村文化发展存在的供需匹配性困境，进而提出引导农村居民健康文化消费、促进农村文化建设的对策建议。

关键词： 甘肃省 农村居民 文化消费 农村文化建设

　　文化消费是指人们对文化、娱乐产品和服务等相关方面的消费，它是促进社会文明、构建和谐社会的重要组成部分①。随着农村经济社会的发展，农村居民收入水平不断提高，对精神文化消费需求也日益增加，同时，各级政府对农村公共文化建设的认识也提到了较高层次。但目前，农村居民文化的需求与供给表现为：政府文化建设力度增加，但农民认同度低；居民文化参与热情高，但文化供给效果不明

---

* 贾琼，硕士，甘肃省社会科学院农村发展研究所副研究员，主要从事农村经济研究。

① 陆立新：《农村居民文化消费影响因素的区域差异及动态效应分析》，《统计与决策》2009年第9期。

显，农村文化供需存在匹配性困境。因此，探讨农村居民文化需求与供给的对接机制，对拉动甘肃农村消费增长、构建和谐社会、推动农村经济社会进步具有重要意义。

一　甘肃省农村居民文化消费现状

（一）农村居民文化消费总量增长，比重下降，对第三产业的拉动较弱

随着经济发展，居民收入水平提高，城乡居民文化消费总量也不断增加。2012 年，甘肃省农村居民文化消费总量为 51.1 亿元，比 2000 年的 36.97 亿元增加了 14.13 亿元，年均递增 2.5%。同期，城镇居民文化消费总量增加了 104.69 亿元，年均递增 13.4%，增速明显高于农村。2000 年，甘肃省城乡居民文化消费总量比是 0.8∶1，2005 年为 1.5∶1，2012 年达到 2.6∶1，城乡文化消费呈现"剪刀差"的趋势，城乡居民文化消费差距拉大。

农村居民文化消费在居民消费总量中的比重逐渐下降。2012 年，甘肃省农村居民文化消费占全省农村居民消费总量比重为 7.02%，较 2000 年的 17.94% 下降了 10.92 个百分点；农村居民文化消费占全省居民消费总量的比重，同期下降了 6 个百分点；在全国农村居民文化消费总量中的占比，基本保持稳定（见图 1）。

全省农村居民文化消费占第三产业生产总值比重，从 2000 年的 8.46% 到 2012 年的 2.25%，下降了 6.21 个百分点，农村文化消费市场发展滞后，农村居民文化消费对甘肃省第三产业增长拉动微弱。

（二）农村居民人均文化消费需求不足

如图 2 所示，2012 年甘肃省农村居民人均文化消费支出 323.7 元，较 2000 年增加了 130.3 元，年均递增 7.3%，增幅缓慢；而同期

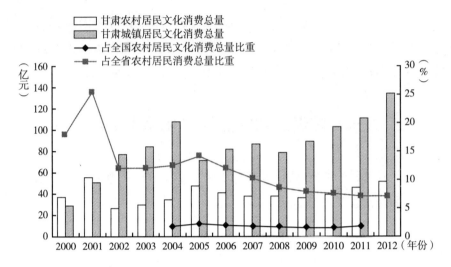

图1 甘肃省农村居民文化消费总量及变化趋势

资料来源:《甘肃年鉴（2001~2013）》;《中国统计年鉴（2005~2012）》,《中国统计年鉴（2013）》全国居民消费支出指标变更。

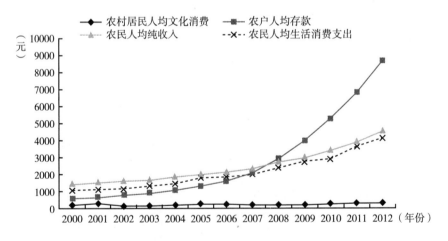

图2 甘肃省农村居民人均文化消费情况

资料来源:《甘肃年鉴（2001~2013）》。

农民人均纯收入增加了3078元,年均递增10.0%;农民人均生活消费支出增加了3062元,年均递增11.8%;农户年底人均存款增加了

8063元，年均递增25.3%。随着农村居民收入水平的提高，农户用于生活消费的支出不断增加，但用于文化消费的支出变化不大，相反地，支出结余部分多用于了存储。这一现象说明，像甘肃这样的欠发达地区，农村居民的消费观念比较保守，文化消费环境发展滞后，这些都影响着农村居民对文化消费的需求。

（三）教育投入是农村居民家庭文化消费的主要支出

农村居民家庭生活消费支出抽样调查数据显示，农村居民家庭人均文教娱乐用品及服务消费比重经历了三个阶段的变化（见图3），1993~2000年消费比重从6.01%增加到13.27%，增加了7.26个百分点，2001~2005年变化比较平稳，消费支出比重增加了0.9个百分点，2006~2012年逐渐降低，消费支出比重下降了4.42个百分点，文教娱消费比重在全省农村居民八大项消费支出中的排名，从前两个阶段的第二名和第三名下降到2012年的第五名，取而代之的是交通通信和医疗保健的消费支出。1993~2000年，消费比重快速增加与教育负担加大有关，特别是教育产业化，导致农户教育成本逐年上升。2003年农村居民家庭教育服务消费支出占文化消费支出的比重达到81.25%，到2012年逐渐下降到68.5%，减少了12.75个百分点。2006年以后九年义务教育减免学费，一定程度上减轻了农户在这方面的负担，使农村居民家庭文教娱消费支出比重也随之减少。可以看出，教育投入是甘肃农村居民文化消费的一项重要支出。

（四）书、报、电话、电视机等居民家庭私性文化资源日渐丰富

农村居民私性文化资源主要是指农村居民或其家庭拥有的文化资源，例如，书、报、电视机、电话、影碟机、电脑等用品。农村居民家庭生活消费支出抽样调查数据显示（见图4），从2005年到2012

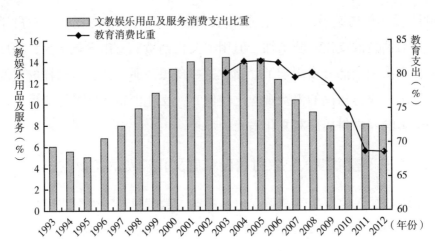

图3 甘肃省农村居民家庭人均文教娱消费支出比重变化

资料来源:《甘肃年鉴(1994~2013)》。

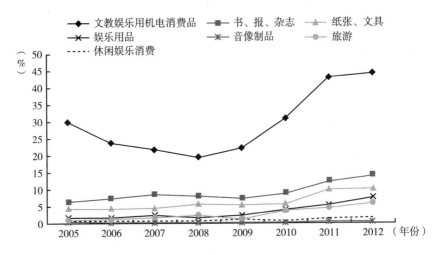

图4 甘肃省农村居民家庭各项文化消费支出变化

资料来源:《甘肃年鉴(2006~2013)》。

年,甘肃省农村居民家庭文化消费各项支出都不断增加,首先,农村
居民文教娱乐用机电消费品所占比重较高,增长幅度也最快,2005~
2012年增加了14.54个百分点;其次是书、报、杂志等消费,七年

间增长了 7.61 个百分点，纸张文具增长了 6.11 个百分点；近几年农村居民的旅游消费也表现出较快的增长趋势，七年间增长了 4.99 个百分点。

从文教娱乐用机电消费品看，2005～2012 年，全省农村居民家庭平均每百户年底拥有彩色电视机 106.28 台，增长了 1.23 倍；移动电话 192.72 部，增长了 4.53 倍；家用电脑 11.39 台；影碟机和照相机达到 27.83 台、2.67 台。这些都极大地丰富了农村居民的文化生活。

二 农村公共文化产品的供给

目前，农村文化产品供给主要有四种模式，最普遍的是大众传媒（包括电视、书、报、广播等），政府提供的以智力型和发展性为导向的文化事业（包括文化馆、文化室、农家书屋等），依托农村民间传统文化为产业资源而发展的文化产业，以及农民自助文化社团。农村文化建设以新农村建设为平台，精神文明建设为重点，城乡文化发展为指导，具有较强的外部输入性。

（一）以公共文化服务政策推动农村文化建设

甘肃省农村公共文化服务的快速发展开始于 1996 年的文化科技卫生"三下乡"活动，1998 年开始了广播电视"村村通"工程以及针对省内贫困地区和少数民族地区的"百县千乡宣传文化工程"，以促进农民群众文化生活条件改善和自身素质提高。

"十五"以来，国家把文化建设提上重要议事日程，高度重视农村文化建设，相继出台了《国务院关于加强基层文化建设的意见》、《中央办公厅、国务院办公厅关于进一步加强农村文化建设的意见》、《中央办公厅、国务院办公厅关于加强公共文化服务体系建设的意见》、《中宣部、文化部、编委等六部委关于加强地方县级和城乡基层宣传文化队伍的意见》、《国务院办公厅关于进一步支持甘肃经济社会发展的若干意见》等，这些政策性文件对农村文化的建设与发展提出了明确的目标和任务，并要求各级党委、政府把基层文化建设纳入党政组织的议事日程，纳入地方经济发展规划，纳入党政领导干部考核内容，纳入地方财政预算。甘肃省委、省政府按照中央的总体安排部署，结合省情实际制定了《省政府关于加强基层文化建设的通知》、《省委办、省政府办关于实施〈中办、国办关于进一步加强农村文化建设的意见〉的意见》、《省委、省政府关于加强文化大省建设的意见》等。对于乡镇综合文化站建设，甘肃省发改委制定了《甘肃省乡镇综合文化站建设标准和有关管理办法》，各市县（区）制定了《关于进一步加强乡镇综合文化站建设的实施意见》等。可见，对农村公共文化建设已形成了从中央、省、市、县（区）不同层次的政策体系。同时，依托各项文化惠民工程、农村公共文化设施建设等，加强公共文化服务向农村地区倾斜，丰富了农村居民的文化生活。

（二）加强农村公共文化基础设施建设

目前，农村地区公共文化服务设施有文化馆、图书馆、文化广场、乡村舞台、文化站、村文化室、农家书屋等，文化团体有社区文艺宣传队、新农村文化专业户等，主要的信息传播渠道有流动电影放映车、广播电视户户通、文化信息资源数字网络等形式，基础设施建设已形成市、县、乡（镇）、村（社区）四级的文化网络供给体系。甘肃省14个市（州）都建有文化馆，其中8个市（州）建有图书馆，已建成乡镇文化站1227个、农家书屋16860个，基本达到全省乡（镇）、行政村全覆盖，其中990个乡镇文化站是"十一五"期间新建高标准站舍，占全省乡镇总数的81%。在全省行政村中有40%

的村依托村级组织阵地，设立了村级文化室。这些数据说明农村公共文化服务体系硬件设施正逐步完善。从近些年甘肃省农村文化、体育、教育及娱乐人均固定资产投资情况看（见图5），2011年农村地区此类固定资产投资额达到125738万元，是2000年投资额的3.5倍，年均递增1.15%；2011年农村人均文教娱固定资产投资为119.98元，比2000年增加了89.18元。

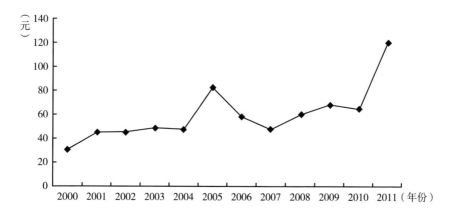

图5　甘肃省农村文化、体育、教育、娱乐人均固定资产投资

资料来源：《甘肃农村年鉴（2001～2012）》数据整理得出；《甘肃农村年鉴（2013）》统计数据指标变更。

（三）开发民间特色文化产业资源

以民俗民间优秀传统文化为产业资源，培育农村民间文化，开发文化产业资源，是农村文化供给的有效发展路径。以甘肃省通渭县农民书画产业为例，目前全县农民已有中国书协会员7人、省书协会员62人、省美协会员58人，分别占全县相应会员人数的25%、70%、73%。有县级以上协会农民创作骨干350人、农民业余书画家3000余人。县城区具有一定规模的画廊和装裱店220家，从业人员以农民为主，年人均收入3万元以上。农民书画家或经纪人通过自己创作、

邀请名家、参加拍卖、经纪人代理和收藏鉴定等活动，年人均收入约
10 万元。通渭县书画作者中，农民已占 20%。书画创作不仅丰富了
当地农民的文化生活，也成为他们增收的一条渠道。

政府在促进通渭文化产业发展过程中，积极创造条件，扶持农民
创建书画合作社，组织培训书画爱好者；采取"公司＋农户"的生
产与销售运行模式，培育龙头企业；考察书画市场，解决农民书画的
销售问题；举办农民书画展览活动，扩大宣传农民书画作品。目前，
通渭县已形成创作、交流、装裱、销售的书画产业发展格局。

（四）整合农村文化资源，活跃农村文化氛围

不断创新农村公共文化服务体制，是政府农村文化供给工作的致
力方向。2014 年，甘肃省政府报告中提出"乡村舞台"建设，整合
甘肃农村现有的文化宣传、体育健身、科学普及、电影放映、图书出
版、党员教育等方面的资金、项目、场所、设施、人才等资源，充分
利用乡镇文化站、村社文化室、党员活动室、农家书屋、乡村体育健
身工程等设施，组建村级民间文化社团，搭建群众自娱自乐的综合性
文化服务中心①。整合各部门的优势资源，通过民间自办社团，引导
广大群众积极主动参与，将民间传统文化纳入公共文化服务体系建设
之中。在第一阶段，甘肃省 14 个市（州）、86 个县（市、区），在
1228 个乡镇各选定了 1 个行政村进行试点，已取得了阶段性的成
果②。目前，"乡村舞台"建设已进入第二阶段——推广阶段，将于
2014 年底建成 5000 个村一级民间自办社团，并逐步向边远地区、民
族地区延伸③（见表1）。

---

① 《"乡村舞台"在家门口唱自己的戏》，《甘肃日报》2014 年 10 月 8 日。
② 《"乡村舞台"在家门口唱自己的戏》，《甘肃日报》2014 年 10 月 8 日。
③ 《"乡村舞台"在家门口唱自己的戏》，《甘肃日报》2014 年 10 月 8 日。

表1 2014年甘肃省"乡村舞台"建设7月进展情况

地区	机构成立情况	保障措施制定情况	示范点进展情况	经费投入情况	建设成果
兰州	已成立领导小组,各县(区)成立了相应机构	制定了实施方案及资金筹措办法	确定了25个示范点	已投入资金25万元	示范点每村已组建10人以上的民间自办文化社团,召开建设推进会
嘉峪关	已成立领导小组,各县(区)成立了相应机构	制定了实施方案,各行政村确定一名负责人,开展宣传活动	确定了试点村,9支民间自办文化社团在市民政局注册成立	按照农民每年人均30元拨付经费	开展"一镇一品牌,一村一特色"的文化活动
金昌市	已成立机构	制定建设管理办法	14个示范点已全部建成	已投入资金100万元	整合村级文化资源,已建成"乡村舞台"20个;配发统一标识牌
酒泉市	已成立领导小组,各县(区)也成立了相应机构	制定了"乡村舞台"管理暂行办法	确定68个行政村为首批试点,并确定了7个示范点	已投入资金150多万元	召开了推进会,培育"一乡多品,一村一品"的文化品牌
张掖市	已成立领导小组,各县(区)也成立了相应机构	制定了整合乡村文化资源的政策性文件	确定120个示范点,将30个列入民办实事项目	已投入资金704万元	组建民间自办文化社团320个,招募志愿者3000多名
武威市	已成立领导小组,各县(区)也成立了相应机构	制定了实施方案,确定了民间自办文化社区的联络员	确定了93个示范点,其中已建成74个	已投入资金566万元	建成民间自办乐班306个,秧歌社火队56个
白银市	已成立领导小组,各县(区)也成立了相应机构	市委、市政府下发了《加快推进"乡村舞台"建设的通知》	建设60个"乡村舞台",其中提升4个、新建56个	已投入资金2511.3万元	建成并投入使用的"乡村舞台"78个,每个"乡村舞台"均配备了价值5万元的设备

续表

地区	机构成立情况	保障措施制定情况	示范点进展情况	经费投入情况	建设成果
天水市	已成立领导小组,各县(区)也成立了相应机构	制定下发了实施方案	对113个试点村进行了督查	已投入资金28.32万元	113个试点行政村均成立了10~20人的民间自办文化社团
平凉市	已成立领导小组,各县(区)也成立了相应机构	制定了"乡村舞台"建设标准(试行)	建成示范点92个,占102个试点村的90%	已投入资金1148万元	组建民间自办文化社团114个,人数达2593人。开展各类文化活动150多场(次),受众达3.8万人(次)
庆阳市	已成立机构	制定建设标准及管理办法	对119个示范点进行了检查	对确定的示范点验收合格后补贴经费2万元	119个示范点已建成96个
定西市	已成立领导小组,各县(区)也成立了相应机构	制定了实施方案	确定了119个示范点,已建成106个	投入资金1045.4万元	组建民间文化社团236个;演出435场(次),观众达18万人(次)
陇南市	已成立领导小组,各县(区)也成立了相应机构	制定了试点村民间自办文化社团考核验收实施方案	完成195个试点村验收		建成100多个10人以上文化社团
临夏州	已成立领导小组,各县(区)也成立了相应机构	制定了实施方案	完成了部分示范点的督查	投入资金760万	建成民间自办文化社团210个
甘南州	已成立领导小组,各县(区)也成立了相应机构	制定了实施方案	确定91个试点村,建成18个	目前暂无资金投入	建成民间自办文化社团72个

（五）探索城乡文化一体化建设新模式

城乡文化资源分布不均匀，为促进城乡文化一体化发展，构建覆盖城乡的公共文化服务设施网络，让城乡居民群众无差别化地享受到现代文化服务，是现阶段以政府投入为主体的农村文化供给模式的一个新型探索。甘肃省在公共文化服务体系及城乡文化一体化建设方案中提出：完善现代文化传播体系、优秀传统文化传承体系、优秀文化产品创作生产和供给服务体系、网络文化建设和管理体系、公共数字文化服务体系等五类体系建设；加快推进市级博物馆、文化馆和图书馆建设，文化信息资源共享工程，数字图书馆建设，公共电子阅览室建设，千台大戏送农村等五项惠民工程[①]。政府将文化基础设施建设的重点放在村级、社区和街道，特别面向边远县区、少数民族地区和革命老区，推动城乡数字公共文化服务均等化，促进城乡公共文化资源流动，到2020年实现全省城乡文化一体化。先期以嘉峪关、张掖、金昌、武威、定西五市为重点，探索城乡文化一体化建设新模式探索试验。

三　农村文化供需的匹配性困境

随着农村经济的不断发展，农村居民文化消费能力、方式、观念，消费群体结构都发生了深刻变化。农民闲暇时间的增多、科技信息的发展，都增加了对文化的消费需求。从政府文化供给角度看，农村文化建设也提到了较高层次。但目前，农村文化的需求与供给，表现为政府文化建设力度增加，但农民认同度低；居民文化参与热情

[①]　华夏文明传承创新区建设协调推进领导小组办公室：《华夏文明传承创新区建设十三板块分方案》，2013年6月。

高，但文化供给效果不明显，农村文化供需存在匹配性困境，主要表现在以下几个方面。

（一）对农村公共文化产品的宣传引导工作不够

目前，农村地区存在大量的个体、私营文化场所，如个体书摊、台球、电子游戏机、乒乓球、私人电影队、歌舞厅等，这些娱乐场所娱乐性高，更吸引了大量的农村年轻人，成为他们农闲之余丰富生活的去处。但相比之下，农民对公办文化设施的参与性不高，如，据甘肃省社会科学院"西北地区少数民族信息资源开发与阅读文化构建研究"课题组，就甘肃临夏州积石山县和张掖市肃南县的调查显示，农村文化建设存在图书馆利用率不高，从未去过图书馆的人占被访人群的49.7%；农家书屋发挥作用不大，近一半人不知道农家书屋或了解较少，大多数人不选择到农家书屋看书。在肃南县少数民族地区的农村，农家书屋的书籍配备都基本到位，但缺乏"人气"，村子里去看书的人较少；另外，农家书屋藏书结构和管理制度刻板单一，村里青壮年人员外出打工，老人、妇女、学生对文化阅读的积极性没有被调动起来。

（二）农村公共文化建设的拓展服务工作不足

目前，农村文化建设主要以政府投入为主，各级政府工作主要集中在中心乡镇以及一些经济发展条件较好的村庄，以县、乡文化馆、文化站等基础设施建设为重点，文化供给服务工作不足。而且，像甘肃这样欠发达地区，农村居民文化消费能力较弱，政府公共文化设施建设及服务受环境和经济发展制约，能拓展到农村内部的很少。一些经济条件较好的地区，农村公共文化设施建设与居民需求存在差距，有些乡村公共文化供给产品结构不合理，设施利用率不高或空置，文化活动资料短缺等。如，由积石山县和东乡县图书馆负责实施的文化共享工程由于服务中缺乏许多配套设备（如刻录机、配电盘、卫星接收软件、课桌凳等）和卫星接收系统，二十四小时开机录制，耗电量过大，无法开支电费、维修费、设备购置费等，文化共享工程基本停滞①。这些问题制约了农村公共文化设施公益性作用和服务功能的发挥。

（三）农村文化建设人才缺乏

农村文化建设人才包括两类，第一类是农村文化建设的管理服务型人才。在基层，对这类文化工作者的培养重视不够。调查显示，东乡县图书馆没有独立的工作人员为读者服务，文化馆也没有人员编制，难以做到专干专用。基层文化站待遇低，缺乏人才，新分配的大学生常常兼有乡政府的其他工作，而且现有乡镇文化工作者缺乏培训学习，存在知识老化的现象②。第二类是农村文化建设的技艺型人才。农村文化的传承与发扬，离不开农村技艺型人才的参与，他们是农村文化发展的核心，他们的文艺技能既展现了当地的特色文化，又唤起了当地居民对文化的热爱，激发了农村自身的文化活力。但目前，对这些民间文化的开发还不够，多数文化技艺型人才生存条件艰苦，农村居民对民间文化的参与度不高，主要是一些中老年人，年轻人很少感兴趣。

（四）农村公共文化事业投入不平衡，社会力量参与不足

农村公共文化建设内涵丰富，量大面宽。尽管近年来，甘肃省各级政府对农村地区的文化建设投入力度不断加大，但与其他投入相比，增长速度明显减缓，农村文教娱固定资产投资占农村固定资产投

---

① 王晓芳、胡圣方、宋晓琴著《西北地区少数民族信息资源开发与阅读文化构建》，甘肃人民出版社，2014。
② 王晓芳、胡圣方、宋晓琴著《西北地区少数民族信息资源开发与阅读文化构建》，甘肃人民出版社，2014。

资比重从2000年的17.47%下降到2011年的4.1%，下降了13.37个百分点（见图6）。在有限投入下，甘肃公共文化事业投入结构呈现"部门"和"城乡"不平衡状况。就部门而言，财政拨款主要集中在剧团（21.1%）、文物业（28.2%）、博物馆（17.4%），而农村文化站（3.8%）、文化部门教育机构（1.4%）、文化市场执法机构（1.4%）投入相对较少[①]。在甘肃省农村公共文化服务体系建设中，中央与各级政府的财政投资是资金的基本或主要来源，社会投入明显不足。在这种供给模式下，虽然能提供农村文化建设所需的部分资金，但与实际发展存在差距，由此产生许多问题。

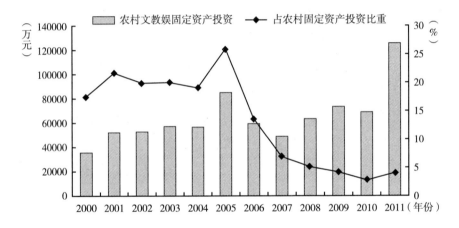

图6 甘肃省农村文教娱固定资产投资

资料来源：《甘肃农村年鉴（2001～2012）》数据整理得出；《甘肃农村年鉴2013》统计数据指标变更。

（五）城乡文化的交流与融合不够

城乡文化交流的融合度不高，主要有两种情况：一种是根植于农

---

① 曹爱军：《农村公共文化的"衰弱"与"滞后"——以甘肃省为例》，《北京行政学院学报》2012年第2期。

村的民俗民间文化，如戏曲、民乐、社火等通俗文化活动，由于比较贴近农民的日常生活，农民参与度较高，但这类文化活动组织条件有限，较多出现在重要节日及庆典中；另一种是政府自上而下的文化供给方式，往往带有较强的城市文化色彩，文化艺术活动的专业性强，农民常常处于"看客"的角色。随着农村经济的不断发展，农村居民文化消费观念、消费群体结构都发生了深刻变化，然而政府各部门组织开展的"文化下乡"活动多为慰问演出、电影公映等，形式单一。而且，受地理环境、财力制约，城乡文化交流次数较少。课题组调查显示，一些乡村农民文化生活依然贫乏单调，除了聊天、打牌外，农民没有其他文化活动。

四 改善和促进农村居民文化消费发展的对策建议

（一）拓展公共文化受惠范围的广泛性

公共文化供给机制建设必须在观念上突破以覆盖现有行政村为工程实施范围的固定思维，积极向自然村等区域拓展；充分开发民间文化资源，将农村公共文化建设与民间庙会文化、民族宗教活动、民间节庆文化、集市贸易文化紧密结合，尽可能地扩大公共文化设施的覆盖面与影响范围，要把当前各项公共文化供给政策的支持和经费保障机制作为一项长期的制度落实下来，积极促进民间文化交流，有效助推农村现代化进程。

（二）形成农村文化资源整合的有效机制

"乡村舞台"建设是助推农村各类文化资源开发利用，盘活农村文化资源存量，推进农村文化建设的重要支撑点。在甘肃省现阶段实施的"乡村舞台"建设中，各级政府应重视农村文化资源整合工作，利用现有文化资源和公共空间，遵循因地制宜和便民的原则，集合基层各类公共文化设施和服务，统筹规划，形成农村文化建设的强大合力。同时，要着力加强各级基层文化阵地管理，提高运行质量和效能。

（三）形成多元的农村文化供给机制，创新公共文化服务方式

充分利用农村地区民俗民间优势资源，打破地区、行业、所有制界限，探索个人捐资、社会筹资、银行融资等多种筹资渠道，鼓励农民及其他民间社会力量参与文化供给，探索社会力量办文化的新途径。建议把农村文化建设纳入对口帮扶计划，扶持农民自办文化活动，创新扶持方式如贷款贴息、政府采购等，支持公益性文化活动向基层、社区和农村延伸；创新参与方式，组织公共文化服务活动招标推荐会；提高公共文化服务技术水平，改造提升传统文化载体。

推广基层文化志愿服务活动，组织专业文化工作者和社会人员志愿参与群众文化活动，通过培训建立文化志愿队伍，进行基层文化建设活动，促进城乡文化交流。

（四）完善农村社会保障制度，增加居民消费能力

积极落实中央和地方的各项"三农"优惠政策，促进农村经济发展，提高农民收入水平，给予低收入农民一定的生活补贴，鼓励其增加文化消费；坚持城乡统筹、循序渐进的原则，加大行政推动力度以及公共财政投入力度，逐步建立起个人、集体和政府三方共同负担的筹资机制，完善农村社会保障制度体系。

（五）提高农村居民文化素质

以政府推动公共文化建设为契机，扩大宣传，通过送书、举办书展、农业科技培训与"三农"读物相结合等方式，营造农村居民读书氛围；以当地致富带头人通过学习获取成功为榜样，激发农民读书学习积极性，扩大图书的传播效应；针对农村人群结构，丰富公共文化服务内容，满足农村不同群体的学习需求；利用农村地方条件，开展各种形式的教育培训，不断提高农民思想文化素质；各级政府应提供多种渠道，方便农民获取信息，如科技培训、文化信息交流站等，创造有利条件，推进农业科技知识传播及应用，提高农民文化素质。

B.10

甘肃"1236"扶贫攻坚行动追踪调查

——以陇南市武都区为例

胡苗 马琳*

摘　要： 本文在较为全面地分析了甘肃陇南武都区扶贫开发现状、特点和面临挑战的基础上，运用扶贫开发的相关理论和实践范例考察了该地区扶贫开发的重点，提出了以下扶贫开发的建议。第一，马营片区要加大扶持力度，大力发展特色农牧业、中药材和生态经济；第二，洛塘片区要积极发展经济林果、生态养殖、生态旅游等产业，最大限度地把生态、气候和光热等自然资源变成经济资源；第三，隆兴片区是扶贫攻坚的主战场，要重点发展壮大花椒、核桃等特色产业，继续加强基础设施和生态建设，大力优化农业结构，发展节水高效农业；第四，藏族集居区扶贫要从少数民族独特的自然、地理、气候特点出发，充分发挥比较优势，积极发展季节畜牧业，建成草原肉牛羊生产基地。

关键词： "1236"扶贫攻坚行动　武都区　追踪调查

---

* 胡苗，硕士，甘肃省社会科学院农村发展研究所助理研究员，主要研究方向为农村经济学；
马琳，陇南市地方志办公室副主任。

陇南是列入国家扶贫计划重点的秦巴山区甘肃连片特困区的重点县（区），是全国和全省最贫困的地区之一，境内地形地貌复杂，高山、峡谷、川坝交错，贫困成因和类型多样，具有突出的典型性和很强的代表性；全市耕地绝大部分是坡度为25°以上的山地，土地贫瘠，综合肥力水平较低，自然资源匮乏；基础设施条件差，产业发展基础薄弱，增收渠道狭窄，是扶贫攻坚最难啃的"硬骨头"；返贫率居高不下，给扶贫攻坚带来巨大挑战①。在新一轮扶贫背景下，围绕"1236"扶贫攻坚行动，研究和探讨武都区扶贫情况，不仅对陇南市乃至甘肃省的扶贫攻坚工作，而且对经济社会发展都有着重要作用。

一 武都区扶贫开发的现状与特点

武都区是陇南市政治、经济、文化中心，总面积4683平方公里，总人口58.5万人，占全市总人口的20.65%。武都区山大沟深，土地贫瘠，大部分土地都处在干旱半干旱的半坡地带，人均耕地1.35亩。全区共有508个贫困村、15.01万贫困人口，贫困发生率30.26%。全区通公路村676个，公路通村率达98.8%；自来水受益村435个，自来水通村率达63.6%，实现了村村通电通电话目标。

（一）全方位推进产业结构调整，经济综合实力明显增强

武都区生产总值由2011年的59.97亿元增长到了2013年的77.46亿元，年均增长1.67%；全社会固定资产投资由2011年的75.84亿元增长到2013年的110亿元，年均增长2.24%；大口径财政收入由2011年的5.6亿元增长到了2013年的10.05亿元，年均增长0.64%；社会消费品零售总额由2011年的16.5亿元增长到了

---

① 《陇南市推动扶贫开发提质增效跨越发展纪实》，《甘肃经济日报》2013年5月27日。

2013 年的 23.05 亿元，年均增长 0.87%；城镇居民人均可支配收入由 2011 年的 12057 元增长到了 2013 年的 16255 元，年均增长 15.13%；农民人均纯收入由 2011 年的 2528 元增长到了 2013 年的 3382 元，年均增长 8.48%。综合经济实力有了明显增强。

（二）着力提升特色产业发展水平，初步形成农村经济新格局

油橄榄是武都区独具优势的产品，全区有 16 个乡镇 350 个村适宜生产，白龙江沿岸海拔 1300 米以下的河谷及半山地带为全国油橄榄最佳适生区，规划发展面积 30 万亩。2013 年底，武都区油橄榄挂果面积达到 8 万亩，产油橄榄鲜果 11000 吨，榨油 1600 吨，可实现综合产值 5.5 亿元。产区果农户均增收 2605 元，人均增收 761 元，占武都农民人均纯收入的 21%。油橄榄保存面积约占全国的 60%，橄榄油产量占全国的 93%，油橄榄鲜果产量占全国的 91%，是全国最大的初榨橄榄油生产基地；花椒产量 3000 万斤，实现产值 12 亿元，全区花椒栽植覆盖 34 个乡镇的 650 个村，鲜果产量 1.1 万吨，占全国的 87%，产值 5.5 亿元；核桃栽植面积逐年扩大，面积达 48.93 万亩，产量 915 万公斤，产值 1.6 亿元；中药材、蔬菜种植面积分别达 20.2 万亩、16.35 万亩。同时，茶叶、水产养殖、葡萄、莲藕、枇杷等产业基地面积逐年扩大，特色农业人均纯收入 1061 元，占陇南市农民人均纯收入的 30% 以上，基本上形成了以特色农业为主体的农村经济新格局。

（三）以基础设施建设为重点，不断提高农村居民生活水平

武都区通过实施整村推进、集中连片开发扶贫、新农村建设、灾后重建等项目，完成了一大批基本农田、人畜饮水、乡村道路等建设项目，使农民生产生活条件有了明显的改善。到 2013 年底，全区筹

集投入特困片区扶贫攻坚资金达到 2.2 亿元以上，15 个扶贫整村推进项目全面开工，贫困村生产生活条件逐步改善。完成人饮安全工程98 项，解决了 5 万人的安全饮水问题。开工建设 139 个村 544.51 公里的通村公路硬化项目，完成农村公路续建项目 66 项 181.7 公里。建成"一池三改"沼气 900 户，配发节柴灶 2000 台、太阳灶 956 台、太阳能热水器 800 台。

（四）以科技创业为重点，不断创新扶贫方式

武都区改变过去扶贫资金"撒胡椒面"的做法，集中有限的扶贫资金，以贫困村为单元，瞄准贫困对象，落实帮扶措施，大力实施扶持贫困村整体脱贫的整村推进工程①。同时，将电子商务与扶贫开发有机结合，把大山深处农民的小生产与外面的大市场联系在一起。在武都区的偏远乡村，可以看到电子商务的扶贫网店。目前，全区建立了"世纪之村·武都馆"实体店、电商仓储配送中心和"淘宝·武都土特产"店铺，新开设网店 242 家，培训电商管理从业人员 300多人次，初步建立了区中心交易平台、片区产业电商协会、乡（镇）网店、村（社）网店、个人网店五级销售网络体系，全区电商销售总额达 375 万元。武都花椒、油橄榄、核桃、中药材、茶叶、苦荞酒、副食品和文化旅游等 80 个大类、110 多个品种的特色产品通过电子商务走近大江南北的消费者。非公企业、大型超市、精品专卖店如雨后春笋纷纷登陆武都，折射出电商经济发展的空前活力②。

（五）以社会扶贫为重点，增强扶贫开发合力

一是医药卫生体制改革工作深入开展，公共卫生体系建设得到加

---

① 《凝心聚力战贫困——2013 年陇南扶贫开发工作纪实》，中国甘肃网－陇南日报，2014 年 2 月 8 日。
② 白杨等：《陇南市武都区经济社会转型发展纪实》，《甘肃经济日报》2014 年 7 月 4 日。

强，新农合、城镇居民和职工医疗保险制度运行良好，新农合参合率达到98.52%。临时救助、医疗救助、五保供养等政策全面落实，养老、医疗、工伤、失业、生育等保险制度运行良好，被征地农民养老保险工作稳步推进。2013年武都区农村人口为44万人，目前有37531户88800人享受农村低保待遇，基本实现了贫困地区、贫困群体全覆盖。二是着力完善服务体系，不断开拓劳务市场，劳务输出人数和劳务收入逐年增长。2013年，全区共输转劳务13.93万人（次），创收18.6亿元。同时，为了解决初中和高中未继续上学"两后生"的就业问题，提高劳动技能水平，选择具有较强实力和安置就业能力的职业技术学校，由扶贫资金资助培训，实现稳定就业，近几年参加"两后生"培训的学生达6200多人，有效地促进了劳务输转工作。三是大力实施异地移民工程，近年来共向新疆、福建及河西疏勒河移民4603户16992人，移民巩固率达到95%以上。

二 武都区扶贫开发面临的挑战

武都区作为国家扶贫重点区、地震重灾区、资源环境严重约束地区，虽然在扶贫开发中取得了显著成效，但受历史、自然、区位等诸多因素的影响，与全面建设小康社会和实现全省经济社会跨越发展的目标要求相比，依然存在诸多方面的问题和困难，脱贫致富的任务还相当艰巨。

（一）贫困程度较深，扶贫难度大、成本高

武都区规模扶贫开发始于1986年，当年界定贫困人口为32.85万人，经过14年扶贫开发，到2000年底全区贫困人口减少到2.99万人。2001年武都区被确定为国家扶贫开发重点县（区），界定当年贫困人口23.64万人，2010年底全区尚有贫困人口11.32万人。2011

年，中央扶贫工作开发会议新确定了扶贫标准为 2300 元，比 2010 年的国家贫困线提高了 92%，2011 年界定贫困人口 22.17 万人，2013年贫困人口 15.01 万人，占陇南市 83.94 万贫困人口的 17.88%。农民人均纯收入 3382 元，比陇南市 3535 元少 153 元，比全省 5093 元少 1711 元，相当于全省的 66.4%。武都区特殊的地形地貌，造成了少数村落生产生活条件十分恶劣，通过对居住在悬崖峭壁周边、地质灾害频发区域、高山半高山等不适宜生活居住区的测算，居民就近在乡镇建一个 100 平方米的房子，需要成本 10 万元，按此计算，扶贫成本高①。同时，区域内由于脱贫基础太脆弱，抗御自然灾害的能力比较差，扶贫成果很难巩固，返贫现象突出。

（二）基础设施建设滞后

武都区的贫困人口集中分布在深山林缘区、高寒阴湿山区和半山干旱区等自然条件严酷的地区，基础设施条件滞后是制约这些地区发展的关键。据统计，武都区 684 个行政村中尚有 478 个行政村不通沥青（水泥）路，940 个自然村未通公路；36.4% 的村未通自来水；贫困村标准化卫生室、标准化文化活动室比例低。这一数据与全省"1236"扶贫攻坚行动目标相比，差距很大。同时，在扶贫项目实施中，要求地方配套资金兑现困难。

（三）自我发展能力欠缺

从经济水平的总量看，武都区生产总值（77.46 亿元）高于甘肃县域经济地区生产总值的平均规模（62.78 亿元），但远低于全国县域经济地区生产总值的平均规模（121.10 亿元）。从人均指标看，武都区人均生产总值为 13240 元，低于甘肃人均生产总值（19809 元）和全国

---

① 《中国西部贫困地区探索就近城镇化》，新华网，2014 年 3 月 18 日。

人均生产总值（27256 元）。从产业发展水平看，武都区产业经济整体发展水平还不够高，产业链条尚未形成，服务配套还不完善，缺乏支撑未来发展的支柱产业。从自身财力看，武都区财政基本是"要饭财政"，低于全省地方财政的自给水平，县域经济自我发展能力十分不足。

贫困地区的落后归根结底是缺乏高素质或高水平的人力资本，是教育水平的落后。陇南市的平均受教育年限约为 7 年，低于全国的 10.17 年、全省的 8.17 年，在藏族片区，还存在语言障碍问题，人均受教育水平更低。

（四）资源环境保护与扶贫开发的矛盾突出

武都区是长江重要的水源涵养区、水源补给区、水土保持的前沿区，在保持流域生态平衡、确保全省乃至全国生态安全等方面具有不可替代的作用。有相当一部分国土面积被划为天然林保护区、生态公益林区和自然保护区。而这些区域大多处于贫困地区的中心区和核心区，限制性、禁止性开发比重大，扶贫开发与资源环境保护的矛盾相对其他地区更为突出。

三　武都区扶贫攻坚的重点区域

为了贯彻落实甘肃省委省政府《关于深入实施"1236"扶贫攻坚行动的意见》精神和陇南一号文件（《关于深入推进扶贫攻坚行动的实施意见》，陇发〔2014〕1 号）要求，陇南市将贫困程度最深、贫困人口最集中的区域划分为 25 个特困片区，武都区有马营片、洛塘片、隆兴片三大特困片区及坪垭、磨坝两个藏族乡①，特

---

① 《陇南市以 25 个特困片区为重点全力打好扶贫攻坚战》，中国甘肃网－陇南日报，2014 年 1 月 27 日。

困片区涉及 17 个乡镇、246 个贫困村，涵盖 1190 个村民小组、1079 个自然村，46500 户 190148 人，贫困人口 84679 人。特困片区贫困村占全区贫困村的 85.7%，贫困人口占全区的 56.4%，贫困发生率 44.54%。

（一）马营片——高寒阴湿区

马营片涉及马营、池坝、蒲池 3 个乡、43 个贫困村，涵盖 218 个村民小组，10333 户 41841 人，贫困人口 17823 人，劳动力 23016 个，耕地面积 69123 亩，人均 1.65 亩。贫困村占特困片区贫困村的 17.48%，贫困人口占特困区贫困人口的 21.05%，贫困发生率 42.6%（见表 1）。通沥青路或水泥路行政村数为 10 个，通安全饮水的行政村数为 40 个，年平均劳务输转 12649 人，是武都区 3 个特困片区中最贫困的片区，也是典型的高寒阴湿区，无霜期短，基本上十年九灾。

马营片有 10 万亩宜林区，目前已发展 4 万亩落叶松和油松，花椒发展面积为 10415 亩，核桃发展面积 5233 亩，油橄榄发展面积 220 亩，中药材发展面积 17184 亩。礼武公路建设工程正在加快进度施工，并发展了 160 亩中药材种植基地，为群众种植中药材进行示范带动。目前，武都区集中多方力量，整合各类项目资金，首先启动实施了马营片的扶贫攻坚行动，主要任务是实施以公路为主的基础设施建设，加大危旧房改造力度，开展美丽乡村建设，依托资源优势发展劳务、中药材等特色富民产业。礼武公路建设项目是带动武都区马营片区加快发展步伐的交通大动脉①。

马营片区发展要加大扶持力度，大力培育特色农牧业、中药材和生态经济，重点抓好良种引进和规模设施养殖建设，把中药材产业作

---

① 《孙雪涛深入武都区集中连片特困片区马营片调研》，《陇南日报》2014 年 5 月 22 日。

表1　马营片基本情况

乡村名称	贫困村（个）	村民小组数（个）	自然村数（个）	户数（户）	人口（人）	劳动力（个）	贫困人口（人）	人均耕地面积（亩）	贫困人口占总人口比重（%）
马营乡	16	104	93	4514	18277	10335	8075	1.85	44.18
池坝乡	4	27	13	1505	6008	3266	3047	2.55	50.72
蒲池乡	23	87	47	4314	17556	9415	6701	1.14	38.17
马营片	43	218	153	10333	41841	23016	17823	1.65	42.60

资料来源：陇南市扶贫办公室。

为加快片区经济发展、增加农民收入的优势产业来抓，建设中药材基地，种植种类主要以党参、红芪为主。紧抓国家退耕还林工程的大好机遇，认真搞好荒山绿化、植树造林等一系列行之有效的生态建设活动，发展生态经济。

（二）洛塘片——深山林缘区

洛塘片涉及琵琶镇、洛塘镇、枫相乡、三仓乡、五库乡、月照乡、五马乡、裕河乡8个乡镇、110个贫困村，涵盖629个村民小组，22227户93048人，贫困人口40714人，劳动力52359个，耕地面积164927亩，人均1.77亩。贫困村数量占特困片区贫困村的44.72%，贫困人口占特困区贫困人口的48.08%，贫困发生率43.76%（见表2）。通沥青路或水泥路行政村数为44个，通安全饮水的行政村数为111个，年平均劳务输转24501人。洛塘片山大沟深，自然条件严酷，生态相对脆弱，灾害多发频发。2013年，花椒发展面积为19789亩，核桃发展面积78017亩，油橄榄发展面积4093亩，中药材发展面积19841亩。

洛塘片生态植被茂密，动植物资源丰富，长期以来受地域偏僻、交通不便、基础薄弱等因素的制约，相对比较贫困。但随着武罐高速

表2 洛塘片基本情况

乡村名称	贫困村（个）	村民小组数（个）	自然村数（个）	户数（户）	人口（人）	劳动力（个）	贫困人口（人）	人均耕地面积（亩）	贫困人口占总人口比重（%）
琵琶镇	20	102	90	3343	14155	7626	7248	1.66	51.20
洛塘镇	26	161	149	6468	26681	14414	10252	1.87	38.42
枫相乡	10	89	91	2217	9573	4668	3168	1.60	33.09
三仓乡	18	87	87	3131	14058	10548	7203	1.62	51.24
五库乡	15	76	76	2876	11882	5322	6829	1.75	57.47
月照乡	7	24	28	1147	5192	2766	2011	1.47	38.73
五马乡	10	56	43	1700	6682	4709	2674	2.15	40.02
裕河乡	4	34	27	1345	4825	2306	1329	2.20	27.54
洛塘片	110	629	591	22227	93048	52359	40714	1.77	43.76

资料来源：陇南市扶贫办公室。

公路的通车，洛塘片交通瓶颈问题将彻底打破。该区域发展要充分发挥当地的自然资源、气候环境、劳动力等方面的优势，积极发展经济林果、生态养殖、生态旅游、林下经济等产业，最大限度地激活生态资源增收潜力，促进农民增收。

对基础设施落后、生存条件恶劣的高寒阴湿区、深山林缘区和地质灾害频发区，由于公共服务和基础设施配套成本高，应有序推进易地扶贫搬迁或向外移民。通过土地流转、劳务输出、自主创业等措施，确保搬迁群众搬得出、稳得住、能发展、可致富。

（三）隆兴片——半山干旱地区

隆兴片涉及隆兴乡、龙坝乡、鱼龙镇、黄坪乡4个乡镇、78个贫困村，涵盖293个村民小组，11368户44746人，贫困人口21099人，劳动力25228个，耕地面积115240亩，人均2.58亩。贫困村数量占特困片区贫困村的31.7%，贫困人口占特困区贫困人口的

24.92%，贫困发生率47.15%（见表3）。通沥青路或水泥路行政村数为26个，通安全饮水的行政村数为48个，年平均劳务输转10509人。2013年，花椒发展面积为3273亩，核桃发展面积19725亩，中药材发展面积25222亩。

表3 隆兴片基本情况

乡村名称	贫困村（个）	村民小组数（个）	自然村数（个）	户数（户）	人口（人）	劳动力（个）	贫困人口（人）	人均耕地面积（亩）	贫困人口占总人口比重（%）
隆兴乡	19	63	65	2590	10307	5835	5080	2.75	49.29
龙坝乡	16	55	55	1486	5801	3479	3407	3.23	58.73
鱼龙镇	29	120	119	5192	19364	10651	8830	2.32	45.60
黄坪乡	14	55	52	2100	9274	5263	3782	2.51	40.78
隆兴片	78	293	291	11368	44746	25228	21099	2.58	47.15

资料来源：陇南市扶贫办公室。

该区域是扶贫攻坚的主战场，低半山要重点发展以油橄榄为主的产业，高半山要重点以花椒、核桃等为主，发展经济林果和抗旱耐旱作物，继续加强基础设施和生态建设，大力优化农业结构，发展节水高效农业，加大农业科技推广力度，提高农产品的商品率、优质品率和加工深度。要大力发展集雨节灌、提灌、安全饮水、生态建设等项目，增强农业发展实力，改善生产生活条件。

（四）藏族集居区

藏族集居区涉及坪垭乡、磨坝乡2个乡、15个贫困村，涵盖50个村民小组，2572户10513人，贫困人口5043人，劳动力5644个，耕地面积5043亩，人均0.48亩。贫困村数量占特困片区贫困村的6.1%，贫困人口占特困区贫困人口的5.96%，贫困发生率47.97%（见表4）。通沥青路或水泥路行政村数为8个，通安全饮水的行政村数为14个，年平均劳务输转 3025 人。2013 年，花椒发展面积为 6170 亩，核桃发展面积为 6091 亩，油橄榄发展面积为 646 亩，中药材发展面积为 3098 亩。

表 4　藏族集居区基本情况

乡村名称	贫困村（个）	村民小组数（个）	自然村数（个）	户数（户）	人口（人）	劳动力（个）	贫困人口（人）	人均耕地面积（亩）	贫困人口占总人口比重（%）
坪垭乡	8	20	12	1232	5229	3132	2619	0.50	50.09
磨坝乡	7	30	32	1340	5284	2512	2424	0.46	45.87
藏族集居区	15	50	44	2572	10513	5644	5043	0.48	47.97

资料来源：陇南市扶贫办公室。

该区域扶贫一是要从少数民族独特的自然、地理、气候特点出发，充分发挥比较优势，积极发展季节畜牧业，建成草原肉牛羊生产基地；二是维护藏区稳定，着力解决影响社会和谐稳定的深层次矛盾，紧密团结依靠各族干部群众，深入细致地做好群众工作，加强宗教界代表人士培养力度，进一步发挥他们在构建和谐社会中的积极作用，加强和创新社会管理，最大限度地减少不和谐因素。

四　扶贫攻坚的对策建议

（一）提升农村金融服务能力

当前，武都区正紧紧抓住秦巴山区连片扶贫开发机遇，深入贯彻实施省上"1236"扶贫攻坚行动和陇南市委市政府提出的"433"战略。但随着贫困规模的扩大，加之地方政府扶持力度有限，既要巩固提升现有扶贫成果、全面推进贫困人口脱贫，又要突出解决深度贫困问题，困难较大。一方面，发挥财政资金"四两拨千斤"的作用，调整财政惠农方向，改变以往财政资金简单给予的方式；另一方面，发挥银行金融扶贫主渠道的作用，吸引更多的信贷资金和社会资金参与"造血"，妇女小额担保贷款、中和农信贷款、农耕文明贷款规模不断扩大，农民资金互助社等新型农村融资方式逐步推开，牛羊蔬菜产业贷款、易地扶贫搬迁农户建房贷款启动实施。

（二）着力培育发展特色富民产业

充分发挥武都区生态环境和自然资源优势，对不同区域、不同类型的贫困村社，分类进行指导，大力发展，做大做强优势主导产业，即核桃、花椒、油橄榄、中药材等；积极发展，力争扩大规模区域特色产业，即畜牧、茶叶等；积极引导农民以土地、资金入股开展股份合作、专业合作，支持有技术专长和经营管理能力的农村能人领办创办农民专业合作社，开展农民专业合作社市级示范社建设，带动更多的农民开展专业化、标准化、集约化生产；引进和培育辐射带动能力强的龙头企业，鼓励和引导工商企业投资农业，以工业化的思维和方式发展农业，培育明星企业、名牌产品。

（三）大力开展农村劳动力培训输转工作

继续坚持就地转移和向外输出两条腿走路的做法，围绕全国劳动力市场需求，加大有组织培训输转力度，推行订单培训、定向培训、就业基地培训等方式，总结完善和推广在实践中形成的具有陇南特点的农民工"大篷车"培训模式；拓宽劳务输转渠道，实施好"牵手工程"，中专中技就业工程，陇南妹、家政大嫂进城务工工程，扩大陇南劳务品牌影响力，让更多的劳动力从土地上解放出来，进一步做大做强劳务经济[1]。

---

[1] 《陇南市推动扶贫开发提质增效跨越发展纪实》，《甘肃经济日报》2013 年 5 月 27 日。

（四）优先支持贫困地区教育事业

一是继续加大教育资源向中西部和农村倾斜，促进义务教育均衡发展；二是努力普及初中教育，必须把发展教育的重点放在普及初中教育上，努力提高适龄儿童入学率，解决部分少年儿童不上学和中途辍学的问题，防止新一代文盲人口的产生；三是率先落实学生营养改善计划，改善贫困地区农村儿童营养状况；四是加大贫困地区教育基础设施建设，全面改善贫困地区义务教育薄弱学校办学条件；五是加强农村特别是边远贫困地区教师队伍建设，扩大优质教育资源覆盖面。

（五）切实加强基层干部的培养力度

扶贫攻坚主要是靠群众，关键在干部，必须大力加强各级领导班子思想政治建设，加大在信访、维稳、征地拆迁等急难险重和联村联户、扶贫攻坚等基层一线培养锻炼干部的力度。一是选贤任能。采取组织推荐、群众举荐、个人自荐的方式参与竞争，打破地域、行业、身份界限，把群众威望高、工作能力强、有一定经济头脑、能引导群众脱贫致富的党员作为贫困农村支部书记候选人，培育一批懂科技、用科技、会经营的现代新型农民，增强班子的整体功能。二是干部教育培训。充分利用媒体、夜校、短期培训班和职业技术学校等途径和方法，通过理论学习与实际相结合、课堂教学与实地观摩考察相结合，组织干部到一些经济发达的市县去学习参观先进典型，开阔眼界，拓宽思路，使干部所学到的专业理论和技能在实际工作中发挥作用，为农村培养、储备一批高素质的基层党员干部。

（六）引导社会力量参与扶贫

"政府主导，社会参与"是我国扶贫开发主要模式，但甘肃扶贫

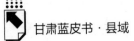

存在政府主导"过度"而社会参与"不足"的问题。要进一步引导社会各界关注贫困问题，动员社会力量合力攻坚，一是靠引导，形成全社会参与的浓厚氛围；二要靠激励，形成激发各界参与热情的激励机制，逐步构建政府、市场、社会协同推进的大扶贫开发格局。

（七）将生态补偿与扶贫开发有机衔接

陇南生态环境极为脆弱，水土流失严重，暴洪水旱等自然灾害多发，是我国泥石流地质灾害四大发育区之一。因此，生态屏障的建设显得尤为重要。建议把陇南集中连片特殊困难地区作为国家生态补偿试点地区，加大中央财政对生态林的生态补偿力度，提高补偿标准。将陇南的退耕还林、生态修复、生物多样性保护、水土保持、水资源管理等重点项目列入扶贫开发内容予以支持。同时，尽快出台相关政策，拓宽生态效益补偿资金的筹措渠道，推进陇南生态建设和环境保护。

B.11
甘肃促进农民工市民化路径探析

徐吉宏　徐吉伟*

摘　要： 农民工市民化是新型城镇化、现代化发展的客观要求，是解决"三农"问题的基本出路，是城乡发展一体化的必然趋势。本文通过从宏观、微观入手分析甘肃农民工市民化现状，并针对其主要制约因素进行分析，最后有针对性地提出促进农民工市民化路径：第一，深化户籍制度改革，剥离附着户籍的特权待遇；第二，改革和创新农村土地制度，破解农民工与农村土地的"脐带"；第三，增强农民工的就业能力，提升城镇吸纳农民工的就业容量；第四，建立健全农民工社区服务体制；第五，构建多元化农民工市民化途径。

关键词： 甘肃　农民工　农民工市民化　城镇化

改革开放以来，我国农民工已经形成庞大的群体，但这个群体由于处于城市与农村"边缘人"角色，无法真正融入城市，严重阻碍了其市民化。在全面建成小康社会和新型城镇化的新形势下，农民工

---

* 徐吉宏，硕士，甘肃省社会科学院农村发展研究所助理研究员，主要从事农村发展及地理信息技术研究；徐吉伟，硕士，就职于甘肃省民勤县农业技术推广中心。

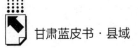

的状况、地位及其所带来的社会问题，已成为学术界和政府部门重点研究的课题。一方面，农民工为城镇发展做出了巨大贡献，城镇发展离不开农民工；另一方面，农民工却不能享受改革带来的红利。而解决好农民工问题的根本途径就是使其市民化，这不仅是新型城镇的现实要求，也是全面建成小康社会的客观需求。

甘肃作为欠发达地区，加速农民工市民化进程，不仅关系到新型城镇化进程，而且对解决"三农"难题，促进经济社会"转型跨越"发展，以及全面建成小康社会具有重大的现实意义。

一 农民工市民化研究现状

农民工是我国特殊背景下（城乡二元户籍结构）出现的特殊社会群体。目前，有关农民工市民化研究主要集中在以下方面。

农民工市民化的内涵。目前，农民工市民化还没有形成完整统一的定义，总结其主要内容：农民工在实现职业转变的基础上，获得与城镇户籍居民均等一致的社会身份和权利，能公平公正地享受城镇基本公共服务和各项社会福利，全面参与政治、经济、社会和文化生活的过程。

农民工市民化的现状。江立华（2013）从农民工转型角度研究，认为目前绝大多数农民工仅完成农民向农民工转变与农民工流向城市的社会角色过程，但尚未真正融入城市社会。魏后凯、苏红键等（2014）对2012年中国农民工市民化进程进行跟踪评价，结果表明：2012年农民工市民化总体进程止步不前。

农民工市民化的趋势。劳动与社会保障部劳动科学研究所课题组（2013）指出，农民工市民化不仅要在数量上实现相当部分农民工身份和职业的转化，而且要在质量上实现社会交往、工作方式、生活方式以及价值观念等与城市市民的融化。韩树杰（2014）指出实现城镇化的关键是人的问题（农民工市民化），在新型城镇化进程中必须关注农民工市民化。

农民工市民化障碍。王守智（2014）从推进农民工市民化的制度障碍（户籍、就业、社会保障、土地等制度）分析，提出了优化和创新对策建议。王超（2014）从阻碍农民工市民化的宏观因素（城乡二元体制、社会保障、收入分配）、中观因素（政府推动力、社会组织）和微观因素（农民工自身、城市居民认可）分析，并提出对策建议。杨萍萍（2012）利用 Logistic 回归分析了影响农民工市民化意愿的因素，结果表明：最显著影响因素是户籍状况与举家迁移；一般显著影响因素是文化程度、婚姻状况、子女个数和进城时间；无显著影响因素是性别、职业类型、职业技能、配偶所在地、子女随迁、住房类型、收入水平和消费水平。此外，还有从经济学、社会学、人口学、科学社会主义、政治学等学科视角进行的研究。

农民工市民化的途径。张传泉（2014）在分析我国农民工市民化制约因素基础上，提出通过培育农民工市民化的有效载体、改革制度、建立劳动力市场机制、完善组织管理、统一观念认知、增强农民综合素质等路径措施，推进农民工市民化进程。李仕波（2014）在分析农民工市民化现实困境的基础上，从住房、就业、公共服务制度、公共成本等角度提出农民工市民化路径。

此外，近年来国家层面出台一系列有关农民工市民化改革的户籍制度、土地制度后，各方开始关注农民工市民化成本研究，忽视其改革收益。蔡昉认为，农民工市民化可通过增加劳动力，提高生产效率，从而提高其潜在增长率，从总体来看，农民工市民化的收益要高于成本。

综上所述，目前国内外关于农民工市民化研究已形成丰富的成果，有些成果已被应用。但这些研究成果也存在着一定分歧，主因是各地区经济社会发展差异和农民工实际状况不同，不能真实客观地反映和应用其成果。此外，从文献资料来看，大多数研究关注于国家层面，以及东部、中部等城镇化水平较高的城市和地区，针对欠发达地区甘肃农民工市民化研究很少。因此，本文以甘肃农民工为着眼点，在借鉴研究成果的同时结合甘肃自身实际，从宏观与微观角度分析农民工市民化现状、制约因素，并探析其市民化路径，使其研究更有说服力，更具有实践意义和理论价值。同时，在新型城镇化背景下，研究成果不仅有助于解决甘肃省农民工融入城镇的难题，而且对实现农村剩余劳动力持久、稳定、最终转移等方面具有重要的现实意义，更有助于2020年全面建成小康社会。

二 甘肃农民工市民化进程与现状分析

（一）宏观方面

1. 农民工市民化外在拉力

（1）农民工市民化是城镇化进程的关键需求。甘肃城镇化发展水平比较低，已成为甘肃社会、经济发展的重要制约因素。2013年甘肃省城镇化率为40.2%，远低于全国水平的53.7%，相差13.5个百分点；与全国其他30个省级行政区相比，2013年甘肃省城镇化率排名为28位，全国倒数第四。从2003~2013年城镇化率来看（以2003年为基点），甘肃和全国城镇化率均呈稳步增长态势；甘肃城镇化率年均增长率为3.92%，高于全国的2.86%（见图1）。表明处于低层次城镇化水平的甘肃城镇化发展速度相对较快。从侧面反映了虽然甘肃城镇化水平较低，但其发展空间潜力优势很大。国际经验表明：城镇化率在30%~70%，是城镇化的快速推进阶段。2012年，党的十八大提出"要加快推进中国特色新型城镇化"信号，为甘肃城镇化提供了新契机和新机遇。

从2003~2013年甘肃城镇化率、农村人口、城镇人口变化趋势可以看出（见图1），城镇化率与农村人口的减少和城镇人口的增加的关联性很强，分析其根源主要是大量农村剩余劳动力（农民工）向城镇转移（市民化）的过程。因此也可以理解为农民工市民化进程与城镇化水平的关联性很强，在一定程度上证实了"城镇化是农民工市民化的动力，农民工市民化是城镇发展的重要力量"的观点。

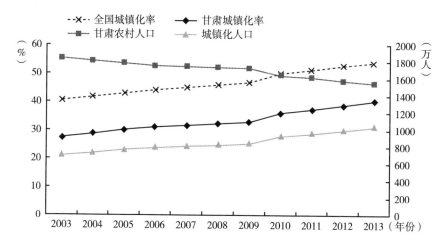

**图1　2003~2013年全国、甘肃城镇化率与
甘肃城镇、农村人口分布**

资料来源：《中国统计年鉴（2004~2013）》、《甘肃统计年鉴（2004~2013)》、国家统计局、2014年《甘肃省人民政府工作报告》。

综上分析说明，一方面甘肃省城镇化水平较低，加快促进城镇化发展是甘肃社会经济发展的必然趋势，也是加快农民工市民化进程的现实需求。另一方面甘肃城镇化进程的加快，必然需要大量农民工进入城镇，其市民化也是城镇化进程的关键需求。

（2）农民工市民化是经济发展和扩大内需的现实需求。截至2013年底，甘肃输转城乡富余劳动力539.8万人，创劳务收入708.6亿元，占总GDP的11.31%。而甘肃城镇居民人均消费性支出

14020.72元（现价），农村居民人均生活消费支出4849.61元（现价）。从而反映了农民工进城务工对甘肃国民经济快速发展的显著作用，但是农村居民消费水平仅占城镇居民的1/3多。因此，基于甘肃现状，可把扩大内需的着眼点放在农村居民消费，而其根本途径也就是农民工市民化。虽然农民工市民化会引起城市公共成本增加，但消费环境、消费意愿等的改变，势必会促进消费升级，从而推动国民经济增长；同时农民工市民化也能从侧面带动城镇基础设施建设，拉动投资，推进城镇健康、稳定发展。

（3）农民工市民化是破解"三农"核心问题的有效途径。连续10年中央一号文件都聚焦"三农"问题，强调了"三农"问题在我国现代化进程中的重要地位。目前，甘肃省作为农业大省，最突出的问题还是城乡居民收入差距太大。2013年，城乡居民收入比依然达3.72∶1，远高于全国平均水平（3.03∶1），这与2.8∶1的小康目标差距巨大。如何解决其难题？其着眼点就是转移农民、减少农民，即农民工市民化。这进一步说明了农民工市民化是解决"三农"问题的有效途径。

（4）农民工市民化是新时期新政策改革的宏观导向。2012年党的十八大明确提出，"加快改革户籍制度，有序推进农业转移人口市民化，努力实现城镇基本公共服务常住人口全覆盖。"[1] 这是从战略的高度提出了农民工的未来出路——市民化，也标志着农民工市民化进入新的发展历程。2013年《关于成立国务院农民工领导小组的通知》，把农民工问题提升到国家重点关注问题。2014年国务院《关于全面深化农村改革加快推进农业现代化的若干意见》提出："加快推动农业转移人口市民化，积极推进户籍制度改革，建立城乡统一的户口登记制度，促进有能力在城镇合法稳定就业和生活的常住人口有序

---

[1] 《十八大授权发布：胡锦涛强调，加快完善社会主义市场经济体制和加快转变经济发展方式》，新华网，2012年11月8日，http://news.xinhuanet.com/politics/2012-11/08/c_113637808.htm。

实现市民化。"[1] 同年，7 月 30 日《关于进一步推进户籍制度改革的意见》（国发〔2014〕25 号），标志着二元户籍制度将成为历史，其改革开始步入全面实施阶段，为促进农民工市民化进程奠定基础。9 月30 日《关于进一步做好为农民工服务工作的意见》（国发〔2014〕40号），从农民工就业创业、劳动保障权益、逐步实现平等享受城镇基本公共服务和在城镇落户、社会融合等部署做好农民工工作，推进其市民化。此外，2013 年一号文件还提出"鼓励和支持承包土地向专业大户、家庭农场、农民合作社流转"。[2] 2014 年中央一号文件提出"深化农村土地制度改革"，进一步为农民工市民化奠定基础。

总之，从上面宏观政策层面来看，农民工市民化已是大势所趋，前景可观，也为甘肃加快新型城镇化进程、促进农民工市民化进程、破解"三农"难题、促进社会经济转型发展提供了政策保障。

2. 农民工市民化内在动力

一是高收入是促进农民工市民化的主要动力。农民工进城务工，职业身份转变以及由此带来的高收入是促进农民工市民化的主要动力。甘肃农民人均纯收入从 1984 年的 221.05 元增长到 2011 年的5107.76 元，据相关研究表明，其中相当大一部分收入的增加来源于农民工进城务工。二是子女教育问题是促进农民工市民化的精神动力。由于甘肃存在农村教育资源不足、师资力量薄弱等问题，大多数农民工对子女期望很高，都希望子女在城市接受高质量教育，改变未来生活状况，其市民化能为子女上学创造良好的条件。三是破除农民工身份"枷锁"是农民工市民化的根本动力。目前，甘肃农民工仅仅改变了职业和地域身份，而未成为真正市民，也未能享受市民身份

---

[1] 《中央：促进有能力在城镇就业常住人口实现市民化》，中国新闻网，2014 年 1 月 19 日，http://www.chinanews.com/gn/2014/01 - 19/5753331.shtml。

[2] 《中央一号文件首提发展"家庭农场"》，新华网，2013 年 2 月 14 日，http://news.xinhuanet.com/fortune/2013 - 02/14/c_ 114676080.htm。

所附着的福利、待遇，享受这些待遇是农民工的梦想，也是农民工市民化的根本动力所在。四是自身素质提升是农民工市民化的潜在动力。随着社会发展和进步，农民工自身素质与现代社会发展的要求差距越来越大。一方面农民工文化教育和技能素养越来越不适应现代企业要求；另一方面是农民工进城务工前，农村家庭土地"零散"经营习惯导致其缺乏现代企业所要求的团队协作、纪律性和组织性。为了适应社会发展和现代企业发展要求，迫于生活压力，不得不提升其自身素质与之相适应，而最根本途径就是市民化。

（二）微观方面

为了更深入地了解甘肃农民工的现状，探求农民工市民化制约因素，笔者于2012年5月进行了农民工问卷调查和访谈，共发放问卷130份，收回有效问卷120份。

1. 年龄和性别结构

从年龄和性别来看，被调查的农民工年龄主要集中在19～45岁，占总样本的96.67%，18岁及以下与46岁及以上的农民工仅有3.33%；同时，可看出男性农民工（67.5%）明显多于女性（32.5%）（见表1），表明甘肃农民工以男性青壮年为主，也从侧面反映了农村家庭生产以妇女和老人为主，根源是甘肃农村耕地少、贫困等，妇女、老人需承担大量的农业生产，解放出青壮年劳动力流入城镇务工，以此增加家庭收入。

2. 教育程度、职业、收入水平

从教育程度来看，农民工文化程度呈现"橄榄型"的特点，初中和小学文化程度比例很大，占样本的60%；高中和中专文化程度占29.17%；文盲和大专及以上学历的文化程度很小，仅占10.83%（见图2）。反映了甘肃农民工的文化水平虽然有了很大提高，但总体程度还是很低。

表1　农民工年龄、性别结构

单位：%

年　龄	男	女
18 岁及以下	1.67	0.83
19~35 岁	27.50	10.83
36~45 岁	37.50	20.83
46 岁及以上	0.83	0

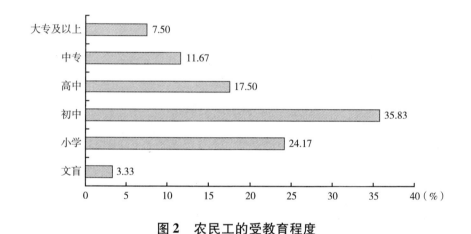

图2　农民工的受教育程度

结合图3可以看出，农民工主要从事技术工和建筑业，分别占26.67%、21.67%。反映了农民工的文化程度在一定程度上影响了其职业选择，受教育程度越高的农民工选择"技术工"的概率较大，学历较低的农民工选择建筑业越多。同时，女性农民工绝大多数选择餐饮、服务业。

结合图4可以看出，被调查者农民工月收入在2001~2500元，占总样本的30.83%，2501~3000元占21.67%，1501~2000元占19.17%（见图4）。从调查分析结果来看，收入相对高的农民工，其文化程度都在初中以上（或具有某项特殊技能）。

总结以上分析，农民工主要以青壮年为主，且其文化程度与年

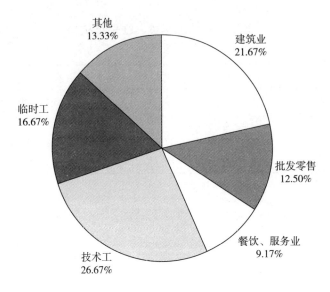

图3　农民工从事职业

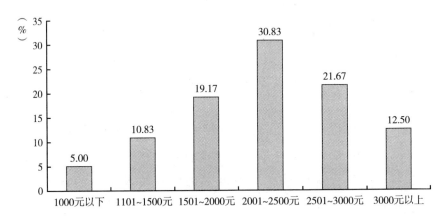

图4　农民工收入水平

龄、职业选择、收入水平有一定的关联性，农民工文化程度越高越倾向于"技术工"，相对工资越高；农民工文化程度越低越倾向于苦力职业，相对工资也越低；女性农民工更倾向于在第三产业就业。此外，也反映了甘肃农民工收入水平依然很低。

3. 居住条件

从农民工居住条件来看，被调查的农民工由单位提供临时住所的占总样本的51.67%，租赁房屋占44.17%，投靠亲友占3.33%，保障性住房占0.83%（见图5）。结合访谈分析，大部分租赁房屋的是新生代农民工（1980年后出生的农民工），占80%，侧面反映了新生代农民工相对比较注重精神和物质生活。同时，从调查结果中看出，仅1个农民工购买了保障性住房，大多数依然无能为力，这也是农民工市民化最大的障碍。

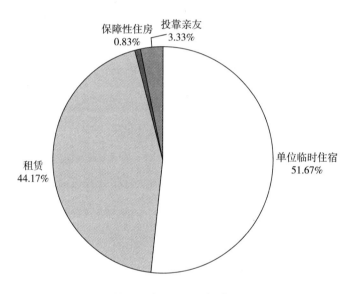

图5 农民工住房情况

4. 农民工就业途径和标准

从农民工就业途径来看，农民工寻找工作时通过老乡介绍占总样本的27.5%，亲戚帮助占25.83%，家人帮助占17.5%，职业机构介绍占8.33%，单位招工占7.5%，其他占13.33%（见图6）。反映了农民工就业途径主要依靠其个人关系（亲朋好友）网络，就业渠道狭窄。

从农民工择业标准来看，选择"工资高"占总样本的49.17%，

"学技术"占20%,"稳定"占17.5%,"城市"占8.33%,其他占5%(见图7)。可以看出,大部分农民工外出务工择业标准主要关注工资高低。这也从侧面反映出高收入是促成农民工外出务工的主要推动力。

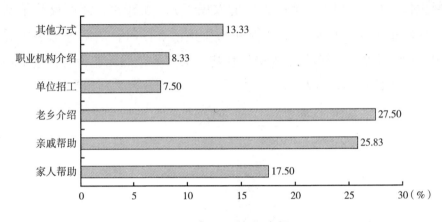

图6 农民工就业途径

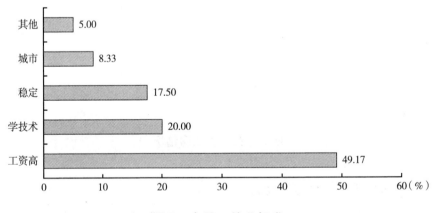

图7 农民工就业标准

5. 农民工社会保障状况

从问卷调查来看,40%的农民工与用人单位签订了劳动合同,60%没有签订合同。而这40%的农民工主要享有医疗保险、工伤保险、养老保险，分别占其33.33%，29.17%，29.17%。由此可见，农民工的社会保障水平依然处于较低水平。同时，结合访谈分析，农民工享受的社会保障与从事的工作内容有很大关系，建筑业的农民工主要享有工伤保险，服务业的农民工较多享有养老保险和医疗保险。

此外，由于农民工群体的大量增多，用工需求已有了"供大于求"的趋势，尽管中央与地方政府一直强调维护农民工权益，并出台了相关的政策法规，但农民工就业形势难、就职心切等，变相地造就单位（雇主）拥有是否签劳动合同和购买社会保障等的决定权。同时，部分农民工和单位（老板或包工头）是流动的，农民工最大的愿望就是出工挣钱、及时结清工钱，忽视了劳动合同和社会保障。从表面看，这些农民工都是自愿的，但也反映了农民工维权意识差，使其正常权益得不到维护。

6. 农民工自我认同

当被问及"您觉得您现在是市民、农民，还是不清楚"时，50%的回答是说不清。结合访谈分析，这50%农民工中多数属新生代农民工。从而反映了新生代农民工对成为市民的愿望是很强烈的，但由于其身份的"非工非农"，不能真正融入城市，又不能完全从农村和农业中退出，仅仅完成职业转换和地域转移。

47.5%的农民工认为他们现在是农民。结合访谈分析，这些人中老一代农民工（1980年前出生）占70%左右。一是部分农民工认为进城务工主要是农村环境恶劣、农业生产基础差等，迫使其外出打工增加家庭收入。但目前城市的高物价、高房价等，使他们对城市生活产生恐惧感。二是国家近年来加大对农村的惠农政策、征地补偿等力度，部分农民工觉得在自身年轻时外出务工，增加点收入，最后回农村"以地养老"。三是由于自身文化低，"市民"身份是他们可望而不可求的。

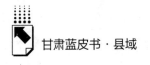

三 甘肃农民工市民化制约因素分析

（一）省情条件制约

受地貌复杂、自然条件恶劣等各种复杂因素影响，甘肃城镇化水平低，整体经济发展水平比较落后，仍然是全国最落后的地区。同时，小城镇空间布局分散、规模小、产业支撑比较弱，对农村劳动力转移（农民工）的辐射度不足，严重制约着农民工市民化进程。

（二）二元户籍制度障碍

长期二元户籍制度的存在，以及其背景下所附属的就业、教育、医疗、养老、住房等政策，使农民工无法真正融入城市，游离在城市管理边缘，无法享有城市居民待遇，严重阻碍着农民工市民化进程，从而遏制着城镇化进程。

一是户口是城市和农村间的"身份鸿沟"，致使农民工处于城市与农村"边缘人"的境地。农民工虽在城镇务工，但没有城镇居民的归属感，加上缺乏话语权和自信等，容易产生被忽视、被排斥、被边缘化的心理落差。

二是附着于户口上的福利待遇政策障碍。城市市民可以享受城市最低生活保障、住房补贴、就业、教育等政策，而农民工却只能"望洋兴叹"。甘肃农民工工资水平低、就业难且不稳定，加上物价高、"天价"住房等因素，在城镇安家、消费、子女上学等成本太高，大部分农民工没有能力负担，导致农民工市民化意愿降低，这些增强了农民工对农村土地的"精神依赖"，只能以"摆钟式"或"兼业式"形态把农村土地当作最终保障，造成农民工"候鸟式"社会生活方式，严重阻碍了农民工市民化。

随着 2014 年户籍改革的深入，总体来看，一是城镇和农民虽统一登记为"居民户口"，彻底废除二元户籍制度，但是对农民工来说，根深蒂固的二元户籍思想转变还需要一个过程；二是大城市对进城务工的农民工设置比较高的门槛，这对甘肃大多数农民工来说落户仍然是非常困难的事情；针对中小城镇，目前甘肃还没有出台专门针对农民工在城镇落户的具体激励和支持措施，阻碍了农民工市民化的进程。

（三）权益维护问题突出

从上面分析可以看出，大部分农民工与用人单位没有签订劳动合同，分析其原因主要有：一是企业不想承担相应责任，不愿意与农民工签订劳动合同，这样用人单位就有很大的灵活权力（可随时辞退、随意延长劳动时间、拖欠和挪用工资等），可以不用购买社会保险，节省资金；二是农民工自己不愿意。由于农民工工作流动大，目的是多挣钱，如果签了劳动合同，个人也要负担部分费用，所得收入就会相应减少。

同时，即使签订合同，大部分农民工也仅知道用人单位权利和自己义务，不知道如何利用劳动合同维护自我合法权益。如此下去，不仅损害了农民工的市民化意愿，还阻碍了农民工市民化的进程。

（四）土地政策障碍

农民工市民化是指农民工成为城镇居民，要使农民工成为真正意义上的市民，必定使其与农村土地要素分割开。随着甘肃城镇化加快和社会经济发展，目前土地制度对农民工市民化的影响主要有两个方面。

一是现行土地流转机制在一定程度上限制劳动力转移。目前，甘肃农村土地使用权虽然可以自由流转，但由于土地流转机制的不健全，加上外部的市场环境不成熟，通过流转的土地获得的收入甚微，而农民工舍不得放弃农村土地，对其市民化产生一定的负面影响。同时，在城镇化高速发展的今天，大量的农民工进城，造成"留守儿童"、"空巢老人"无力从事农业生产，使农村土地大量撂荒，土地得不到解放，这种状况严重阻碍了农业现代化的发展，限制了城镇化进程，进而使农民工市民化受阻。

二是土地产权制度的不健全，难以适应农村经济的发展。我国农村土地所有权属集体所有制，但在实践中集体和农户都各有部分所有权。正由于土地产权不清晰，形成零散耕种的经营现状，土地利用率偏低，农业规模化经营非常困难。同时，对于大多农民工来说，市民化就相当于要失去农村土地，但由于对市民化后城镇生活顾虑很大：工作没了怎么办？住宅不稳怎么办？造成农民工把农村分散的小块土地当成"保命田"，这也是套住农民工市民化的"枷锁"，不利于农民工市民化。

（五）转化成本制约

"城镇化的核心是人的城镇化，也就是当前最棘手的农民工市民化社会难题，从表面上来看是各种制度改革进展缓慢，实际上是这种改革背后利益结构的调整，以及由此带来的社会成本问题。"本研究把社会成本定义为公共成本和私人成本。

一是公共成本。农民工市民化意味着城市人口的增加，但随着人口的增加城市也面临承载力问题，这严峻考验着城市经济能力。如果城市无力承载市民化的人口，政府就必须拓展关系人民生活的各方面公共服务项目，政府财政是否有能力支付？据中国社会科学院《中国城市发展报告 No. 6》测算：我国农业转移人口市民化的人均公共成本约 13 万元，2030 年前需要实现市民化的农业转移人口达 3.9 亿人，以此粗略计算，市民化公共成本高达 51 万亿元。[1] 就甘肃来说，

---

① 潘家华、魏后凯主编《中国城市发展报告 No. 6》，社会科学文献出版社，2013。

虽然地方政府欢迎农民工来建设城镇，但由甘肃政府承担这庞大公共成本，估计很难解决农民工市民化后续问题，这是甘肃农民工市民化进程缓慢的最根本的制约因素。

二是私人成本。农民工由于自身原因，加上就业难且不稳定，其收入水平远低于城市平均水平，且与城市消费水平、生活水平还有很大的差距，大多数农民工还无力承担生活压力，这是阻碍农民工彻底融入城镇的直接因素。

（六）自身因素影响

农民工成为真正的市民其自身的不利因素主要有：一是文化素质偏低、就业难。大部分农民工只有初中学历，受教育程度普遍偏低，就业竞争能力较低。同时从就业市场看，企业及用人单位越来越注重技术性人才，农民工自身就业压力很大。二是技术能力欠缺。多数农民工没有受过专业技能知识培训，致使其大多数人就业以苦力为主，且流动性大。三是信息交流渠道缺乏。大多农民工很少关注网络、电视等信息，信息主要靠亲朋好友传递，致使就业渠道狭窄、维权意识差。四是心理因素。农民工受农村传统思想影响，认为自身属于社会最底层人群，面对城市生活上表现出自卑性、受歧视等特点。因此，农民工自身因素，直接导致其市民化意愿降低，从而制约农民工市民化进程。

四　农民工市民化途径探析

（一）深化户籍制度改革，剥离"依附"户籍特权待遇

一是完善户口登记制度。建立健全城乡统一的户口登记制度，同

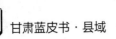
时建立与之相适应的教育、社保、就业、住房等登记制度，为后续农民工市民化工作夯实数据资料基础。

二是科学合理制定农民工落户政策。城市政府结合自身的经济社会发展、综合承受能力，依据就业年限、住房、参保为基点，实行差别化的落户政策。具体来说，建制镇和小城市全面开放落户，中等城市实行就业、社保年限等限制落户，大城市实行积分落户制度，并保障落户农民工享受原市民待遇。同时，对未落户的农民工，以居住证为载体，建立并完善与市民相应的基本公共服务。

三是实行户籍制度改革，逐步剥离户籍"依附"特权待遇。首先，不断完善农民工社会保障体系。低保方面：把符合条件的农民工逐步纳入城市低保。社保等方面：应酌情减免农民工的缴纳额度。子女教育：建立农民工子女教育监管体制，确保对有居住证的农民工子女平等接受义务教育，可探索建立农民工子弟学校。其次，探索新农合、新农保与城镇医保、养老有效接轨机制，如"土地"换保障、缴纳年限、国家投入等途径。最后，逐步剥离依附户籍制度的各种特权和福利，实现全民同等的社会保障体系。

四是建立农民工人口信息化体系。可以参考西方发达国家，为每个农民工创建一个社会保障账户，记录个人、家庭、就业和保障资料等各种信息，农民工只要有身份证和社会保障账户，在甘肃各地区均可查询和使用，最终与全国接轨，实现全民通用。

（二）创新农村土地制度，破解农民工与农村土地的"脐带"

一是建立健全农村土地承包经营权登记制度。为解决农村土地承包经营权流转提供法律保障，以及稳定土地流转奠定基础。

二是建立健全土地流转机制。加强对土地测量、价格评估、合同管理等配套制度的规范，保障农村土地的合理流转；同时，鼓励农民自主创业，从事非农生产和经营，制定相应的激励政策，使其与土地分离，促进土地的规模化、集约化经营。

三是推进农村土地流转方式不断创新。探索租赁、转包、置换、股份合作等多种形式土地流转方式，最大限度地优化土地、劳动力、资金、技术等要素，提高土地使用效益。同时，对符合城市落户农民工探索以宅基地换住房、承包地换社保等方式，真正破除农民工对土地的依附，推动其市民化进程。此外，不断规范、监督土地流转市场，使其正常、有序地进行。

（三）增强农民工的就业能力，提升城镇吸纳农民工的就业容量

一是建立健全农民工职业技能培训机制。首先，政府在逐渐加大对教育投资的基础上，整合资源和资金，建立健全农民工职业教育培训机构，针对农民工学历、文化、职业技能工种，分类分工种培训；其次，探索建立政府、企业合作的培训模式，政府可采取部分投资和优惠政策支持，加强与企业合作；最后，构建农民工就业绩效评价机制，使其职业技能培训最大限度地发挥效果，建议将农民工培训和效果评价列入各级政府政绩考核之中。

二是应进一步优化城镇结构和空间布局，依托甘肃省委提出的区域发展战略（中心带动、两翼齐飞、组团发展、整体推进）与"两横三纵"城市化格局（2013），结合主体功能区，着力培育一批大城市，扩大一批中等城市规模，形成一批各具特色小城市（镇），形成联动城镇体系，提升和扩大其辐射带动能力，为农民工市民化提供就业支撑。同时，调整产业发展布局，大力发展二、三产业，拓展农民工的就业容量，提升城镇的吸纳能力。培育多种形式的大、中、小、微企业，鼓励非公有制经济主体发展和壮大，使其充分发挥对农民工的吸纳作用。

（四）建立健全农民工社区服务体制

建立健全农民工社区服务体制。一是利用社区优势，建立农民工心理沟通机制。定期进行约访，结合农民工实况，了解他们的心理诉求，并及时对其进行心理疏导，帮助他们缓解情绪和压力，使其逐步感受城市温暖，解除"边缘人"观念。二是积极引导农民工参与社会治理空间，积极参与各类社会公益，扩大交际范围，增强主动融入城市意识。三是利用网络，不定期开展技能、教育培训。不断提高农民工技能和综合素质，提升农民工法律、安全、维权和市民意识。四是针对农民工不定期开展文化娱乐等活动，培育农民工凝聚力，增强归属感，丰富精神生活，进一步为农民工与城市居民创造相互交流和沟通的机会，增进相互了解和信任感。此外，逐步完善农民工社区设施环境，在满足农民工及家属文化需求的同时，使他们感受到城市幸福环境，增强其市民意愿和融入意识。

（五）构建多元化农民工市民化途径

随着甘肃社会经济的快速发展，以及城镇化进程的加快推进，农民工已形成庞大的群体。农民工市民化就是与市民享受均等的公共服务和待遇，由此而产生问题——巨额成本，如果仅仅依靠政府财政解决是很不现实的。因此，笔者从成本角度构建以政府主导，企业、社会组织及个人为辅的多元化农民工市民化成本分担机制途径。

1. 以政府为主分担农民工市民化成本

一是中央政府应制定农民工市民化专项补助资金，加大扶持教育、医疗保障、养老保险、住房保障等基本公共服务领域的力度；地方政府主要分担公共基础设施以及就业扶持、职业技能培训、住房保障等地方性公共领域成本，地方财政提高用于公共服务的支出比重。二是住房问题是农民工市民化最棘手的难题，政府可以探索建立健全适合农民工的住房保障体系。可参考广西经验，依据农民工的经济收入和城镇居民收入标准，分层次地提供公租房、廉租房、经济适用房、限价商品房，逐步将农民工纳入城镇住房保障体系。同时，政府还可提供优惠政策（土地、税收等政策）鼓励企业建设标准化的农民工宿舍。

2. 以企业为辅分担农民工市民化成本

一是完善农民工支付工资制度，企业参照单位工资标准，对农民工实行同技能同工种的工资水平；二是建立健全企业农民工工会机制，确保企业履行劳动合同，逐步解决医疗、养老、生育保险等待遇；三是建立健全农民工教育技能培训机制，鼓励企业通过各种渠道，定期对农民工开展教育技能培训，提高农民工自身技能和综合素养；四是建设农民工集体宿舍，鼓励企业建设农民工集体宿舍，可适当收取部分租金，或采用政府、企业与农民工合作方式，针对农民工制定一定优惠政策，解决农民工住房问题。

3. 社会公益组织分担一定农民工市民化成本

一是利用社会公益组织"中介者"的特殊身份，呼吁和引导社会公众力量，帮助农民工提高维权意识；二是组织开展公益讲座和培训，不断提升农民工综合素质，引导农民工树立正确价值观；三是利用社会公益组织社会舆论的力量，呼吁社会各界人士关注和帮助农民工，呼吁社会各界人士参与城市公共基础设施建设等领域投资。

4. 农民工自身分担其市民化成本

一是积极参加有利于自身发展的培训和讲座，努力提高自身素质和技能，为其在城市生存提供更多资本，提高就业竞争力；二是合理支配收支，积极承担医保、养老保险等需要农民工承担的部分；三是积极参与公益组织教育宣传活动，逐步转变农民工思想观念，培育市民意识，提升文化素养，提高维权意识和能力，为其更好地融入城市奠定基础。

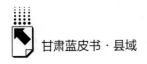

参考文献

江立华：《农民工转型：市民化与新型农民化》，《中国社会科学报》2013 年第 424 期。

魏后凯、苏红键：《农民工市民化现状报告》，《中国经济周刊》2014 年第 9 期。

劳动与社会保障部劳动科学研究所课题组：《农民工市民化的"中国路径"》，《经济参考报》2013 年 2 月 7 日。

韩树杰：《农民工市民化是中国城镇化的关键》，《中国社会科学报》2014 年第 596 期。

王守智：《农民工市民化的制度障碍与制度重构——基于新型城镇化的场域分析》，《济南大学学报》（社会科学版）2014 年第 4 期。

王超：《我国城市化进程中农民工市民化研究》，《西北民族大学学报》（哲学社会科学版）2014 年第 2 期。

杨萍萍：《农民工市民化意愿的影响因素实证研究》，《经营与管理》2012 年第 7 期。

张传泉：《城乡一体化背景下农民市民化路径探析》，《华中农业大学学报》（社会科学版）2014 年第 7 期。

李仕波：《农民工市民化面临的制约因素及破解路径》，《城市问题》2014 年第 5 期。

单菁菁：《农民工市民化研究综述：回顾、评析与展望》，《城市发展研究》2014 年第 1 期。

B.12
甘肃农民增收问题研究

张福昌　李忠东*

摘　要： 促进农民增收，不仅是我国经济实现稳定协调持续发展的必然要求，也是我国全面建设新农村和统筹城乡发展的必然要求，更是国家长治久安、维护社会稳定的必然要求。本文立足甘肃农民收入现状和主要问题，分析了影响甘肃农民收入增长的内部制约因素、外部制约因素以及制度制约因素，并有针对性地对甘肃农民增收提出对策建议。

关键词： 甘肃　农民收入　增长因素　对策建议

农业稳，天下安，而农民收入能否与社会经济同步增长是能否"稳"的关键。甘肃作为一个农业大省，农村人口占全省人口的60%以上，农民增收问题已成为全省经济工作的重中之重。本文旨在通过研究农民收入结构变动，分析与全国农民收入的差距，查找制约甘肃农民增收的因素，促进"三农"发展，为实现全面小康社会打下坚实的基础。

---

* 张福昌，中级统计师，甘肃省统计局农村工作处；李忠东，甘肃省统计局农村工作处处长。

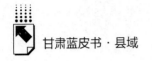
一 农民收入现状和主要问题

（一）收入现状

1.农民收入增长分析

改革开放以来，甘肃农民收入水平有了大幅度的提高，农民名义收入增长较快。按当年价格计算，全省农村居民人均纯收入由1978年的100.93元增长到2012年的4506.66元，甘肃农民人均纯收入在35年间累计增长了43.65倍，在35年间，甘肃农民人均纯收入名义增长速度以两位数增长的有17年，其中有5年以超过20%的速度增长（见表1）。

表1　甘肃省农村居民人均收入（1978～2012年）

单位：元，%

年份	农民人均纯收入	增长速度(上年为100)	
		名义增幅	实际增幅
1978	100.93		
1979	111.57	10.54	9.45
1980	153.41	37.50	33.89
1981	158.63	3.40	2.68
1982	174.16	9.79	8.60
1983	213.06	22.34	21.85
1984	221.05	3.75	2.22
1985	257	16.26	8.56
1986	282.89	10.07	3.84
1987	302.82	7.05	0.51
1988	345.14	13.98	−1.75
1989	375.81	8.89	−7.41
1990	430.99	14.68	9.53

年份	农民人均纯收入	增长速度（上年为100）	
		名义增幅	实际增幅
1991	446.42	3.58	−0.88
1992	489.47	9.64	3.05
1993	550.83	12.54	−2.82
1994	723.73	31.39	6.39
1995	880.34	21.64	1.11
1996	1100.59	25.02	13.96
1997	1210	9.94	6.84
1998	1393.05	15.13	16.41
1999	1412.98	1.43	3.29
2000	1428.67	1.11	1.01
2001	1508.61	5.60	0.09
2002	1590.28	5.41	4.47
2003	1673	5.20	3.75
2004	1852.21	10.71	6.15
2005	1979.88	6.89	3.78
2006	2134.05	7.79	6.30
2007	2328.92	9.13	2.66
2008	2723.8	16.96	7.89
2009	2980.10	9.41	7.05
2010	3424.65	14.92	10.92
2011	3909.37	14.15	8.00
2012	4506.66	15.28	11.81

虽然甘肃农民收入增长较快，但如果扣除通货膨胀，农民收入增长并非直线上升，其间有跳跃、跌落、缓慢增长和徘徊。以甘肃省农民人均纯收入增长轨迹来分析，可以把改革开放以来甘肃农民收入增长分为以下几个阶段。

（1）1978～1984年为高速增长阶段。农民人均纯收入从100.93元增长到221.05元，年均增长13.96%，扣除物价上涨因素实际年均增长 12.57%。这一时期收入的快速增长主要得益于农村经济改革取得的重大进展和突破，粮油棉等大宗商品随市场进行联动，各种市场的建立使商品流通从"小流通"走向"大流通"，为商品交换提供了便利条件，从而带动了农民收入的快速增长。

（2）1985～1993 年为停滞增长阶段。农民人均纯收入从 257 元增长到 550.83 元，年均增长 10%，扣除物价上涨因素实际年均增长 0.4%。受通货膨胀影响，农民收入增长在扣除物价影响因素之后实际上涨幅度并不大，个别年份的实际涨幅甚至出现负数。在此期间，政府首次提出了调整农业结构，促进农民收入多元化。

（3）1994～1998 年为恢复性增长阶段。自 1994 年起农民人均纯收入增长走出低谷，开始回升。从 1994 年的 723.73 元提高到 1998 年的 1393.05 元，年均增长 17.79%，扣除物价上涨因素实际年均增长 11.44%。受政府对经济进行宏观调控的影响，通胀问题得到有效抑制，各项经济政策开始显现出相应的效应，国民经济在这一阶段整体呈现良好发展态势，由此带动了农民实际收入的提高。

（4）1999～2007 年为缓慢增长阶段。农民人均纯收入从 1412.98 元增长到 2328.92 元，年均增长 6.45%，扣除物价上涨因素实际年均增长 3.51%。农产品供给由长期短缺变为总量基本平衡，农业和农村经济进入一个新的历史阶段。这一阶段农产品价格持续低迷是农民收入增幅不高的主要原因。

（5）2008 年至今为回稳增长阶段。农民人均纯收入从 2723.8 元增长到 4506.66 元，年均增长 13.41%，扣除物价上涨因素实际年均增长 9.43%。这一阶段的主要特点是甘肃粮食产量连创新高，加之各项惠农政策的有效落实，提高了农民的生产积极性，为农民收入回稳增长起到了促进作用。

2. 农民收入增长结构分析

农民收入结构是指农民收入的各个组成部分之间的比例关系。农民收入根据来源可以分为四部分，家庭经营收入、工资性收入、财产性收入和转移性收入；按来源渠道可分为农业收入（指家庭经营收入中来源于一产的收入）、非农收入（指农民人均纯收入扣除农业纯收入、转移性和财产性收入后剩余的部分）、财产性收入及转移性收入。改革开放以来甘肃农民收入结构在收入增长过程中主要有以下两个变化。

（1）家庭经营收入和工资性收入仍然是收入的主要来源。从表2可以看出，家庭经营收入和工资性收入仍然是农民收入的主要部分，二者所占比重1978年为92.75%，到2012年这一比例仍高达86.59%。工资性收入的比重不断提高，由1983年的13.85%提高到2012年39.67%，提高了25.82个百分点，年均上升0.89个百分点。家庭经营收入的比重不断降低，1983年家庭经营收入在农民收入的比重为74.09%，到2012年这一比重减少到46.92%，下降27.17个百分点，年均下降0.94个百分点。受一系列惠农政策，特别是补贴和减免政策的影响，转移性收入和财产性收入由2000年占纯收入的4.33%上升到2012年的13.41%，上升9.08个百分点。

与农民收入构成所发生的变化相比，农民收入来源对增长贡献的变化则是根本性的。一是转移性收入和财产性收入对增长的贡献呈现较大的波动，转移性收入和财产性收入在1981年、1992年和2006年三年间对收入的贡献份额高达一半左右，而2000年对收入的贡献份额出现了负拉动，份额达-118.87%。二是工资性收入和家庭经营纯收入的贡献发生了"稳定的"和"实质的"变化。工资性收入在1985年对农民收入的增长份额仅有17.52%，到1999年则超过了100%，达到了314.85%，在1999～2002年期间贡献份额多在50%以上。家庭经营收入对收入的贡献从总体来看是呈持续下降趋势的。1984年农民收入增长的3/4仍是由家庭经营收入的增长来支撑，随后便呈现迅速下降的趋势，到2001年，其对农民收入的增长贡献已不到1/10。

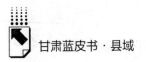

表2　甘肃省收入构成及贡献份额（一）

单位：%

年份	收入构成			贡献份额		
	工资性收入	家庭经营收入	转移性和财产性收入	工资性收入	家庭经营收入	转移性和财产性收入
1978	72.49	20.26	7.25	—	—	—
1979	68.14	23.15	8.71	26.88	50.56	22.56
1980	60.66	26.29	13.05	40.73	34.66	24.62
1981	51.88	33.69	14.43	−206.13	251.15	54.98
1982	52.46	34.90	12.64	58.34	47.26	−5.60
1983	13.85	74.09	12.06	−159.00	249.56	9.43
1984	16.02	73.52	10.46	73.84	58.32	−32.17
1985	16.23	76.02	7.75	17.52	91.38	−8.90
1986	18.98	74.64	6.38	46.27	60.95	−7.22
1987	19.03	74.42	6.55	19.77	71.30	8.93
1988	19.81	72.20	7.99	25.38	56.31	18.31
1989	20.83	74.06	5.11	32.31	94.98	−27.29
1990	18.78	76.51	4.71	4.82	93.20	1.98
1991	17.60	78.44	3.96	−15.36	132.34	−16.98
1992	16.64	75.31	8.05	6.69	42.86	50.45
1993	13.43	82.09	4.48	−12.17	136.18	−24.01
1994	11.25	81.78	6.97	4.30	80.79	14.90
1995	10.41	83.38	6.21	6.53	90.77	2.70
1996	13.34	80.89	5.77	25.05	70.94	4.01
1997	16.11	78.39	5.50	43.97	53.24	2.79
1998	16.93	77.92	5.15	22.37	74.79	2.85
1999	21.13	73.17	5.70	314.85	−258.76	43.90
2000	24.85	70.82	4.33	359.53	−140.66	−118.87
2001	26.91	67.35	5.74	63.75	5.30	30.95
2002	28.13	66.46	5.41	50.72	50.02	−0.73
2003	29.21	66.26	4.53	49.92	62.42	−12.33
2004	28.48	66.35	5.17	21.70	67.20	11.10

续表

年份	收入构成			贡献份额		
	工资性收入	家庭经营收入	转移性和财产性收入	工资性收入	家庭经营收入	转移性和财产性收入
2005	29.63	63.81	6.55	46.31	27.01	26.67
2006	29.87	60.54	9.60	32.86	18.44	48.70
2007	30.76	61.27	7.97	40.57	69.28	-9.85
2008	31.87	56.66	11.48	38.38	29.47	32.15
2009	33.39	53.13	13.49	49.54	15.60	34.86
2010	35.02	54.19	10.78	46.00	61.36	-7.36
2011	39.95	47.75	12.29	74.79	2.22	22.99
2012	39.67	46.92	13.41	37.80	41.52	20.69

注：1978～1982 年工资性收入基本来自社队工分收入。

（2）非农收入成为农民收入的主要来源。从表 3 可以看出，非农业收入占纯收入的比重不断提高，由 1984 年的 19.95% 增加到 2012 年的 46.82%，平均每年提高近 1 个百分点；农业收入占纯收入的比重由 1984 年的 69.59% 下降到 2012 年的 39.77%，下降了 29.82 个百分点，农业收入下降的幅度基本上等于非农收入增长的幅度。

表3 甘肃省收入构成及贡献份额（二）

单位：%

年份	收入构成			贡献份额		
	农业收入	非农业收入	转移性和财产性收入	农业收入	非农业收入	转移性和财产性收入
1978	16.75	75.99	7.25			
1979	18.37	72.91	8.71	33.74	43.70	22.56
1980	23.14	63.81	13.05	35.85	39.53	24.62
1981	24.67	60.90	14.43	69.73	-24.71	54.98
1982	22.48	64.88	12.64	0.06	105.54	-5.60
1983	66.88	21.06	12.06	265.66	-175.09	9.43
1984	69.59	19.95	10.46	141.80	-9.64	-32.17

续表

年份	收入构成			贡献份额		
	农业收入	非农业收入	转移性和财产性收入	农业收入	非农业收入	转移性和财产性收入
1985	64.29	27.96	7.75	31.74	77.16	-8.90
1986	61.73	31.89	6.38	36.27	70.95	-7.22
1987	61.50	31.95	6.55	58.30	32.76	8.93
1988	64.80	27.21	7.99	88.42	-6.73	18.31
1989	60.66	34.23	5.11	14.05	113.24	-27.29
1990	68.99	26.30	4.71	125.70	-27.67	1.98
1991	66.96	29.08	3.96	10.37	106.61	-16.98
1992	65.11	26.84	8.05	45.90	3.65	50.45
1993	70.92	24.60	4.48	117.24	6.76	-24.01
1994	69.15	23.88	6.97	63.54	21.56	14.90
1995	71.13	22.66	6.21	80.26	17.04	2.70
1996	72.74	21.49	5.77	79.16	16.84	4.01
1997	64.51	29.99	5.50	-18.21	115.42	2.79
1998	64.58	30.27	5.15	65.00	32.15	2.85
1999	59.27	35.04	5.70	-311.99	368.09	43.90
2000	53.46	42.21	4.33	-469.47	688.34	-118.87
2001	52.43	41.83	5.74	34.09	34.96	30.95
2002	51.26	43.33	5.41	29.69	71.04	-0.73
2003	51.76	43.71	4.53	61.32	51.02	-12.33
2004	53.71	41.13	5.17	71.87	17.03	11.10
2005	54.56	38.89	6.55	66.93	6.40	26.67
2006	50.28	40.12	9.60	-4.66	55.96	48.70
2007	52.37	39.66	7.97	75.24	34.61	-9.85
2008	48.53	39.99	11.48	25.88	41.97	32.15
2009	45.21	41.31	13.49	9.90	55.24	34.86
2010	46.31	42.91	10.78	53.67	53.69	-7.36
2011	40.00	47.70	12.29	-4.54	81.55	22.99
2012	39.77	46.82	13.41	38.28	41.03	20.69

3. 甘肃农民收入区域分析

甘肃省农民收入结构变动具有明显的区域性，区域间除总体收入水平的差距不断扩大外，农民收入来源结构的差异更大，这种差异主要体现在工资性收入和家庭经营性收入上。

家庭经营收入比重在50%以上的有河西四市（除嘉峪关外）和甘南州五个市（州），这些市（州）的农民收入仍以家庭经营收入为主，人均经营耕地9.37亩，远远高于全省7.59亩的平均水平，工资性收入在收入中所占比重较低，这些市（州）具有较强的农业发展潜力。

工资性收入比重在50%以上的市为兰州市和嘉峪关市，这两个市的经济发展水平排在全省前列，城市化水平较高，对农村剩余劳动力就地消化的能力较强，工资性收入已逐渐成为农民收入的主要来源。

表4 2012年各市（州）收入构成比重

单位：%

地　名	工资性收入	家庭经营收入	财产性收入	转移性收入
兰州市	53.3	33.2	6.7	6.8
嘉峪关市	54.7	31.1	10.1	4.1
金昌市	30.5	53.1	10.1	4.1
白银市	39.4	48.1	0.3	12.3
天水市	48.6	41.6	1.1	8.7
武威市	28.9	62.8	2.3	6
酒泉市	21.4	70.3	2.5	5.8
张掖市	28.6	64.2	1.2	6.1
定西市	36.7	49.8	1.9	11.6
陇南市	47.5	40	2.2	10.4
平凉市	42.2	42.9	2.1	12.8
庆阳市	43.1	43.6	2.8	10.4
临夏州	37.8	48	2	12.3
甘南州	29.6	53.9	1.6	14.9

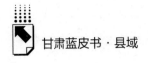

（二）主要问题

1. 收入增长速度

（1）农民收入实际增长速度落后于全国平均水平，名义收入差距越拉越大。改革开放以来，甘肃省农民人均纯收入的绝对值一直低于全国平均水平，并且差距越拉越大，由1978年的32.67元扩大到了2012年的3410.34元；占全国收入的比重从1978年的75.55%下滑到2012年的51.24%。甘肃省与全国的差距年均增长速度高达14.65%，远远高于甘肃农民人均纯收入年均增长11.82%的速度。农民人均纯收入在全国的排位一直靠后，除1998年时处于全国第28位（高于云南、西藏、贵州），其余年份均在倒数三位徘徊，自2007年开始就一直处于全国末位（见图1）。

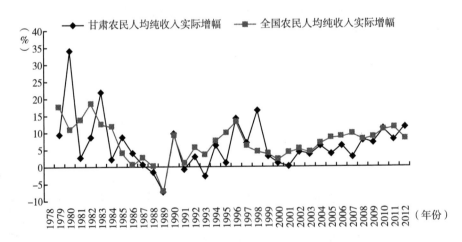

图1 1978~2012年全国和甘肃农民人均纯收入实际增幅

（2）收入增长速度落后于西部省份。1995~2012年，甘肃、贵州、西藏、青海、宁夏五省的农民人均纯收入年均增速分别为10.08%、9.07%、11.65%、10.19%和11.07%，甘肃省的年均增速仅高于贵州；若以甘肃农民人均纯收入为100，则西部五省之比从

1995 年的 100.00、123.43、99.73、116.98、117.80 转变为 2012 年的 100.00、105.47、126.90、119.02、137.13，甘肃与西藏和宁夏的差距越来越大（见表 5）。

表 5　西部五省农民人均纯收入及其在全国的位次

单位：元

年份	贵州	位次	西藏	位次	甘肃	位次	青海	位次	宁夏	位次
1995	1086.6	25	878	31	880.83	30	1029.8	27	1037	26
2000	1374.2	30	1331	31	1428.7	29	1490.5	26	1724.3	24
2005	1877	31	2077.9	27	1979.9	30	2165.1	26	2508.9	23
2010	3471.9	30	4138.7	26	3424.7	31	3862.7	29	4674.9	23
2011	4154.4	30	4904.3	27	3909.4	31	4608.5	29	5442.2	24
2012	4753	30	5719	27	4507	31	5364	29	6180	24

2. 收入增长方式

（1）地区农民收入差距扩大。甘肃区域经济发展的不平衡导致了区域之间农民收入的差距，尤其是河西地区与其他区域的农民收入差异比较显著。2000 年，河西地区农民收入分别是陇东地区、陇南地区、民族地区的 1.91 倍、2.44 倍、2.35 倍。纯收入之比（以河西为 1）由 2000 年的 1∶0.52∶0.41∶0.43 转变为 2012 年的 1∶0.54∶0.48∶0.45。到 2012 年，陇东地区农民收入与河西地区的差距有所缩小，但民族地区与河西地区的农民绝对收入差距仍高达 4065 元（见表 6、图 2）。

表 6　2000 年、2012 年甘肃分片收入情况

单位：元

年份	河西地区	陇东地区	陇南地区	民族地区
2000	2467	1294	1010	1051
2012	7340	3999	3519	3275

注：河西地区（酒泉市、嘉峪关市、金昌市、武威市、张掖市）、陇东地区（定西市、平凉市、庆阳市）、陇南地区（天水市、陇南市）、民族地区（临夏州、甘南州）。

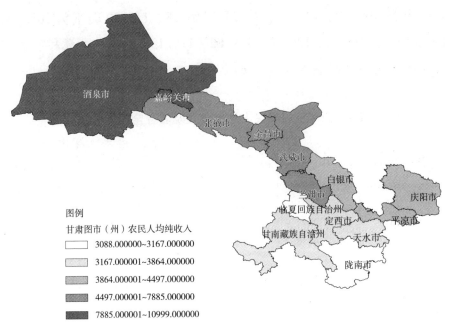

图2 甘肃 2012 年分市（州）农民人均纯收入分组

（2）城乡居民收入差距扩大。城镇居民人均可支配收入和农民人均纯收入分别由 1978 年的 407.53 元和 100.93 元上升到 2012 年的 17156.89 元和 4506.66 元，分别增长 41.1 倍和 43.65 倍。在城乡居民收入增长的同时，城乡居民收入差距也发生较大的变化，主要分以下四个阶段。

第一，改革开放到 20 世纪 80 年代后期，城乡居民收入快速增长，城乡差距逐渐缩小。这期间，城乡人均绝对收入差距从 1978 年的 306.6 元波动到 1988 年的 633.78 元，城乡收入比逐年下降，由 1978 年的 4.04 下降到 1988 年的 2.84。

第二，20 世纪 80 年代后期到 90 年代中期，城乡居民收入快速上升，差距不断拉大。这期间城乡收入比由 1988 年的 2.84 扩大到 1994 年的 3.67。

第三，20 世纪 90 年代后期到 21 世纪初期，城乡收入缓慢增长，城乡差距在波动中逐步扩大。这期间城乡收入比由 1995 年的 3.58 扩大到 2007 年的 4.3，达到了历史最高水平。

第四，2008 年以来，城乡收入快速增长，差距缓慢下降。这期间城乡收入比由 2008 年的 4.03 缩小到 2012 年的 3.81。与全国相比，甘肃的城乡收入比一直高于全国平均水平，这表明甘肃的城乡收入差距要比全国平均水平大，差距基本保持在 0.7 左右（见表7、表8）。

表7　甘肃城乡居民人均纯收入变化情况（1978～2012 年）

年份	农民人均纯收入	城镇可支配收入	收入比
1978	100. 93	407. 53	4. 04
1979	111. 57	418. 07	3. 75
1980	153. 41	403. 44	2. 63
1981	158. 63	447. 73	2. 82
1982	174. 16	473. 52	2. 72
1983	213. 06	490. 52	2. 30
1984	221. 05	571. 89	2. 59
1985	257	640. 77	2. 49
1986	282. 89	776. 76	2. 75
1987	302. 82	870. 52	2. 87
1988	345. 14	978. 92	2. 84
1989	375. 81	1132. 7	3. 01
1990	430. 99	1196. 72	2. 78
1991	446. 42	1368. 8	3. 07
1992	489. 47	1707. 78	3. 49
1993	550. 83	2002. 56	3. 64
1994	723. 73	2658. 13	3. 67
1995	880. 34	3152. 52	3. 58
1996	1100. 59	3353. 94	3. 05
1997	1210	3592. 43	2. 97
1998	1393. 05	4009. 61	2. 88
1999	1412. 98	4475. 23	3. 17

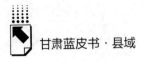

续表

年份	农民人均纯收入	城镇可支配收入	收入比
2000	1428.67	4916.25	3.44
2001	1508.61	5382.91	3.57
2002	1590.28	6151.42	3.87
2003	1673	6657.24	3.98
2004	1852.21	7376.74	3.98
2005	1979.88	8086.82	4.08
2006	2134.05	8920.59	4.18
2007	2328.92	10012.34	4.30
2008	2723.8	10969.41	4.03
2009	2980.10	11929.78	4.00
2010	3424.65	13188.55	3.85
2011	3909.37	14988.68	3.83
2012	4506.66	17156.89	3.81

表8　甘肃与全国城乡收入比及差距（1978～2012年）

（以农民人均纯收入为1）

年份	全国城乡收入比	甘肃城乡收入比	与全国差距
1978	2.57	4.04	1.47
1979	2.53	3.75	1.22
1980	2.50	2.63	0.13
1981	2.24	2.82	0.58
1982	1.98	2.72	0.74
1983	1.82	2.3	0.48
1984	1.83	2.59	0.76
1985	1.86	2.49	0.63
1986	2.13	2.75	0.62
1987	2.17	2.87	0.70
1988	2.17	2.84	0.67
1989	2.28	3.01	0.73
1990	2.20	2.78	0.58

续表

年份	全国城乡收入比	甘肃城乡收入比	与全国差距
1991	2.40	3.07	0.67
1992	2.58	3.49	0.91
1993	2.80	3.64	0.84
1994	2.86	3.67	0.81
1995	2.71	3.58	0.87
1996	2.51	3.05	0.54
1997	2.47	2.97	0.50
1998	2.51	2.88	0.37
1999	2.65	3.17	0.52
2000	2.79	3.44	0.65
2001	2.90	3.57	0.67
2002	3.11	3.87	0.76
2003	3.23	3.98	0.75
2004	3.21	3.98	0.77
2005	3.22	4.08	0.86
2006	3.28	4.18	0.90
2007	3.33	4.3	0.97
2008	3.31	4.03	0.72
2009	3.33	4	0.67
2010	3.23	3.85	0.62
2011	3.13	3.83	0.70
2012	3.10	3.81	0.71

二 影响农民收入增长的因素分析

（一）内部制约因素

1. 农业的弱质性

甘肃地处黄土高原区，自然条件恶劣，气候干燥，水资源短缺，

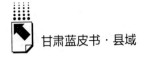

导致农业的弱质性特别明显。近几年，农业生产资料的价格持续走高，导致农民从事农业生产活动的成本提高，而农民作为农产品流通的第一环节，只能得到很微薄的农产品销售收入。

2. 农业生产条件落后

甘肃农业生产条件落后，特别是农业基础设施建设还十分薄弱，与现代化农业发展不相匹配。截至 2012 年，甘肃省耕地总面积为5296.37 万亩，全省农田有效灌溉面积仅为 1695.95 万亩，只占总耕地面积的 32%，其中机电灌溉面积不到 15%。甘肃是青藏高原、黄土高原、内蒙古高原的交汇地带，地质结构和地形复杂且多山，特殊的地理环境和落后的经济，使甘肃省农村公路建设发展缓慢。

3. 农业产业化程度低，农业生产服务组织体系不完善

农产品从田间到老百姓餐桌这一过程中，生产环节利润仅仅占到总利润的 1/5。甘肃农业产业化程度较低，进行农产品深加工的龙头企业并不多，产品附加值低，农产品加工环节十分薄弱。市场化的"公司＋农户"，利益分配机制和风险保障机制也不健全，公司与农户之间不能真正形成紧密的利益共同体，致使品牌意识不强、营销手段落后、供求信息不对称，增加了农产品的运销成本，导致农业增产不增收。

4. 农民文化素质不高

2012 年，全省小学以下文化程度的农村劳动力占到农村人口总数的 46.67%，全省 9.01% 的农村劳动力还处于文盲和半文盲状态，具有大中专文化程度的农村劳动力不到 3%。由于大多数农村劳动力文化程度低，又没有一技之长，农民收入的增长直接受到影响。

（二）外部制约因素

1. 城镇化率低，城市带动能力弱

从城镇化水平来看，2012 年，甘肃城镇化率仅为 38.75%，比全国平均水平低 13.82 个百分点。从城镇体系及空间结构看，甘肃省的城市和工业主要集中在沿黄地区和河西地区，全省城镇人口超过 100 万的城市只有兰州市和天水市两个，大部分城镇对周边地区尚未形成强大的吸引和辐射，难以带动周边农村的经济发展。

2. 土地产权主体模糊不清，土地流转机制不健全

产权主体模糊往往导致各级政府借土地所有者的名义来侵蚀农民的土地产权，使农民在现实中缺乏充分行使自己土地权利的能力。由于人多地少，不少地方因人员的流动，频繁调整承包地的面积，经营权不稳定影响了农民对土地的投入。另外，在家庭联产承包责任制基础上，推进农村土地承包经营权流转是当前农村经济发展和现代农业发展的客观要求。但是，由于土地流转服务体系尚不健全，土地担负着就业功能、经济功能和保障功能，大部分农民不愿或不敢放心地将土地流转出去。

3. 农村金融渠道不畅，融资困难

目前农业金融渠道不畅，中央扶持项目一般都要求地方财政配套资金，但地方财政状况紧张，很难给予相应的配套资金。政府安排的专项贷款项目常因银行为自身经济效益惜贷，而难以落实，财政贴息也因此不到位。农民的土地、房屋等因产权问题很难抵押，农民贷款条件高、额度小、手续繁杂。融资难已经严重制约了当前农村经济的发展。

4. 城乡社会保障差距大

2012 年，甘肃省农村居民最低生活保障标准为每人每年 1063.83 元，城市居民最低生活保障发放标准为每人每年 2759.6 元，城乡发放标准存在较大差距。城市的社保基金由人力资源部与社会保障部统一管理，而农村则由各级政府部门的下属机构来管理，存在管理机构间缺乏协调配合、运行效率低、运作不规范等问题。

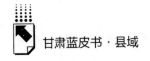

三 促进农民增收的对策和建议

（一）保护生态环境，走农业可持续发展道路

实现农业的可持续发展是农业发展的必然选择。大力推广先进农业科技，及时淘汰对环境有破坏作用的农业生产资料、技术，鼓励农民运用可持续发展的节水、节肥、节能等农业循环经济技术。继续实施退耕还林、退牧还草和植树造林等政策，加大小流域综合治理力度，实现生态平衡发展。完善环保法规体系，依法保护生态环境。

（二）加强农业基础地位，进一步加大对农业的投入力度

结合当前农产品市场，加大农业扶持政策，通过制定有关政策措施，分担农民的市场风险。加大对农业基础设施的投资力度，采取政府投入、社会资本和农民集资等多种渠道筹集资金，重点加大农田水利基础设施的建设力度，并积极鼓励农户对生产经营进行投资，努力提高农业劳动生产率。

（三）依托特色农业资源，推进农业产业化发展

在优化布局、综合规划、联片开发的思想指导下，全面实施品牌农业战略，加大种植业、养殖业示范基地的建设力度，并以此为中心辐射和带动周边地区经济的全面发展，形成规模化生产与集约化经营的特色农业产业体系。按照省、市、县三级总体规划、分层次推进、重点扶持的原则，在全省国家级及省级农业产业化龙头企业、全省资源型企业转产和招商引资企业中，选择50个左右作为省级梯队重点培育，重点打造制种玉米、牛羊肉、果品、蔬菜、薯类、中药材产业链。

（四）发展农村成人职业教育，提升农民素质

坚持"学用结合，按需施教"的原则，大力发展农村成人教育和职业教育。把农村的文化教育和科普教育结合起来，特别加强农村"两后生"技术技能培训力度，实施教育培训激励补助政策，增强"两后生"步入社会的工作适应能力。加强农村道德法制建设。通过争创文明村镇活动、争当十星文明户等方式，培养农村尊老爱幼、移风易俗、好人好事等新风尚，促进农村道德风貌提升。

（五）立足于城乡互通，加快城镇化进程

实施小城镇发展战略，大力推进城镇化进程。工业是小城镇形成的主要物质基础。发展乡镇工业，规划和建设乡镇工业小区，带动第三产业发展，形成聚集效益良好的县乡产业体系，打造诸如工矿型、商贸型、交通枢纽型、旅游型等特色小城镇。

（六）改革农村土地管理制度，保障农民补偿收益

加快建立农村土地承包经营权登记体系，强化农村土地承包经营权的物权性质，依法保障农户享有对承包土地经营权的使用、转让、收益等权利，土地经营权可以进行抵押、入股等。建立完善农民退出农村物权的利益补偿机制，在征用土地时有效保障农民的知情权、参与权和监督权，使整个土地交易过程公开透明，降低人为因素等"权力寻租"现象出现。

（七）深化农村金融体制改革，加快建立普惠型农村金融体系

鼓励国有商业银行和邮政储蓄银行等金融机构加大对农村的信贷投入力度，切实落实县域内银行业金融机构将一定比例新增存款投放

当地的政策。放宽农村金融市场准入,加快发展新型农村金融机构,积极探索发展新型农民信贷互助合作组织,激活农村金融市场。扩大有效抵押品范围,大力推广农户联保贷款,探索建立政府支持、企业和银行多方参与的农村信贷担保机制。

(八)加大政府财政投入,完善农村各项社会保障制度

通过财政转移支付促进城乡低保均等化,实现省、市、区县三级财政分担农村低保资金,防止因地方财政负担过重而导致农村低保发放缩水;提升甘肃省农村最低保障的覆盖面与保障水平,进一步完善转移支付机制,改善分担结构。

参考文献

黄黎平:《我国城乡收入差距的统计分析》,《统计与决策》2006 年第21 期。

马彧崧、戴永安:《甘肃省农业技术效率区域差异分析》,《技术经济》2010 年第 3 期。

程曦、刘云生:《促进云南山区农民收入增长研究》,《云南财经大学学报》(社会科学版)2010 年第 1 期。

孙素敏:《山东省农民收入影响因素探析》,《农村经济与科技》2010年第 9 期。

寇汉军:《我国农民增收的现状与对策》,《西安财经学院学报》2005年第 4 期。

宋圭武、陈元龙、丁汝俊、冯等田:《甘肃农民内源性增收问题研究》,《甘肃农业》2005 年第 10 期。

畅向丽:《甘肃农民内源性增收问题研究》,《甘肃理论学刊》2005 年第 6 期。

冯雪芹:《河北省农村劳动力转移对农民收入的贡献分析——基于农民

收入来源视角》，《商场现代化》2007 年第 21 期。

陈永芝：《陕西转变农业发展方式的困境与对策》，《经济师》2012 年第 2 期。

李建勇：《农民收入结构比较研究——基于中部六省数据的分析》，《经济问题》2012 年第 5 期。

张云生：《收入来源对城乡收入差距的影响》，《安徽工业大学学报》（社会科学版）2012 年第 1 期。

张秀生、卫鹏鹏：《农民收入增长：影响因素与对策》，《武汉大学学报》（哲学社会科学版）2004 年第 6 期。

狄传华、王丽娟、宋沁青：《中国农民纯收入增长结构分析》，《经济师》2009 年第 3 期。

高岩辉：《中国农民收入的区域差异研究》，硕士学位论文，西北大学，2006。

赵春凤、梁树岐：《论增加农民收入的途径》，《活力》2010 年第 11 期。

B.13
甘肃贫困地区扶贫攻坚
问题研究

高 军 李忠东*

摘　要： 贫困一直是困扰甘肃省社会发展的头等难题。本文通过构建贫困县县域发展水平评测指标体系，对三大片区贫困县进行综合评测和分组研究，得出了甘肃贫困县县域综合发展水平的基本判断，并从强化政策措施、整合优势资源、加大资金投入、加快社会事业发展等方面提出了对策建议。

关键词： 甘肃　扶贫攻坚　贫困现状　对策建议

甘肃境内的三个国家集中连片特困区将成为今后一个时期甘肃省扶贫开发的主战场。根据国务院扶贫办有关说明，六盘山、秦巴山连片特困地区及四省藏区三大片区（以下简称三大片区）共涉及陕西、甘肃、青海、宁夏、河南、湖北、重庆、四川及云南9省213个县（市、区）。三大片区内共涉及甘肃58个县（市、区），占全国14个片区县（市、区）的8.5%，占三大片区全部县（市、区）的27.2%。

---

* 高军，高级统计师，甘肃省统计局农村工作处；李忠东，甘肃省统计局农村工作处处长。

一 甘肃现阶段贫困基本情况

（一）贫困现状

1. 贫困发生率高

2012 年末，三大片区甘肃区域（不含麦积区，下同）共有贫困人口 621.69 万人，占全省贫困人口的 89.8%；贫困发生率为 37.7%，比全省高出 4.5 个百分点。2012 年，区域农民人均纯收入 3745 元，仅相当于全国平均水平的 47.3% 和全省平均水平的 83.1%。

2. 经济发展水平低

2012 年，三大片区甘肃区域人均地区生产总值只有 10315 元，仅分别为全国、全省平均水平的 26.9% 和 47.1%。区域一、二、三产业结构比例为 23.1∶39.6∶37.3，与全国和全省相比，第一产业比重分别高于全国、全省 13 个和 9.3 个百分点；第二产业比重分别低于全国、全省 5.7 个和 6.4 个百分点；第三产业比重分别低于全国、全省 7.3 个和 2.9 个百分点。第一产业比重明显偏高，二、三产业比重偏低，经济结构不合理。

3. 社会事业发展缓慢

甘肃社会事业投入欠账较多，教育、文化、卫生、体育等领域基础设施陈旧，导致社会事业发展整体水平不高。2012 年，三大片区甘肃区域贫困县每万人口医院床位 26 张，为全省 66.6%；每万人拥有医护人员 24 人，为全省 55.8%；通有线电视村占全部村数的 26.6%。贫困人口居住条件差、教育水平低、养老就医难等问题仍然突出。

4. 区域发展不平衡

首先是区域间发展不平衡。2012 年，人均 GDP 全省最高的华池县是东乡县的 16 倍；人均地方财政一般预算收入玛曲县是康乐县的 17 倍；农村居民人均纯收入临夏市比东乡县高出 4000 元。其次是区域内城乡发展不平衡。各种投资主要集中在软硬件条件相对较好、交通便利的城镇，乡村基础设施差的地区很难吸引到社会投资，经济社会发展滞后。城乡居民在收入、消费水平、教育及卫生等方面占有资源差距明显。

（二）甘肃片区县在三大片区中的概况

1. 六盘山片区

六盘山片区共有 61 个贫困县，其中甘肃 40 个，占 65.6%，是六盘山片区扶贫开发的主战场。2012 年，六盘山片区甘肃区域（不含麦积区，下同）总人口 1462.9 万人，占六盘山片区（不含甘肃麦积区、宁夏原州区，下同）的 72.2%，其中农村人口 1284.4 万人，占六盘山片区的 73.1%。人均地区生产总值 1.04 万元、人均一般预算收入 433 元、农民人均纯收入 3876 元，分别是六盘山片区平均水平的 88.6%、97.6% 和 89.1%。

2. 秦巴山片区

秦巴山片区共有 75 个贫困县，其中甘肃 9 个，占 12%。2012 年，秦巴山片区甘肃区域总人口 283.3 万人，占秦巴山片区（不含四川元坝区、朝天区、巴州区和陕西汉滨区，下同）的 8.6%，其中农村人口 246.6 万人，占秦巴山片区的 9.1%。人均地区生产总值 8312.4 元、人均一般预算收入 506.2 元、农民人均纯收入 3087 元，分别是秦巴山片区平均水平的 55.8%、65.3% 和 56%。

3. 四省藏区

四省藏区共有 77 个贫困县，其中甘肃 9 个，占 11.7%。2012 年，四省藏区甘肃区域总人口 95.2 万人，占四省藏区（不含青海冷湖行委、大柴旦行委、茫崖行委，下同）的 17.6%，其中农村人口 73.3 万人，占四省藏区的 17.3%。人均地区生产总值为 1.4 万元、人均一般预算收入为 890.5 元，分别是四省藏区平均水平的 53.4% 和 57.6%。农村居民人均纯收入 3664 元，是四省藏区平均水平的 74.2%。

（三）贫困原因

1. 生态环境脆弱

甘肃省贫困地区主要分布在陇中黄土高原区和陇东南山区以及部分藏区，突出特征是山大沟深坡陡、干旱缺水、土地贫瘠、植被稀少、水土流失严重，滑坡、泥石流等地质灾害频发。

2. 资金投入不足

财政转移支付资金是贫困县发展壮大的主要力量源泉。2012 年，在全省三大片区 58 个贫困县中，有 43 个县的人均财政转移支付低于全省平均水平 5970 元。地方财政困难，加上当地农民收入水平低，再加上中央财政转移支付力度不够，三重困难严重影响甘肃省社会保障和扶贫开发方面的投入。

3. 经济结构单一

第一产业比重较高，在甘肃 58 个贫困县中，第一产业增加值比重超过 30% 的县有 23 个，第二产业发展缓慢，第三产业中商业流通企业发展相对落后。

4. 农村人口综合素质较低，观念落后

2012 年，三大片区甘肃区域内乡村从业人员中，小学及以下文化程度的占 50.2%，高中及以上文化程度的只占 15.3%。农民的文化程度普遍偏低，综合素质不高，思想观念落后。

二　三大片区贫困县县域发展水平评测

由于甘肃历史条件、自然条件和经济政策等因素的差异，贫困

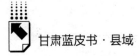

县县域发展水平差异较大。通过统计数据模型分析甘肃贫困县整体发展水平及农业发展能力，明确各县在各自片区所处的位置，准确定位，明确思路，制定切实可行的发展目标，实现经济社会跨越式发展。

（一）贫困县县域发展水平评测

1. 指标体系的建立

结合现有统计资料，选取人均 GDP 等 31 个指标，建立贫困县县域发展水平评测指标体系（见表1），以便客观反映贫困县县域整体发展水平。

表1　贫困县县域发展水平评测指标体系

一级指标	二级指标
农村基础设施	自来水受益村比重(%)
	通电话的村比重(%)
	通有线电视的村比重(%)
	人均有效灌溉面积(亩/人)
	公路密度(公里/百平方公里)
县域经济发展	地区生产总值(万元)
	人均地区生产总值(元/人)
	人均一般预算收入(元/人)
	人均一般预算支出(元/人)
	人均农林水事务支出(元/人)
	人均金融机构各项存款余额(元/人)
	人均规模以上工业企业产值(万元/人)
	人均社会用电量(千瓦时/人)
	社会消费品零售总额(万元)
	固定资产投资(不含农户)(万元)
	人均固定资产投资(不含农户)(元/人)

一级指标	二级指标
人民生活及 社会事业	人均社会消费品零售额(元/人)
	万人拥有中小学数(个/百人)
	百人学生拥有教师数(人/百人)
	千人拥有文体场馆数(个/千人)
	万人拥有公共图书馆图书总藏量(千册/万人)
	万人拥有医院、卫生院床位数(床/万人)
	城镇人均在岗职工平均工资(元/人)
	农村居民人均纯收入(元)
	万人拥有社会福利收养性单位床位数(床/万人)
科技发展及 环境保护	全年专利授权数(件)
	人均农业机械总动力(千瓦特/人)
	万人拥有专业技术人员数(人/万人)
	万人拥有医院、卫生院卫生技术人员数(人/万人)
	万人拥有污水处理厂数(座/万人)
	万人拥有垃圾处理站数(个/万人)

2. 评价方法

本评测采用层次分析法（Analytic Hierarchy Process，简称 AHP）对三大片区贫困县县域发展水平进行评测。

3. 贫困县县域发展水平综合评测

根据贫困县县域发展水平评测指标体系，利用马克威软件对贫困县 2011 年和 2012 年县域综合发展水平进行因子得分排序及分析。

4. 结果分析

我们把三大片区综合得分排序前 20 位的县列入第一集团，21～40 位的县列入第二集团，排位在 41 位以后的县列为第三集团。

从表 2 可以看出，甘肃贫困县县域综合发展水平相对较低。六盘山片区甘肃区域共有 19 个县处于第三集团；秦巴山片区甘肃区域除两当县外，其余全部处于第三集团；四省藏区甘肃区域有 7 个县处于

第二、三集团，整体在四省藏区处于中下水平。贫困县县域发展三个层次的分布情况（见图1至图3）。

表2　2012年甘肃贫困县县域发展水平评测分组

区域	第一集团	第二集团	第三集团
六盘山片区	景泰县、华池县、临夏市、皋兰县、永靖县、崆峒区、榆中县	永登县、合水县、庆城县、靖远县、灵台县、泾川县、陇西县、正宁县、庄浪县、安定区、古浪县、渭源县、会宁县	临夏县、广河县、环县、临洮县、武山县、和政县、通渭县、清水县、张家川县、康乐县、静宁县、宁县、积石山县、镇原县、甘谷县、秦安县、漳县、岷县、东乡县
秦巴山片区	两当县	—	成县、徽县、康县、武都区、宕昌县、文县、西和县、礼县
四省藏区	天祝县、碌曲县	合作市、卓尼县、舟曲县	临潭县、迭部县、夏河县、玛曲县

图1　2012年六盘山片区贫困县县域发展水平评测分组

（二）贫困县县域农业发展能力评测

1.指标体系的建立

结合现有统计资料，选取人均第一产业增加值等9个指标，建立

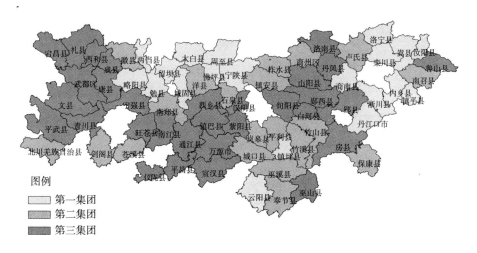

图例
第一集团
第二集团
第三集团

图2　2012年秦巴山片区贫困县县域发展水平评测分组

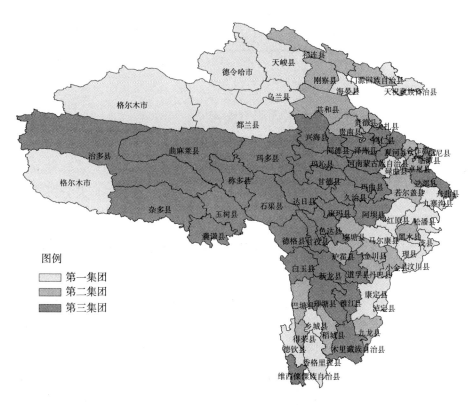

图例
第一集团
第二集团
第三集团

图3　2012年四省藏区贫困县县域发展水平评测分组

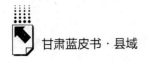

贫困县县域农业发展能力评测指标体系（见表3），客观反映贫困县县域农业发展能力。

表3　贫困县县域农业发展能力评测指标体系

一级指标	二级指标
县域农业发展能力	人均第一产业增加值(元/人)
	粮食作物播种面积比重(%)
	蔬菜播种面积占经济作物比重(%)
	粮食单产(公斤/亩)
	人均粮食产出量(公斤/人)
	人均园林水果产出量(公斤/人)
	人均肉类产出量(公斤/人)
	蔬菜单产(公斤/亩)
	人均蔬菜产出量(公斤/人)

2. 评价方法

与贫困县县域发展水平评测方法相同。

3. 贫困县县域农业发展能力评测

根据贫困县县域农业发展能力评测指标体系，利用马克威软件分片区对贫困县2011年及2012年农业发展能力进行因子得分排序及分析。

4. 结果分析

我们把三大片区综合得分排序前20位的县列入第一集团，21~40位的县列入第二集团，排位在41位以后的县列为第三集团。

从表4可以看出，甘肃贫困县农业发展能力相对较低。六盘山片区甘肃区域处于二、三集团的县占全部县的71.8%；秦巴山片区甘肃区域除徽县和两当县外，其余均处在二、三集团，且县域农业发展能力在片区排名基本垫底。四省藏区甘肃区域除天祝县外，其余均处在第二、三集团，县域农业发展能力较低。贫困县县域农业发展三个层次的分布情况（见图4~图6）。

表4　2012年甘肃贫困县县域农业发展能力评测分组

区域	第一集团	第二集团	第三集团
六盘山片区	临夏市、景泰县、永靖县、靖远县、安定区、灵台县、武山县、环县、崆峒区、榆中县、泾川县、合水县	华池县、广河县、临洮县、古浪县、皋兰县、会宁县、甘谷县、清水县、庄浪县、庆城县、通渭县、镇原县、临夏县	秦安县、东乡县、静宁县、永登县、正宁县、张家川县、宁县、和政县、康乐县、陇西县、积石山县、漳县、渭源县、岷县
秦巴山片区	徽县、两当县	成县	武都区、文县、西和县、宕昌县、康县、礼县
四省藏区	天祝县	迭部县、卓尼县、碌曲县、夏河县、玛曲县	合作市、临潭县、舟曲县

图4　2012年六盘山片区贫困县县域农业发展能力评测分组

（三）贫困县农民人均纯收入分组

从图7可以看出，六盘山片区甘肃区域贫困县农民收入水平相对偏低，主要集中在定西市、天水市和临夏州。

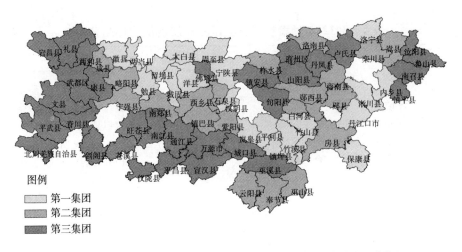

图5 2012年秦巴山片区贫困县县域农业发展能力评测分组

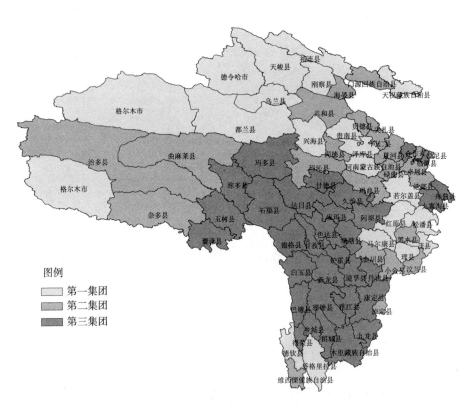

图6 2012年四省藏区贫困县县域农业发展能力评测分组

图 7　2012 年六盘山片区贫困县农民人均纯收入分组

从图 8 可以看出，秦巴山片区甘肃区域贫困县农民收入水平相对偏低，除成县和徽县收入相对较高外，其他县的农民人均纯收入水平在整个秦巴山片区都是最低的。

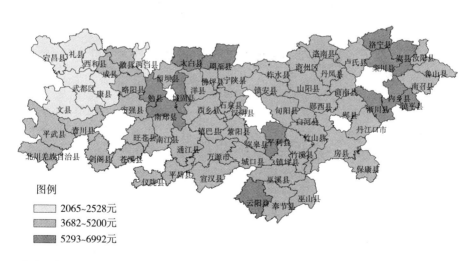

图 8　2012 年秦巴山片区贫困县农民人均纯收入分组

从图 9 可以看出，除玛曲县农民人均纯收入相对较高外，四省藏区甘肃区域贫困县农民收入水平相对偏低。

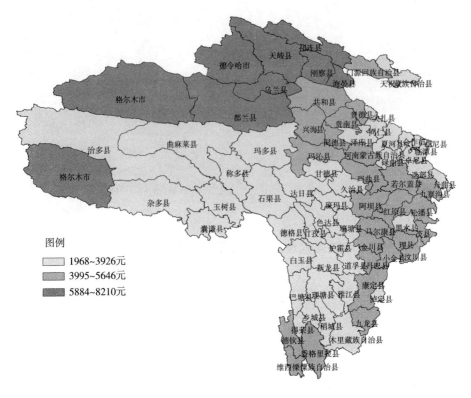

图9 2012年四省藏区贫困县农民人均纯收入分组

三 贫困地区脱贫致富SWOT分析

（一）优势（S）

1.政策优势

近年来一系列支持甘肃发展和专门为甘肃量身定做的政策相继出台，将在政策层面为区域内各县的发展提供强有力的支持，甘肃发展迎来政策叠加的机遇。甘肃省委省政府"联村联户、为民富民"行动的实施及《关于深入实施"1236"扶贫攻坚行动的意见》的出台，为全省新一轮扶贫攻坚确立明确的指导思想。

2. 区位优势

甘肃是西北地区陆路交通的中心和重要通道，其中陇海、兰新、包兰、兰青四条铁路在甘肃交汇，国道 312 线和国道 109 线也贯穿全境。良好的区位优势是甘肃作为丝绸之路经济带黄金段的基础，将带动甘肃物流运输、文化旅游和特色产业的发展。

3. 资源优势

一是区域内以有色冶金、装备制造、能源化工为主的工业产业集群和以林果、畜牧、蔬菜、中药材等为主的农业特色优势产业已初步形成规模。二是矿产资源丰富。庆阳、平凉两市是我国最重要的能源基地——蒙陕甘宁"金三角"的重要组成部分。陇南市是全省乃至全国重要的有色金属和金矿集中区。甘南州地域广阔，矿床类型齐全，是甘肃省矿产资源较丰富的地区之一。三是旅游资源得天独厚。截至 2011 年底，三大片区甘肃区域拥有 AAAA 级及以上旅游景区 25 家，占全省全部 AAAA 级及以上旅游景区数量的 56.8%，旅游资源品位高、潜力大，具有人文景观、生态景观和民俗风情结合的特点。

（二）劣势（W）

1. 经济基础薄弱，思想观念落后

2012 年，甘肃地区生产总值、固定资产投资和财政收入分别占全国的 1.09%、1.99% 和 0.92%。经济落后长期制约着贫困地区教育文化和卫生事业的发展。农民受教育程度普遍偏低，加之交通、通信、水利、市场建设等基础设施建设滞后，导致的必然结果是经济上的封闭停滞和观念上的保守陈旧。

2. 生态环境脆弱

六盘山片区甘肃区域发展的主要瓶颈是水资源匮乏。由于气候干旱、土质疏松、植被稀疏，森林覆盖率低于全省水平，水土流失面积

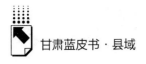

占总面积的近 90%，干旱、冰雹、霜冻、泥石流等自然灾害频发。陇南市和甘南州由于长期以来乱砍滥垦及过度放牧，植被大量减少、草场严重退化、水土流失严重，生态环境非常脆弱。

3. 科技推广体系不完善，科技成果转化率不高

2012 年，全省共有农业技术人员 10.55 万人，其中中级以上职称 4952 人，平均每万亩耕地不足 1 人；农民技术人员 8.6 万人。县、乡两级农技推广机构仪器设备老化，推广手段落后，人员少且素质不高，农业科技推广能力弱。再加上农业生产区域类型复杂，技术推广难度大，影响了农业先进技术的大面积推广应用。

（三）机遇（O）

在世界贸易格局发生重大变化的背景下，甘肃有条件、有基础率先建成东部产业转移承接区。另外，国务院批复《甘肃省循环经济总体规划》，提出全面推进甘肃循环型农业、循环型工业和循环型社会建设。国家的大力支持，为甘肃发展循环经济注入强大动力。

城镇化将是未来中国经济增长最大的引擎，加快城镇化进程是甘肃实现经济社会跨越式发展的迫切需要，是推动经济社会又好又快发展的重要途径和改善民生的内在要求。甘肃省提出"十二五"期间城镇化水平保持年均增长 1.5 个百分点，将为贫困地区脱贫致富提供良好的发展机遇。

（四）挑战（T）

1. 时间约束

2020 年与全国同步进入全面小康社会，是党中央、国务院对甘肃发展的殷切期望。2012 年，甘肃省委省政府提出 5 年脱贫、8 年小康的节点要求，然而 2012 年甘肃人均生产总值全国倒数第二，城乡居民人均收入全国倒数第一，要实现全面小康社会的目标，时间极为紧迫。

2. 扶贫工作任务更加艰巨

随着国家贫困标准提高到 2300 元，把更多低收入人口纳入扶贫范围，2012 年全省贫困发生率高达 33.2%，比全国平均水平高出 23 个百分点，扶贫攻坚的任务十分艰巨。

3. 返贫问题难以得到有效遏制

由于脱贫基础脆弱，抗御自然灾害的能力比较差，返贫压力大的状况没有根本改变。因灾害、疾病、结婚、住房、金融贷款、市场风险和教育支出等导致脱贫人口返贫现象严重，也成为区域内贫困状况难以改变的重要原因之一。

四　扶贫攻坚对策建议

（一）强化扶贫政策落实，促进扶贫机制汇聚效应

积极整合扶贫、发改等部门资金，充分发挥扶贫资金整体使用效能。提高农村土地征用及水电矿产等资源开发的公开与公正性，加大对农民的补偿力度，促进农村集体经济发展。探索建立农村贫困人口识别机制和动态监管机制，实行差别政策，促进贫困户自我脱贫的积极性。要建立检查监督机制，及时查处惠民补贴和扶贫资金使用中的违法违规行为，加大惩处力度，提高扶贫资金使用效率。

（二）培育整合优势资源，推进产业化扶贫开发

培育和壮大甘肃特色优势产业，大力发展乡镇工业，规划和建设乡镇工业小区，形成聚集效益良好的县乡产业体系和诸如工矿型、商贸型、交通枢纽型、旅游型等特色小城镇。加快发展农业产业化龙头企业，鼓励和支持农产品加工企业进行区域布局调整，进一步增强龙

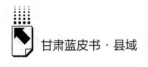

头企业的辐射带动作用。大力发展现代农业生产经营组织，加快农村土地承包经营权合理流转。

（三）增加扶贫资金投入，改善生产生活条件

用足用好国家支持西部大开发、循环经济试点、建设新能源基地、扶持产粮大县等倾斜政策，从多个渠道争取更多的财政专项转移支付补助。取消市、县财政对中央财政列支在片区各类建设项目的资金配套要求，加大对灾后重建后续项目的扶持力度。鼓励政策性银行、农村信用社等金融机构加大对重点贫困地区信贷支持力度。以新农村和新型城镇化建设为基础，着力完善贫困村规划，提升扶贫开发水平。

（四）大力发展农村教育，提升农村群众素质

树立"扶贫先扶人，扶人先扶志"的思想，消除贫困地区落后的思想观念，提升人们的价值取向。重视对贫困人口子女的教育，加快贫困地区"两免一补"等教育政策落实。加大新增教育经费和公共教育资源向贫困地区的边远山区的投入力度。加大外出劳动力实用技能培训和对农村留守劳动力的农业实用技术培训。

（五）大力发展现代农业，促进农民增收致富

继续完善现代农业政策体系，加大农田水利基本建设，加快发展农业机械化，搭建农业信息服务平台，着力提升农业的综合生产能力和可持续发展能力。加大农业循环经济政策引导、技术引进、研究推广等工作。严格落实耕地保护政策，推广耐旱品种和良种作物。加强农药、化肥、地膜的生产标准和监管力度，促进农业生产绿色环保。

（六）加快发展社会事业，完善农村福利保障

建立以开发式扶贫为主、救济和农村社保相结合的多层次扶贫

体系，逐步提高农村社会保障支付标准。加强乡村文化、卫生、教育和广播电视等公益性设施建设，着力改善人文条件。倡导农民崇尚科学、抵制迷信、移风易俗。落实农村基层民主和监督制度，深化村务公开和党务公开制度。加强农村法律政策宣传，对重大违规集资、恶性刑事案件等加强法律管控，构建联防体系促进农村社会和谐发展。

（七）加强生态环境保护，建设绿色生态文明

依据生态功能区规划，建立生态保护区建设的长效机制，加大财政专项补助力度，强化生态建设和环境治理。推进黄土高原地区和陇南山地水土流失综合治理，全面启动甘南黄河重要水源补给区生态保护和建设。农村旅游、林地经济、水利水电开发、绿色天然食品相结合，坚持走"生态产业化、产业生态化"的发展道路。

（八）加大科技扶贫力度，提升产业增效水平

加大农业科技创新，因地制宜地实施科技扶贫。重点支持区域特色产业和支柱产业发展、旱作节水农业及草原生态保护。大力推广马铃薯良种繁育、全膜双垄沟播等实用技术，提高先进实用技术的普及率和农民掌握实用技术的能力。

（九）加快移民扶贫，实现区域扶贫发展

坚持"政府引导、群众自愿、政策协调、讲求实效"的原则，科学制定移民扶贫规划。将地处恶劣环境的村民集中安置到地理条件较好的集镇或中心村周围。将不适宜人类生存地区的村民向省内一些经济发展迅速的大中城市、农场和河西移民开发区迁移。积极开展对劳务移民工作的探索，以产业开发和项目带动为措施，增加移民的收入，促进搬迁区经济社会可持续发展。

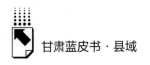
参考文献

张强：《对甘肃省扶贫开发情况的调研报告》，《农业科技与信息》2010 年第 15 期。

尚勋武、梁仲科、李福：《甘肃稳定发展粮食生产的经验与启示》，《农业科技与信息》2010 年第 3 期。

国家统计局农村社会经济调查司：《中国县（市）社会经济统计年鉴（2013）》，中国统计出版社，2013。

甘肃省统计局：《甘肃统计年鉴（2013）》，中国统计出版社，2013。

高军：《甘肃农业产业结构调整和区域布局研究》，《省情咨文》2012 年第 3 期。

蔡理让、曹可清、王正权、赵子厚、李凡：《甘肃宁夏六盘山片区扶贫开发成功探索对我省扶贫开发及农民脱贫工作的启示》，http：//2014. sxzys. gov. cn/contentnews. asp？ id = 5434。

马燕玲：《对秦巴山区扶贫开发的战略思考》，《甘肃科技》2012 年第 12 期。

潘永昕、李体康：《甘肃省循环经济发展评价及对策研究》，《开发研究》2012 年第 2 期。

魏胜文、柳民、曲玮：《甘肃县域社会发展评价报告（2013）》，社会科学文献出版社，2013。

《中国农村扶贫开发纲要（2011～2020 年）》，http：//www. chinanews. com/gn/2011/12 - 01/3501854. shtml。

《关于公布全国连片特困地区分县名单的说明》，http：//www. gov. cn/gzdt/2012 - 06/14/content_ 2161045. htm。

✤ 皮书起源 ✤

"皮书"起源于十七、十八世纪的英国，主要指官方或社会组织正式发表的重要文件或报告，多以"白皮书"命名。在中国，"皮书"这一概念被社会广泛接受，并被成功运作、发展成为一种全新的出版型态，则源于中国社会科学院社会科学文献出版社。

✤ 皮书定义 ✤

皮书是对中国与世界发展状况和热点问题进行年度监测，以专业的角度、专家的视野和实证研究方法，针对某一领域或区域现状与发展态势展开分析和预测，具备权威性、前沿性、原创性、实证性、时效性等特点的连续性公开出版物，由一系列权威研究报告组成。皮书系列是社会科学文献出版社编辑出版的蓝皮书、绿皮书、黄皮书等的统称。

✤ 皮书作者 ✤

皮书系列的作者以中国社会科学院、著名高校、地方社会科学院的研究人员为主，多为国内一流研究机构的权威专家学者，他们的看法和观点代表了学界对中国与世界的现实和未来最高水平的解读与分析。

✤ 皮书荣誉 ✤

皮书系列已成为社会科学文献出版社的著名图书品牌和中国社会科学院的知名学术品牌。2011年，皮书系列正式列入"十二五"国家重点图书出版规划项目；2012~2014年，重点皮书列入中国社会科学院承担的国家哲学社会科学创新工程项目；2015年，41种院外皮书使用"中国社会科学院创新工程学术出版项目"标识。

法律声明

"皮书系列"（含蓝皮书、绿皮书、黄皮书）之品牌由社会科学文献出版社最早使用并持续至今，现已被中国图书市场所熟知。"皮书系列"的LOGO（▨）与"经济蓝皮书""社会蓝皮书"均已在中华人民共和国国家工商行政管理总局商标局登记注册。"皮书系列"图书的注册商标专用权及封面设计、版式设计的著作权均为社会科学文献出版社所有。未经社会科学文献出版社书面授权许可，任何使用与"皮书系列"图书注册商标、封面设计、版式设计相同或者近似的文字、图形或其组合的行为均系侵权行为。

经作者授权，本书的专有出版权及信息网络传播权为社会科学文献出版社享有。未经社会科学文献出版社书面授权许可，任何就本书内容的复制、发行或以数字形式进行网络传播的行为均系侵权行为。

社会科学文献出版社将通过法律途径追究上述侵权行为的法律责任，维护自身合法权益。

欢迎社会各界人士对侵犯社会科学文献出版社上述权利的侵权行为进行举报。电话：010－59367121，电子邮箱：fawubu@ ssap. cn。

社会科学文献出版社

权威报告·热点资讯·特色资源

皮书数据库
ANNUAL REPORT(YEARBOOK)
DATABASE

当代中国与世界发展高端智库平台

S子库介绍
ub-Database Introduction

中国经济发展数据库

涵盖宏观经济、农业经济、工业经济、产业经济、财政金融、交通旅游、商业贸易、劳动经济、企业经济、房地产经济、城市经济、区域经济等领域，为用户实时了解经济运行态势、把握经济发展规律、洞察经济形势、做出经济决策提供参考和依据。

中国社会发展数据库

全面整合国内外有关中国社会发展的统计数据、深度分析报告、专家解读和热点资讯构建而成的专业学术数据库。涉及宗教、社会、人口、政治、外交、法律、文化、教育、体育、文学艺术、医药卫生、资源环境等多个领域。

中国行业发展数据库

以中国国民经济行业分类为依据，跟踪分析国民经济各行业市场运行状况和政策导向，提供行业发展最前沿的资讯，为用户投资、从业及各种经济决策提供理论基础和实践指导。内容涵盖农业，能源与矿产业，交通运输业，制造业，金融业，房地产业，租赁和商务服务业，科学研究，环境和公共设施管理，居民服务业，教育，卫生和社会保障，文化、体育和娱乐业等100余个行业。

中国区域发展数据库

以特定区域内的经济、社会、文化、法治、资源环境等领域的现状与发展情况进行分析和预测。涵盖中部、西部、东北、西北等地区，长三角、珠三角、黄三角、京津冀、环渤海、合肥经济圈、长株潭城市群、关中一天水经济区、海峡经济区等区域经济体和城市圈，北京、上海、浙江、河南、陕西等34个省份及中国台湾地区。

中国文化传媒数据库

包括文化事业、文化产业、宗教、群众文化、图书馆事业、博物馆事业、档案事业、语言文字、文学、历史地理、新闻传播、广播电视、出版事业、艺术、电影、娱乐等多个子库。

世界经济与国际政治数据库

以皮书系列中涉及世界经济与国际政治的研究成果为基础，全面整合国内外有关世界经济与国际政治的统计数据、深度分析报告、专家解读和热点资讯构建而成的专业学术数据库。包括世界经济、世界政治、世界文化、国际社会、国际关系、国际组织、区域发展、国别发展等多个子库。

权威·前沿·原创

社会科学文献出版社

皮书系列

2015年

盘点年度资讯　预测时代前程

社会科学文献出版社 学术传播中心 编制

社会科学文献出版社
SOCIAL SCIENCES ACADEMIC PRESS (CHINA)

社会科学文献出版社成立于1985年，是直属于中国社会科学院的人文社会科学专业学术出版机构。

成立以来，特别是1998年实施第二次创业以来，依托于中国社会科学院丰厚的学术出版和专家学者两大资源，坚持"创社科经典，出传世文献"的出版理念和"权威、前沿、原创"的产品定位，社科文献立足内涵式发展道路，从战略层面推动学术出版的五大能力建设，逐步走上了学术产品的系列化、规模化、数字化、国际化、市场化经营道路。

先后策划出版了著名的图书品牌和学术品牌"皮书"系列、"列国志"、"社科文献精品译库"、"全球化译丛"、"气候变化与人类发展译丛"、"近世中国"等一大批既有学术影响又有市场价值的系列图书。形成了较强的学术出版能力和资源整合能力，年发稿5亿字，年出版图书1400余种，承印发行中国社科院院属期刊70余种。

依托于雄厚的出版资源整合能力，社会科学文献出版社长期以来一直致力于从内容资源和数字平台两个方面实现传统出版的再造，并先后推出了皮书数据库、列国志数据库、中国田野调查数据库等一系列数字产品。

在国内原创著作、国外名家经典著作大量出版，数字出版突飞猛进的同时，社会科学文献出版社在学术出版国际化方面也取得了不俗的成绩。先后与荷兰博睿等十余家国际出版机构合作面向海外推出了《经济蓝皮书》《社会蓝皮书》等十余种皮书的英文版、俄文版、日文版等。截至目前，社会科学文献出版社共推出各类学术著作的英文版、日文版、俄文版、韩文版、阿拉伯文版等共百余种。

此外，社会科学文献出版社积极与中央和地方各类媒体合作，联合大型书店、学术书店、机场书店、网络书店、图书馆，逐步构建起了强大的学术图书的内容传播力和社会影响力，学术图书的媒体曝光率居全国之首，图书馆藏率居于全国出版机构前十位。

上述诸多成绩的取得，有赖于一支以年轻的博士、硕士为主体，一批从中国社科院刚退出科研一线的各学科专家为支撑的300多位高素质的编辑、出版和营销队伍，为我们实现学术立社，以学术的品位、学术价值来实现经济效益和社会效益这样一个目标的共同努力。

作为已经开启第三次创业梦想的人文社会科学学术出版机构，社会科学文献出版社结合社会需求、自身的条件以及行业发展，提出了新的创业目标：精心打造人文社会科学成果推广平台，发展成为一家集图书、期刊、声像电子和数字出版物为一体，面向海内外高端读者和客户，具备独特竞争力的人文社会科学内容资源供应商和海内外知名的专业学术出版机构。

我们是图书出版者，更是人文社会科学内容资源供应商；

我们背靠中国社会科学院，面向中国与世界人文社会科学界，坚持为人文社会科学的繁荣与发展服务；

我们精心打造权威信息资源整合平台，坚持为中国经济与社会的繁荣与发展提供决策咨询服务；

我们以读者定位自身，立志让爱书人读到好书，让求知者获得知识；

我们精心编辑、设计每一本好书以形成品牌张力，以优秀的品牌形象服务读者，开拓市场；

我们始终坚持"创社科经典，出传世文献"的经营理念，坚持"权威、前沿、原创"的产品特色；

我们"以人为本"，提倡阳光下创业，员工与企业共享发展之成果；

我们立足于现实，认真对待我们的优势、劣势，我们更着眼于未来，以不断的学习与创新适应不断变化的世界，以不断的努力提升自己的实力；

我们愿与社会各界友好合作，共享人文社会科学发展之成果，共同推动中国学术出版乃至内容产业的繁荣与发展。

社会科学文献出版社社长
中国社会学会秘书长

2015 年 1 月

❖ 皮书起源 ❖

"皮书"起源于十七、十八世纪的英国，主要指官方或社会组织正式发表的重要文件或报告，多以"白皮书"命名。在中国，"皮书"这一概念被社会广泛接受，并被成功运作、发展成为一种全新的出版形态，则源于中国社会科学院社会科学文献出版社。

❖ 皮书定义 ❖

皮书是对中国与世界发展状况和热点问题进行年度监测，以专业的角度、专家的视野和实证研究方法，针对某一领域或区域现状与发展态势展开分析和预测，具备权威性、前沿性、原创性、实证性、时效性等特点的连续性公开出版物，由一系列权威研究报告组成。皮书系列是社会科学文献出版社编辑出版的蓝皮书、绿皮书、黄皮书等的统称。

❖ 皮书作者 ❖

皮书系列的作者以中国社会科学院、著名高校、地方社会科学院的研究人员为主，多为国内一流研究机构的权威专家学者，他们的看法和观点代表了学界对中国与世界的现实和未来最高水平的解读与分析。

❖ 皮书荣誉 ❖

皮书系列已成为社会科学文献出版社的著名图书品牌和中国社会科学院的知名学术品牌。2011 年，皮书系列正式列入"十二五"国家重点出版规划项目；2012~2014 年，重点皮书列入中国社会科学院承担的国家哲学社会科学创新工程项目；2015 年，41 种院外皮书使用"中国社会科学院创新工程学术出版项目"标识。

经 济 类

经济类皮书涵盖宏观经济、城市经济、大区域经济，
提供权威、前沿的分析与预测

经济蓝皮书

2015 年中国经济形势分析与预测

李　扬／主编　　2014 年 12 月出版　　定价 :69.00 元

◆　本书课题为"总理基金项目"，由著名经济学家李扬领衔，
联合数十家科研机构、国家部委和高等院校的专家共同撰写，
对 2014 年中国宏观及微观经济形势，特别是全球金融危机及
其对中国经济的影响进行了深入分析，并且提出了 2015 年经
济走势的预测。

城市竞争力蓝皮书

中国城市竞争力报告 No.13

倪鹏飞／主编　　2015 年 5 月出版　　估价 :89.00 元

◆　本书由中国社会科学院城市与竞争力研究中心主任倪鹏飞
主持编写，汇集了众多研究城市经济问题的专家学者关于城市
竞争力研究的最新成果。本报告构建了一套科学的城市竞争力
评价指标体系，采用第一手数据材料，对国内重点城市年度竞
争力格局变化进行客观分析和综合比较、排名，对研究城市经
济及城市竞争力极具参考价值。

西部蓝皮书

中国西部发展报告（2015）

姚慧琴　徐璋勇／主编　　2015 年 7 月出版　　估价 :89.00 元

◆　本书由西北大学中国西部经济发展研究中心主编，汇集
了源自西部本土以及国内研究西部问题的权威专家的第一手
资料，对国家实施西部大开发战略进行年度动态跟踪，并对
2015 年西部经济、社会发展态势进行预测和展望。

中部蓝皮书

中国中部地区发展报告（2015）

喻新安 / 主编　　2015 年 5 月出版　　估价 :69.00 元

◆　本书敏锐地抓住当前中部地区经济发展中的热点、难点问题，紧密地结合国家和中部经济社会发展的重大战略转变，对中部地区经济发展的各个领域进行了深入、全面的分析研究，并提出了具有理论研究价值和可操作性强的政策建议。

世界经济黄皮书

2015 年世界经济形势分析与预测

王洛林　张宇燕 / 主编　　2014 年 12 月出版　　估价 :69.00 元

◆　本书为"十二五"国家重点图书出版规划项目，中国社会科学院创新工程学术出版资助项目，作者来自中国社会科学院世界经济与政治研究所。该书总结了 2014 年世界经济发展的热点问题，对 2015 年世界经济形势进行了分析与预测。

中国省域竞争力蓝皮书

中国省域经济综合竞争力发展报告（2015）

李建平　李闽榕　高燕京 / 主编　　2015 年 3 月出版　估价 :198.00 元

◆　本书充分运用数理分析、空间分析、规范分析与实证分析相结合、定性分析与定量分析相结合的方法，建立起比较科学完善、符合中国国情的省域经济综合竞争力指标评价体系及数学模型，对 2013~2014 年中国内地 31 个省、市、区的经济综合竞争力进行全面、深入、科学的总体评价与比较分析。

城市蓝皮书

中国城市发展报告 No.8

潘家华　魏后凯 / 主编　2015 年 9 月出版　　估价 :69.00 元

◆　本书由中国社会科学院城市发展与环境研究中心编著，从中国城市的科学发展、城市环境可持续发展、城市经济集约发展、城市社会协调发展、城市基础设施与用地管理、城市管理体制改革以及中国城市科学发展实践等多角度、全方位地立体展示了中国城市的发展状况，并对中国城市的未来发展提出了建议。

金融蓝皮书

中国金融发展报告（2015）

李　扬　王国刚 / 主编　2014 年 12 月出版　估价 :69.00 元

◆　由中国社会科学院金融研究所组织编写的《中国金融发展报告（2015）》，概括和分析了 2014 年中国金融发展和运行中的各方面情况,研讨和评论了 2014 年发生的主要金融事件。本书由业内专家和青年精英联合编著，有利于读者了解掌握 2014 年中国的金融状况，把握 2015 年中国金融的走势。

低碳发展蓝皮书

中国低碳发展报告（2015）

齐　晔 / 主编　2015 年 3 月出版　估价 :89.00 元

◆　本书对中国低碳发展的政策、行动和绩效进行科学、系统、全面的分析。重点是通过归纳中国低碳发展的绩效，评估与低碳发展相关的政策和措施，分析政策效应的制度背景和作用机制，为进一步的政策制定、优化和实施提供支持。

经济信息绿皮书

中国与世界经济发展报告（2015）

杜　平 / 主编　2014 年 12 月出版　估价 :79.00 元

◆　本书由国家信息中心继续组织有关专家编撰。由国家信息中心组织专家队伍编撰，对 2014 年国内外经济发展环境、宏观经济发展趋势、经济运行中的主要矛盾、产业经济和区域经济热点、宏观调控政策的取向进行了系统的分析预测。

低碳经济蓝皮书

中国低碳经济发展报告（2015）

薛进军　赵忠秀 / 主编　2015 年 5 月出版　估价 :69.00 元

◆　本书是以低碳经济为主题的系列研究报告，汇集了一批罗马俱乐部核心成员、IPCC 工作组成员、碳排放理论的先驱者、政府气候变化问题顾问、低碳社会和低碳城市计划设计人等世界顶尖学者、对气候变化政策制定、特别是中国的低碳经济经济发展有特别参考意义。

社会政法类

社会政法类皮书聚焦社会发展领域的热点、难点问题，提供权威、原创的资讯与视点

社会蓝皮书

2015 年中国社会形势分析与预测

李培林　陈光金　张　翼／主编　2014 年 12 月出版　定价 :69.00 元

◆　本报告是中国社会科学院"社会形势分析与预测"课题组 2014 年度分析报告，由中国社会科学院社会学研究所组织研究机构专家、高校学者和政府研究人员撰写。对 2014 年中国社会发展的各个方面内容进行了权威解读，同时对 2015 年社会形势发展趋势进行了预测。

法治蓝皮书

中国法治发展报告 No.13（2015）

李　林　田　禾／主编　　2015 年 2 月出版　　估价 :98.00 元

◆　本年度法治蓝皮书一如既往秉承关注中国法治发展进程中的焦点问题的特点，回顾总结了 2014 年度中国法治发展取得的成就和存在的不足，并对 2015 年中国法治发展形势进行了预测和展望。

环境绿皮书

中国环境发展报告（2015）

刘鉴强／主编　　2015 年 5 月出版　　估价 :79.00 元

◆　本书由民间环保组织"自然之友"组织编写，由特别关注、生态保护、宜居城市、可持续消费以及政策与治理等版块构成，以公共利益的视角记录、审视和思考中国环境状况，呈现 2014 年中国环境与可持续发展领域的全局态势，用深刻的思考、科学的数据分析 2014 年的环境热点事件。

反腐倡廉蓝皮书

中国反腐倡廉建设报告 No.4

李秋芳　张英伟/主编　2014 年 12 月出版　　定价：79.00 元

◆　本书抓住了若干社会热点和焦点问题，全面反映了新时期新阶段中国反腐倡廉面对的严峻局面，以及中国共产党反腐倡廉建设的新实践新成果。根据实地调研、问卷调查和舆情分析，梳理了当下社会普遍关注的与反腐败密切相关的热点问题。

女性生活蓝皮书

中国女性生活状况报告 No.9（2015）

韩湘景/主编　2015 年 4 月出版　　估价：79.00 元

◆　本书由中国妇女杂志社、华坤女性生活调查中心和华坤女性消费指导中心组织编写，通过调查获得的大量调查数据，真实展现当年中国城市女性的生活状况、消费状况及对今后的预期。

华侨华人蓝皮书

华侨华人研究报告 (2015)

贾益民/主编　2015 年 12 月出版　　估价：118.00 元

◆　本书为中国社会科学院创新工程学术出版资助项目，是华侨大学向世界提供最新涉侨动态、理论研究和政策建议的平台。主要介绍了相关国家华侨华人的规模、分布、结构、发展趋势，以及全球涉侨生存安全环境和华文教育情况等。

政治参与蓝皮书

中国政治参与报告（2015）

房　宁/主编　2015 年 7 月出版　　估价：105.00 元

◆　本书作者均来自中国社会科学院政治学研究所，聚焦中国基层群众自治的参与情况介绍了城镇居民的社区建设与居民自治参与和农村居民的村民自治与农村社区建设参与情况。其优势是其指标评估体系的建构和问卷调查的设计专业，数据量丰富，统计结论科学严谨。

行 业 报 告 类

行业报告类皮书立足重点行业、新兴行业领域，
提供及时、前瞻的数据与信息

房地产蓝皮书

中国房地产发展报告 No.12（2015）

魏后凯　李景国／主编　　2015年5月出版　　估价：79.00元

◆　本书汇集了众多研究城市房地产经济问题的专家、学者关于城市房地产方面的最新研究成果。对2014年我国房地产经济发展状况进行了回顾，并做出了分析，全面翔实而又客观公正，同时，也对未来我国房地产业的发展形势做出了科学的预测。

保险蓝皮书

中国保险业竞争力报告（2015）

姚庆海　王　力／主编　2015年12出版　　估价：98.00元

◆　本皮书主要为监管机构、保险行业和保险学界提供保险市场一年来发展的总体评价，外在因素对保险业竞争力发展的影响研究；国家监管政策、市场主体经营创新及职能发挥、理论界最新研究成果等综述和评论。

企业社会责任蓝皮书

中国企业社会责任研究报告（2015）

黄群慧　彭华岗　钟宏武　张　蒽／编著
2015年11月出版　　估价：69.00元

◆　本书系中国社会科学院经济学部企业社会责任研究中心组织编写的《企业社会责任蓝皮书》2015年分册。该书在对企业社会责任进行宏观总体研究的基础上，根据2014年企业社会责任及相关背景进行了创新研究，在全国企业中观层面对企业健全社会责任管理体系提供了弥足珍贵的丰富信息。

投资蓝皮书

中国投资发展报告（2015）

杨庆蔚 / 主编　　2015 年 4 月出版　　估价 :128.00 元

◆　本书是中国建银投资有限责任公司在投资实践中对中国投资发展的各方面问题进行深入研究和思考后的成果。投资包括固定资产投资、实业投资、金融产品投资、房地产投资等诸多领域，尝试将投资作为一个整体进行研究，能够较为清晰地展现社会资金流动的特点，为投资者、研究者、甚至政策制定者提供参考。

住房绿皮书

中国住房发展报告（2014~2015）

倪鹏飞 / 主编　　2014 年 12 月出版　　估价 :79.00 元

◆　本报告从宏观背景、市场主体、市场体系、公共政策和年度主题五个方面，对中国住宅市场体系做了全面系统的分析、预测与评价，并给出了相关政策建议，并在评述 2013~2014 年住房及相关市场走势的基础上，预测了 2014~2015 年住房及相关市场的发展变化。

人力资源蓝皮书

中国人力资源发展报告（2015）

余兴安 / 主编　　2015 年 9 月出版　　估价 :79.00 元

◆　本书是在人力资源和社会保障部部领导的支持下，由中国人事科学研究院汇集我国人力资源开发权威研究机构的诸多专家学者的研究成果编写而成。 作为关于人力资源的蓝皮书，本书通过充分利用有关研究成果，更广泛、更深入地展示近年来我国人力资源开发重点领域的研究成果。

汽车蓝皮书

中国汽车产业发展报告（2015）

国务院发展研究中心产业经济研究部 中国汽车工程学会
大众汽车集团（中国）/ 主编　　2015 年 7 月出版　　估价 :128.00 元

◆　本书由国务院发展研究中心产业经济研究部、中国汽车工程学会、大众汽车集团（中国）联合主编，是关于中国汽车产业发展的研究性年度报告，介绍并分析了本年度中国汽车产业发展的形势。

国别与地区类

国别与地区类皮书关注全球重点国家与地区，
提供全面、独特的解读与研究

亚太蓝皮书

亚太地区发展报告（2015）

李向阳／主编　　2015年1月出版　　估价：59.00元

◆ 本书是由中国社会科学院亚太与全球战略研究院精心打造的品牌皮书，关注时下亚太地区局势发展动向里隐藏的中长趋势，剖析亚太地区政治与安全格局下的区域形势最新动向以及地区关系发展的热点问题，并对2015年亚太地区重大动态做出前瞻性的分析与预测。

日本蓝皮书

日本研究报告（2015）

李　薇／主编　　2015年3月出版　　估价：69.00元

◆ 本书由中华日本学会、中国社会科学院日本研究所合作推出，是以中国社会科学院日本研究所的研究人员为主完成的研究成果。对2014年日本的政治、外交、经济、社会文化作了回顾、分析与展望，并收录了该年度日本大事记。

德国蓝皮书

德国发展报告（2015）

郑春荣　伍慧萍／主编　　2015年6月出版　　估价：69.00元

◆ 本报告由同济大学德国研究所组织编撰，由该领域的专家学者对德国的政治、经济、社会文化、外交等方面的形势发展情况，进行全面的阐述与分析。德国作为欧洲大陆第一强国，与中国各方面日渐紧密的合作关系，值得国内各界深切关注。

国际形势黄皮书

全球政治与安全报告（2015）

李慎明　张宇燕/主编　2014年12月出版　估价：69.00元

◆　本书为"十二五"国家重点图书出版规划项目、中国社会科学院创新工程学术出版资助项目，为"国际形势黄皮书"系列年度报告之一。报告旨在对本年度国际政治及安全形势的总体情况和变化进行回顾与分析，并提出一定的预测。

拉美黄皮书

拉丁美洲和加勒比发展报告（2014~2015）

吴白乙/主编　2015年4月出版　估价：89.00元

◆　本书是中国社会科学院拉丁美洲研究所的第14份关于拉丁美洲和加勒比地区发展形势状况的年度报告。本书对2014年拉丁美洲和加勒比地区诸国的政治、经济、社会、外交等方面的发展情况做了系统介绍，对该地区相关国家的热点及焦点问题进行了总结和分析，并在此基础上对该地区各国2015年的发展前景做出预测。

美国蓝皮书

美国研究报告（2015）

黄　平　郑秉文/主编　2015年7月出版　估价：89.00元

◆　本书是由中国社会科学院美国所主持完成的研究成果，它回顾了美国2014年的经济、政治形势与外交战略，对2014年以来美国内政外交发生的重大事件以及重要政策进行了较为全面的回顾和梳理。

大湄公河次区域蓝皮书

大湄公河次区域合作发展报告（2015）

刘　稚/主编　2015年9月出版　估价：79.00元

◆　云南大学大湄公河次区域研究中心深入追踪分析该区域发展动向，以把握全面，突出重点为宗旨，系统介绍和研究大湄公河次区域合作的年度热点和重点问题，展望次区域合作的发展趋势，并对新形势下我国推进次区域合作深入发展提出相关对策建议。

地方发展类

地方发展类皮书关注大陆各省份、经济区域，
提供科学、多元的预判与咨政信息

北京蓝皮书

北京公共服务发展报告（2014~2015）

施昌奎／著　　2015年2月出版　估价：69.00元

◆　本书是由北京市政府职能部门的领导、首都著名高校的教授、知名研究机构的专家共同完成的关于北京市公共服务发展与创新的研究成果。内容涉及了北京市公共服务发展的方方面面，既有综述性的总报告，也有细分的情况介绍，既有对北京各个城区的综合性描述，也有对局部、细部、具体问题的分析，对年度热点问题也都有涉及。

上海蓝皮书

上海经济发展报告（2015）

沈开艳／主编　　2015年1月出版　估价：69.00元

◆　本书系上海社会科学院系列之一，报告对2015年上海经济增长与发展趋势的进行了预测，把握了上海经济发展的脉搏和学术研究的前沿。

广州蓝皮书

广州经济发展报告（2015）

李江涛　朱名宏／主编　　2015年5月出版　估价：69.00元

◆　本书是由广州市社会科学院主持编写的"广州蓝皮书"系列之一,本报告对广州2014年宏观经济运行情况作了深入分析,对2015年宏观经济走势进行了合理预测,并在此基础上提出了相应的政策建议。

文 化 传 媒 类

文化传媒类皮书透视文化领域、文化产业，
探索文化大繁荣、大发展的路径

新媒体蓝皮书

中国新媒体发展报告 No.5（2015）

唐绪军/主编　　2015 年 6 月出版　　估价 :79.00 元

◆　本书由中国社会科学院新闻与传播研究所和上海大学合作编写，在构建新媒体发展研究基本框架的基础上，全面梳理 2014 年中国新媒体发展现状，发表最前沿的网络媒体深度调查数据和研究成果，并对新媒体发展的未来趋势做出预测。

舆情蓝皮书

中国社会舆情与危机管理报告（2015）

谢耘耕/主编　　2015 年 8 月出版　　估价 :98.00 元

◆　本书由上海交通大学舆情研究实验室和危机管理研究中心主编，已被列入教育部人文社会科学研究报告培育项目。本书以新媒体环境下的中国社会为立足点，对 2014 年中国社会舆情、分类舆情等进行了深入系统的研究，并预测了 2015 年社会舆情走势。

文化蓝皮书

中国文化产业发展报告（2015）

张晓明 王家新 章建刚/主编　　2015 年 4 月出版　　估价 :79.00 元

◆　本书由中国社会科学院文化研究中心编写。 从 2012 年开始，中国社会科学院文化研究中心设立了国内首个文化产业的研究类专项资金——"文化产业重大课题研究计划"，开始在全国范围内组织多学科专家学者对我国文化产业发展重大战略问题进行联合攻关研究。本书集中反映了该计划的研究成果。

经济类

G20国家创新竞争力黄皮书
二十国集团（G20）国家创新竞争力发展报告（2015）
著(编)者：黄茂兴 李闽榕 李建平 赵新力
2015年9月出版 / 估价：128.00元

产业蓝皮书
中国产业竞争力报告（2015）
著(编)者：张其仔　2015年5月出版 / 估价：79.00元

长三角蓝皮书
2015年全面深化改革中的长三角
著(编)者：张伟斌　2015年1月出版 / 估价：69.00元

城乡一体化蓝皮书
中国城乡一体化发展报告（2015）
著(编)者：付崇兰 汝信　2015年12月出版 / 估价：79.00元

城市创新蓝皮书
中国城市创新报告（2015）
著(编)者：周天勇 旷建伟　2015年8月出版 / 估价：69.00元

城市竞争力蓝皮书
中国城市竞争力报告（2015）
著(编)者：倪鹏飞　2015年5月出版 / 估价：89.00元

城市蓝皮书
中国城市发展报告NO.8
著(编)者：潘家华 魏后凯　2015年9月出版 / 估价：69.00元

城市群蓝皮书
中国城市群发展指数报告（2015）
著(编)者：刘新静 刘士林　2015年1月出版 / 估价：59.00元

城乡统筹蓝皮书
中国城乡统筹发展报告（2015）
著(编)者：潘晨光 程志强　2015年3月出版 / 估价：59.00元

城镇化蓝皮书
中国新型城镇化健康发展报告（2015）
著(编)者：张占斌　2015年5月出版 / 估价：79.00元

低碳发展蓝皮书
中国低碳发展报告（2015）
著(编)者：齐晔　2015年3月出版 / 估价：89.00元

低碳经济蓝皮书
中国低碳经济发展报告（2015）
著(编)者：薛进军 赵忠秀　2015年5月出版 / 估价：69.00元

东北蓝皮书
中国东北地区发展报告（2015）
著(编)者：马克 黄文艺　2015年8月出版 / 估价：79.00元

发展和改革蓝皮书
中国经济发展和体制改革报告（2015）
著(编)者：邹东涛　2015年11月出版 / 估价：98.00元

工业化蓝皮书
中国工业化进程报告（2015）
著(编)者：黄群慧 吕铁 李晓华　2015年11月出版 / 估价：89.00元

国际城市蓝皮书
国际城市发展报告（2015）
著(编)者：屠启宇　2015年1月出版 / 估价：69.00元

国家创新蓝皮书
中国创新发展报告（2015）
著(编)者：陈劲　2015年6月出版 / 估价：59.00元

环境竞争力绿皮书
中国省域环境竞争力发展报告（2015）
著(编)者：李闽榕 李建平 王金南
2015年12月出版 / 估价：148.00元

金融蓝皮书
中国金融发展报告（2015）
著(编)者：李扬 王国刚　2014年12月出版 / 估价：69.00元

金融信息服务蓝皮书
金融信息服务发展报告（2015）
著(编)者：鲁广锦 殷剑峰 林义相　2015年6月出版 / 估价：89.00元

经济蓝皮书
2015年中国经济形势分析与预测
著(编)者：李扬2014年12月出版 / 定价：69.00元

经济蓝皮书·春季号
2015年中国经济前景分析
著(编)者：李扬　2015年5月出版 / 估价：79.00元

经济蓝皮书·夏季号
中国经济增长报告（2015）
著(编)者：李扬　2015年7月出版 / 估价：69.00元

经济信息绿皮书
中国与世界经济发展报告（2015）
著(编)者：杜平　2014年12月出版 / 估价：79.00元

就业蓝皮书
2015年中国大学生就业报告
著(编)者：麦可思研究院　2015年6月出版 / 估价：98.00元

临空经济蓝皮书
中国临空经济发展报告（2015）
著(编)者：连玉明　2015年9月出版 / 估价：79.00元

民营经济蓝皮书
中国民营经济发展报告（2015）
著(编)者：王钦敏　2015年12月出版 / 估价：79.00元

农村绿皮书
中国农村经济形势分析与预测（2014~2015）
著(编)者：中国社会科学院农村发展研究所
　　　　　国家统计局农村社会经济调查司
2015年4月出版 / 估价：69.00元

农业应对气候变化蓝皮书
气候变化对中国农业影响评估报告（2015）
著(编)者：矫梅燕　2015年8月出版 / 估价：98.00元

企业公民蓝皮书
中国企业公民报告（2015）
著(编)者:邹东涛　2015年12月出版 / 估价:79.00元

气候变化绿皮书
应对气候变化报告（2015）
著(编)者:王伟光 郑国光　2015年10月出版 / 估价:79.00元

区域蓝皮书
中国区域经济发展报告（2015）
著(编)者:梁昊光　2015年4月出版 / 估价:79.00元

全球环境竞争力绿皮书
全球环境竞争力报告（2015）
著(编)者:李建建 李闽榕 李建平 王金南
2015年12月出版 / 估价:198.00元

人口与劳动绿皮书
中国人口与劳动问题报告（2015）
著(编)者:蔡昉　2015年11月出版 / 估价:59.00元

世界经济黄皮书
2015年世界经济形势分析与预测
著(编)者:王洛林 张宇燕　2014年12月出版 / 估价:69.00元

世界旅游城市绿皮书
世界旅游城市发展报告（2015）
著(编)者:鲁勇 周正宇 宋宇　2015年6月出版 / 估价:88.00元

西北蓝皮书
中国西北发展报告（2015）
著(编)者:张进海 陈冬红 段庆林　2014年12月出版 / 估
价:69.00元

西部蓝皮书
中国西部发展报告（2015）
著(编)者:姚慧琴 徐璋勇　2015年7月出版 / 估价:89.00元

新型城镇化蓝皮书
新型城镇化发展报告（2015）
著(编)者:李伟　2015年10月出版 / 估价:89.00元

新兴经济体蓝皮书
金砖国家发展报告（2015）
著(编)者:林跃勤 周文　2015年7月出版 / 估价:79.00元

中部竞争力蓝皮书
中国中部经济社会竞争力报告（2015）
著(编)者:教育部人文社会科学重点研究基地
　　　　　南昌大学中国中部经济社会发展研究中心
2015年9月出版 / 估价:79.00元

中部蓝皮书
中国中部地区发展报告（2015）
著(编)者:喻新安　2015年5月出版 / 估价:69.00元

中国省域竞争力蓝皮书
中国省域经济综合竞争力发展报告（2015）
著(编)者:李建平 李闽榕 高燕京
2015年3月出版 / 估价:198.00元

中三角蓝皮书
长江中游城市群发展报告（2015）
著(编)者:秦尊文　2015年1月出版 / 估价:69.00元

中小城市绿皮书
中国中小城市发展报告（2015）
著(编)者:中国城市经济学会中小城市经济发展委员会
　　　　　《中国中小城市发展报告》编纂委员会
　　　　　中小城市发展战略研究院
2015年1月出版 / 估价:98.00元

中央商务区蓝皮书
中国中央商务区发展报告（2015）
著(编)者:中国商务区联盟
　　　　　中国社会科学院城市发展与环境研究所
2015年10月出版 / 估价:69.00元

中原蓝皮书
中原经济区发展报告（2015）
著(编)者:李英杰　2015年6月出版 / 估价:88.00元

社会政法类

北京蓝皮书
中国社区发展报告（2015）
著(编)者:于燕燕　2015年6月出版 / 估价:69.00元

殡葬绿皮书
中国殡葬事业发展报告（2015）
著(编)者:李伯森　2015年3月出版 / 估价:59.00元

城市管理蓝皮书
中国城市管理报告（2015）
著(编)者:谭维克 刘林　2015年10月出版 / 估价:158.00元

城市生活质量蓝皮书
中国城市生活质量报告（2015）
著(编)者:中国经济实验研究院　2015年6月出版 / 估价:59.00元

城市政府能力蓝皮书
中国城市政府公共服务能力评估报告（2015）
著(编)者:何艳玲　2015年7月出版 / 估价:59.00元

创新蓝皮书
创新型国家建设报告（2015）
著(编)者:詹正茂　2015年3月出版 / 估价:69.00元

慈善蓝皮书
中国慈善发展报告（2015）
著(编)者:杨团　2015年5月出版 / 估价:79.00元

大学生蓝皮书
中国大学生生活形态研究报告（2015）
著(编)者:张新洲　2015年12月出版 / 估价:69.00元

法治蓝皮书
中国法治发展报告No.13（2015）
著(编)者:李林 田禾　2015年2月出版 / 估价:98.00元

反腐倡廉蓝皮书
中国反腐倡廉建设报告No.4
著(编)者:李秋芳 张英伟　2014年12月出版 / 定价:79.00元

非传统安全蓝皮书
中国非传统安全研究报告（2015）
著(编)者:余潇枫 魏志江　2015年6月出版 / 估价:79.00元

妇女发展蓝皮书
中国妇女发展报告（2015）
著(编)者:王金玲　2015年9月出版 / 估价:148.00元

妇女教育蓝皮书
中国妇女教育发展报告（2015）
著(编)者:张李玺　2015年1月出版 / 估价:78.00元

妇女绿皮书
中国性别平等与妇女发展报告（2015）
著(编)者:谭琳　2015年12月出版 / 估价:99.00元

公共服务蓝皮书
中国城市基本公共服务力评价（2015）
著(编)者:钟君 吴正杲　2015年12月出版 / 估价:79.00元

公共服务满意度蓝皮书
中国城市公共服务评价报告（2015）
著(编)者:胡伟　2015年12月出版 / 估价:69.00元

公民科学素质蓝皮书
中国公民科学素质报告（2015）
著(编)者:李群 许佳军　2015年6月出版 / 估价:79.00元

公益蓝皮书
中国公益发展报告（2015）
著(编)者:朱健刚　2015年5月出版 / 估价:78.00元

管理蓝皮书
中国管理发展报告（2015）
著(编)者:张晓东　2015年9月出版 / 估价:98.00元

国际人才蓝皮书
中国国际移民报告（2015）
著(编)者:王辉耀　2015年1月出版 / 估价:79.00元

国际人才蓝皮书
中国海归发展报告（2015）
著(编)者:王辉耀 苗绿　2015年1月出版 / 估价:69.00元

国际人才蓝皮书
中国留学发展报告（2015）
著(编)者:王辉耀 苗绿　2015年9月出版 / 估价:69.00元

国家安全蓝皮书
中国国家安全研究报告（2015）
著(编)者:刘慧　2015年5月出版 / 估价:98.00元

行政改革蓝皮书
中国行政体制改革报告（2014~2015）
著(编)者:魏礼群　2015年3月出版 / 估价:89.00元

华侨华人蓝皮书
华侨华人研究报告（2015）
著(编)者:贾益民　2015年12月出版 / 估价:118.00元

环境绿皮书
中国环境发展报告（2015）
著(编)者:刘鉴强　2015年5月出版 / 估价:79.00元

基金会蓝皮书
中国基金会发展报告（2015）
著(编)者:刘忠祥　2015年6月出版 / 估价:69.00元

基金会绿皮书
中国基金会发展独立研究报告（2015）
著(编)者:基金会中心网　2015年8月出版 / 估价:88.00元

基金会透明度蓝皮书
中国基金会透明度发展研究报告（2015）
著(编)者:基金会中心网 清华大学廉政与治理研究中心
2015年9月出版 / 估价:78.00元

教师蓝皮书
中国中小学教师发展报告（2015）
著(编)者:曾晓东　2015年7月出版 / 估价:59.00元

教育蓝皮书
中国教育发展报告（2015）
著(编)者:杨东平　2015年5月出版 / 估价:79.00元

科普蓝皮书
中国科普基础设施发展报告（2015）
著(编)者:任福君　2015年6月出版 / 估价:59.00元

劳动保障蓝皮书
中国劳动保障发展报告（2015）
著(编)者:刘燕斌　2015年6月出版 / 估价:89.00元

老龄蓝皮书
中国老年宜居环境发展报告(2015)
著(编)者:吴玉韶　2015年9月出版 / 估价:79.00元

连片特困区蓝皮书
中国连片特困区发展报告（2015）
著(编)者:冷志明 游俊　2015年3月出版 / 估价:79.00元

民间组织蓝皮书
中国民间组织报告(2015)
著(编)者:潘晨光 黄晓勇　2015年8月出版 / 估价:69.00元

民调蓝皮书
中国民生调查报告（2015）
著(编)者:谢耘耕　2015年5月出版 / 估价:128.00元

民族发展蓝皮书
中国民族区域自治发展报告（2015）
著(编)者:王希恩 郝时远　2015年6月出版 / 估价:98.00元

女性生活蓝皮书
中国女性生活状况报告No.9（2015）
著(编)者:《中国妇女》杂志社 华坤女性生活调查中心
华坤女性消费指导中心
2015年4月出版 / 估价:79.00元

企业国际化蓝皮书
中国企业国际化报告(2015)
著(编)者:王辉耀　2015年10月出版 / 估价:79.00元

汽车社会蓝皮书
中国汽车社会发展报告（2015）
著(编)者:王俊秀　2015年1月出版 / 估价:59.00元

青年蓝皮书
中国青年发展报告No.3
著(编)者:廉思　2015年4月出版 / 估价:59.00元

区域人才蓝皮书
中国区域人才竞争力报告（2015）
著(编)者:桂昭明 王辉耀　2015年6月出版 / 估价:69.00元

群众体育蓝皮书
中国群众体育发展报告（2015）
著(编)者:刘国永 杨桦　2015年8月出版 / 估价:69.00元

人才蓝皮书
中国人才发展报告（2015）
著(编)者:潘晨光　2015年8月出版 / 估价:85.00元

人权蓝皮书
中国人权事业发展报告（2015）
著(编)者:中国人权研究会　2015年8月出版 / 估价:99.00元

森林碳汇绿皮书
中国森林碳汇评估发展报告（2015）
著(编)者:闫文德 胡文臻　2015年9月出版 / 估价:79.00元

社会保障绿皮书
中国社会保障发展报告（2015）
著(编)者:王延中　2015年6月出版 / 估价:79.00元

社会工作蓝皮书
中国社会工作发展报告（2015）
著(编)者:民政部社会工作研究中心
2015年8月出版 / 估价:79.00元

社会管理蓝皮书
中国社会管理创新报告（2015）
著(编)者:连玉明　2015年9月出版 / 估价:89.00元

社会蓝皮书
2015年中国社会形势分析与预测
著(编)者:李培林 陈光金 张 翼
2014年12月出版 / 定价:69.00元

社会体制蓝皮书
中国社会体制改革报告（2015）
著(编)者:龚维斌　2015年5月出版 / 估价:79.00元

社会心态蓝皮书
中国社会心态研究报告（2015）
著(编)者:王俊秀 杨宜音　2015年10月出版 / 估价:69.00元

社会组织蓝皮书
中国社会组织评估发展报告（2015）
著(编)者:徐家良 廖鸿　2015年12月出版 / 估价:69.00元

生态城市绿皮书
中国生态城市建设发展报告（2015）
著(编)者:刘举科 孙伟平 胡文臻
2015年6月出版 / 估价:98.00元

生态文明绿皮书
中国省域生态文明建设评价报告（ECI 2015）
著(编)者:严耕　2015年9月出版 / 估价:85.00元

世界社会主义黄皮书
世界社会主义跟踪研究报告（2015）
著(编)者:李慎明　2015年3月出版 / 估价:198.00元

水与发展蓝皮书
中国水风险评估报告（2015）
著(编)者:王浩　2015年9月出版 / 估价:69.00元

土地整治蓝皮书
中国土地整治发展研究报告No.2
著(编)者:国土资源部土地整治中心　2015年5月出版 / 估价:89.00元

危机管理蓝皮书
中国危机管理报告（2015）
著(编)者:文学国　2015年8月出版 / 估价:89.00元

形象危机应对蓝皮书
形象危机应对研究报告（2015）
著(编)者:唐钧　2015年6月出版 / 估价:149.00元

医改蓝皮书
中国医药卫生体制改革报告（2015～2016）
著(编)者:文学国 房志武　2015年12月出版 / 估价:79.00元

医疗卫生绿皮书
中国医疗卫生发展报告（2015）
著(编)者:申宝忠 韩玉珍　2015年4月出版 / 估价:75.00元

应急管理蓝皮书
中国应急管理报告（2015）
著(编)者:宋英华　2015年10月出版 / 估价:69.00元

政治参与蓝皮书
中国政治参与报告（2015）
著(编)者:房宁　2015年7月出版 / 估价:105.00元

政治发展蓝皮书
中国政治发展报告（2015）
著(编)者:房宁 杨海蛟　2015年5月出版 / 估价:88.00元

中国农村妇女发展蓝皮书
流动女性城市融入发展报告（2015）
著(编)者:谢丽华　2015年11月出版 / 估价:69.00元

宗教蓝皮书
中国宗教报告（2015）
著(编)者:金泽 邱永辉　2015年9月出版 / 估价:59.00元

行业报告类

保险蓝皮书
中国保险业竞争力报告（2015）
著(编)者:王力　2015年12月出版 / 估价:98.00元

彩票蓝皮书
中国彩票发展报告（2015）
著(编)者:益彩基金　2015年10月出版 / 估价:69.00元

餐饮产业蓝皮书
中国餐饮产业发展报告（2015）
著(编)者:邢颖　2015年6月出版 / 估价:69.00元

测绘地理信息蓝皮书
智慧中国地理空间智能体系研究报告（2015）
著(编)者:徐德明　2015年1月出版 / 估价:98.00元

茶业蓝皮书
中国茶产业发展报告（2015）
著(编)者:杨江帆　李闽榕　2015年1月出版 / 估价:78.00元

产权市场蓝皮书
中国产权市场发展报告（2015）
著(编)者:曹和平　2015年12月出版 / 估价:79.00元

电子政务蓝皮书
中国电子政务发展报告（2014~2015）
著(编)者:洪毅　杜平　2015年2月出版 / 估价:79.00元

杜仲产业绿皮书
中国杜仲橡胶资源与产业发展报告（2015）
著(编)者:胡文臻　杜红岩　俞锐
2015年9月出版 / 估价:98.00元

房地产蓝皮书
中国房地产发展报告No.12（2015）
著(编)者:魏后凯　李景国　2015年5月出版 / 估价:79.00元

服务外包蓝皮书
中国服务外包产业发展报告（2015）
著(编)者:王晓红　刘德军　2015年6月出版 / 估价:89.00元

工业设计蓝皮书
中国工业设计发展报告（2015）
著(编)者:王晓红　于炜　张立群　2015年9月出版 / 估价:138.00元

互联网金融蓝皮书
中国互联网金融发展报告（2015）
著(编)者:芮晓武　刘烈宏　2015年8月出版 / 估价:79.00元

会展蓝皮书
中外会展业动态评估年度报告（2015）
著(编)者:张敏　2015年1月出版 / 估价:78.00元

金融监管蓝皮书
中国金融监管报告（2015）
著(编)者:胡滨　2015年5月出版 / 估价:69.00元

金融蓝皮书
中国商业银行竞争力报告（2015）
著(编)者:王松奇　2015年12月出版 / 估价:69.00元

客车蓝皮书
中国客车产业发展报告（2015）
著(编)者:姚蔚　2015年12月出版 / 估价:85.00元

老龄蓝皮书
中国老年宜居环境发展报告（2015）
著(编)者:吴玉韶　党俊武　2015年9月出版 / 估价:79.00元

流通蓝皮书
中国商业发展报告（2015）
著(编)者:荆林波　2015年5月出版 / 估价:89.00元

旅游安全蓝皮书
中国旅游安全报告（2015）
著(编)者:郑向敏　谢朝武　2015年5月出版 / 估价:98.00元

旅游景区蓝皮书
中国旅游景区发展报告（2015）
著(编)者:黄安民　2015年7月出版 / 估价:79.00元

旅游绿皮书
2015年中国旅游发展分析与预测
著(编)者:宋瑞　2015年1月出版 / 估价:79.00元

煤炭蓝皮书
中国煤炭工业发展报告（2015）
著(编)者:岳福斌　2015年12月出版 / 估价:79.00元

民营医院蓝皮书
中国民营医院发展报告（2015）
著(编)者:庄一强　2015年10月出版 / 估价:75.00元

闽商蓝皮书
闽商发展报告（2015）
著(编)者:王日根　李闽榕　2015年12月出版 / 估价:69.00元

能源蓝皮书
中国能源发展报告（2015）
著(编)者:崔民选　王军生　2015年8月出版 / 估价:79.00元

农产品流通蓝皮书
中国农产品流通产业发展报告（2015）
著(编)者:贾敬敦　张东科　张玉玺　孔令羽　张鹏毅
2015年9月出版 / 估价:89.00元

企业蓝皮书
中国企业竞争力报告（2015）
著(编)者:金碚　2015年11月出版 / 估价:89.00元

企业社会责任蓝皮书
中国企业社会责任研究报告（2015）
著(编)者:黄群慧　彭华岗　钟宏武　张蒽
2015年11月出版 / 估价:69.00元

汽车安全蓝皮书
中国汽车安全发展报告（2015）
著(编)者:中国汽车技术研究中心　　2015年4月出版 / 估价:79.00元

汽车蓝皮书
中国汽车产业发展报告（2015）
著(编)者:国务院发展研究中心产业经济研究部
　　　　中国汽车工程学会 大众汽车集团（中国）
2015年7月出版 / 估价:128.00元

清洁能源蓝皮书
国际清洁能源发展报告（2015）
著(编)者:国际清洁能源论坛（澳门）
2015年9月出版 / 估价:89.00元

人力资源蓝皮书
中国人力资源发展报告（2015）
著(编)者:余兴安　　2015年9月出版 / 估价:79.00元

软件和信息服务业蓝皮书
中国软件和信息服务业发展报告（2015）
著(编)者:陈新河 洪京一　2015年12月出版 / 估价:198.00元

上市公司蓝皮书
上市公司质量评价报告（2015）
著(编)者:张跃文 王力　2015年10月出版 / 估价:118.00元

食品药品蓝皮书
食品药品安全与监管政策研究报告（2015）
著(编)者:唐民皓　2015年7月出版 / 估价:69.00元

世界能源蓝皮书
世界能源发展报告（2015）
著(编)者:黄晓勇　2015年6月出版 / 估价:99.00元

碳市场蓝皮书
中国碳市场报告（2015）
著(编)者:低碳发展国际合作联盟
2015年11月出版 / 估价:69.00元

体育蓝皮书
中国体育产业发展报告（2015）
著(编)者:阮伟 钟秉枢　　2015年4月出版 / 估价:69.00元

投资蓝皮书
中国投资发展报告（2015）
著(编)者:杨庆蔚　　2015年4月出版 / 估价:128.00元

物联网蓝皮书
中国物联网发展报告（2015）
著(编)者:黄桂田　2015年1月出版 / 估价:59.00元

西部工业蓝皮书
中国西部工业发展报告（2015）
著(编)者:方行明 甘犁 刘方健 姜凌 等
2015年9月出版 / 估价:79.00元

西部金融蓝皮书
中国西部金融发展报告（2015）
著(编)者:李忠民　2015年8月出版 / 估价:75.00元

新能源汽车蓝皮书
中国新能源汽车产业发展报告（2015）
著(编)者:中国汽车技术研究中心
　　　　日产（中国）投资有限公司 东风汽车有限公司
2015年8月出版 / 估价:69.00元

信托市场蓝皮书
中国信托业市场报告（2015）
著(编)者:李旸　2015年1月出版 / 估价:198.00元

信息产业蓝皮书
世界软件和信息技术产业发展报告（2015）
著(编)者:洪京一　2015年8月出版 / 估价:79.00元

信息化蓝皮书
中国信息化形势分析与预测（2015）
著(编)者:周宏仁　2015年8月出版 / 估价:98.00元

信用蓝皮书
中国信用发展报告（2015）
著(编)者:田侃　2015年4月出版 / 估价:69.00元

休闲绿皮书
2015年中国休闲发展报告
著(编)者:刘德谦　2015年6月出版 / 估价:59.00元

医药蓝皮书
中国中医药产业园战略发展报告（2015）
著(编)者:裴长洪 房书亭 吴篠心　2015年3月出版 / 估价:89.00元

邮轮绿皮书
中国邮轮产业发展报告（2015）
著(编)者:汪泓　2015年9月出版 / 估价:79.00元

支付清算蓝皮书
中国支付清算发展报告（2015）
著(编)者:杨涛　2015年5月出版 / 估价:45.00元

中国上市公司蓝皮书
中国上市公司发展报告（2015）
著(编)者:许雄斌 张平 2015年9月出版 / 估价:98.00元

中国总部经济蓝皮书
中国总部经济发展报告（2015）
著(编)者:赵弘　2015年5月出版 / 估价:79.00元

住房绿皮书
中国住房发展报告（2014~2015）
著(编)者:倪鹏飞　2014年12月出版 / 估价:79.00元

资本市场蓝皮书
中国场外交易市场发展报告（2015）
著(编)者:高峦　2015年8月出版 / 估价:79.00元

资产管理蓝皮书
中国资产管理行业发展报告（2015）
著(编)者:智信资产管理研究院　2015年7月出版 / 估价:79.00元

文化传媒类

传媒竞争力蓝皮书
中国传媒国际竞争力研究报告（2015）
著(编)者:李本乾　2015年9月出版 / 估价:88.00元

传媒蓝皮书
中国传媒产业发展报告（2015）
著(编)者:崔保国　2015年4月出版 / 估价:98.00元

传媒投资蓝皮书
中国传媒投资发展报告（2015）
著(编)者:张向东　2015年7月出版 / 估价:89.00元

动漫蓝皮书
中国动漫产业发展报告（2015）
著(编)者:卢斌　郑玉明　牛兴侦　2015年7月出版 / 估价:79.00元

非物质文化遗产蓝皮书
中国非物质文化遗产发展报告（2015）
著(编)者:陈平　2015年3月出版 / 估价:79.00元

非物质文化遗产蓝皮书
中国少数民族非物质文化遗产发展报告（2015）
著(编)者:肖远平　柴立　2015年4月出版 / 估价:79.00元

广电蓝皮书
中国广播电影电视发展报告（2015）
著(编)者:杨明品　2015年7月出版 / 估价:98.00元

广告主蓝皮书
中国广告主营销传播趋势报告（2015）
著(编)者:黄升民　2015年5月出版 / 估价:148.00元

国际传播蓝皮书
中国国际传播发展报告（2015）
著(编)者:胡正荣　李继东　姬德强
2015年7月出版 / 估价:89.00元

国家形象蓝皮书
2015年国家形象研究报告
著(编)者:张昆　2015年3月出版 / 估价:79.00元

纪录片蓝皮书
中国纪录片发展报告（2015）
著(编)者:何苏六　2015年9月出版 / 估价:79.00元

科学传播蓝皮书
中国科学传播报告（2015）
著(编)者:詹正茂　2015年4月出版 / 估价:69.00元

两岸文化蓝皮书
两岸文化产业合作发展报告（2015）
著(编)者:胡惠林　李保宗　2015年7月出版 / 估价:79.00元

媒介与女性蓝皮书
中国媒介与女性发展报告（2015）
著(编)者:刘利群　2015年8月出版 / 估价:69.00元

全球传媒蓝皮书
全球传媒发展报告（2015）
著(编)者:胡正荣　2015年12月出版 / 估价:79.00元

世界文化发展蓝皮书
世界文化发展报告（2015）
著(编)者:张庆宗　高乐田　郭熙煌
2015年5月出版 / 估价:89.00元

视听新媒体蓝皮书
中国视听新媒体发展报告（2015）
著(编)者:庞井君　2015年6月出版 / 估价:148.00元

文化创新蓝皮书
中国文化创新报告（2015）
著(编)者:于平　傅才武　2015年4月出版 / 估价:79.00元

文化建设蓝皮书
中国文化发展报告（2015）
著(编)者:江畅　孙伟平　戴茂堂
2015年4月出版 / 估价:138.00元

文化科技蓝皮书
文化科技创新发展报告（2015）
著(编)者:于平　于凤亮　2015年1月出版 / 估价:89.00元

文化蓝皮书
中国文化产业供需协调增长测评报告（2015）
著(编)者:王亚南　郝朴宁　张晓明　祁述裕
2015年2月出版 / 估价:79.00元

文化蓝皮书
中国文化消费需求景气评价报告（2015）
著(编)者:王亚南　张晓明　祁述裕　郝朴宁
2015年2月出版 / 估价:79.00元

文化蓝皮书
中国文化产业发展报告（2015）
著(编)者:张晓明　王家新　章建刚
2015年4月出版 / 估价:79.00元

文化蓝皮书
中国公共文化投入增长测评报告(2015)
著(编)者:王亚南　2015年5月出版 / 估价:79.00元

文化蓝皮书
中国文化政策发展报告（2015）
著(编)者:傅才武　宋文玉　燕东升　2015年9月出版 / 估价:98.

文化品牌蓝皮书
中国文化品牌发展报告（2015）
著(编)者:欧阳友权　2015年4月出版 / 估价:79.00元

文化遗产蓝皮书
中国文化遗产事业发展报告（2015）
著(编)者:苏杨　刘世锦　2015年12月出版 / 估价:89.00元

文学蓝皮书
中国文情报告（2015）
著(编)者:白烨　2015年5月出版 / 估价:49.00元

新媒体蓝皮书
中国新媒体发展报告（2015）
著(编)者:唐绪军　2015年6月出版 / 估价:79.00元

新媒体社会责任蓝皮书
中国新媒体社会责任研究报告（2015）
著(编)者:钟瑛　2015年10月出版 / 估价:79.00元

移动互联网蓝皮书
中国移动互联网发展报告（2015）
著(编)者:官建文　2015年6月出版 / 估价:79.00元

舆情蓝皮书
中国社会舆情与危机管理报告（2015）
著(编)者:谢耘耕　2015年8月出版 / 估价:98.00元

地方发展类

安徽经济蓝皮书
芜湖创新型城市发展报告（2015）
著(编)者:杨少华 王开玉　2015年4月出版 / 估价:69.00元

安徽蓝皮书
安徽社会发展报告（2015）
著(编)者:程桦　2015年4月出版 / 估价:79.00元

安徽社会建设蓝皮书
安徽社会建设分析报告（2015）
著(编)者:黄家海 王开玉 蔡宪　2015年4月出版 / 估价:69.00元

澳门蓝皮书
澳门经济社会发展报告（2015）
著(编)者:吴志良 郝雨凡　2015年4月出版 / 估价:79.00元

北京蓝皮书
北京公共服务发展报告（2014~2015）
著(编)者:施昌奎　2015年2月出版 / 估价:69.00元

北京蓝皮书
北京经济发展报告（2015）
著(编)者:杨松　2015年4月出版 / 估价:79.00元

北京蓝皮书
北京社会治理发展报告（2015）
著(编)者:殷星辰　2015年4月出版 / 估价:79.00元

北京蓝皮书
北京文化发展报告（2015）
著(编)者:李建盛　2015年4月出版 / 估价:79.00元

北京蓝皮书
北京社会发展报告（2015）
著(编)者:缪青　2015年5月出版 / 估价:79.00元

北京旅游绿皮书
北京旅游发展报告（2015）
著(编)者:北京旅游学会　2015年7月出版 / 估价:88.00元

北京律师蓝皮书
北京律师发展报告（2015）
著(编)者:王隽　2015年12月出版 / 估价:75.00元

北京人才蓝皮书
北京人才发展报告（2015）
著(编)者:于淼　2015年1月出版 / 估价:89.00元

北京社会心态蓝皮书
北京社会心态分析报告（2015）
著(编)者:北京社会心理研究所　2015年1月出版 / 估价:69.00元

北京社会组织蓝皮书
北京社会组织发展研究报告（2015）
著(编)者:李东松 唐军　2015年2月出版 / 估价:79.00元

北京社会组织蓝皮书
北京社会组织发展报告（2015）
著(编)者:温庆云　2015年9月出版 / 估价:69.00元

滨海金融蓝皮书
滨海新区金融发展报告（2015）
著(编)者:王爱俭 张锐钢　2015年9月出版 / 估价:79.00元

城乡一体化蓝皮书
中国城乡一体化发展报告（北京卷）（2015）
著(编)者:张宝秀 黄序　2015年4月出版 / 估价:69.00元

创意城市蓝皮书
北京文化创意产业发展报告（2015）
著(编)者:张京成　2015年11月出版 / 估价:65.00元

创意城市蓝皮书
无锡文化创意产业发展报告（2015）
著(编)者:谭军 张鸣年　2015年10月出版 / 估价:75.00元

创意城市蓝皮书
武汉市文化创意产业发展报告（2015）
著(编)者:袁堃 黄永林　2015年11月出版 / 估价:85.00元

创意城市蓝皮书
重庆创意产业发展报告（2015）
著(编)者:程宇宁　2015年4月出版 / 估价:89.00元

创意城市蓝皮书
青岛文化创意产业发展报告（2015）
著(编)者:马达 张丹妮　2015年6月出版 / 估价:79.00元

福建妇女发展蓝皮书
福建省妇女发展报告（2015）
著(编)者:刘群英　2015年10月出版 / 估价:58.00元

甘肃蓝皮书
甘肃舆情分析与预测（2015）
著(编)者:郝树声 陈双梅　2015年1月出版 / 估价:69.00元

甘肃蓝皮书
甘肃文化发展分析与预测（2015）
著(编)者：周小华 王福生　2015年1月出版 / 估价：69.00元

甘肃蓝皮书
甘肃社会发展分析与预测（2015）
著(编)者：安文华　2015年1月出版 / 估价：69.00元

甘肃蓝皮书
甘肃经济发展分析与预测（2015）
著(编)者：朱智文 罗哲　2015年1月出版 / 估价：69.00元

甘肃蓝皮书
甘肃县域经济综合竞争力评价（2015）
著(编)者：刘进军　2015年1月出版 / 估价：69.00元

广东蓝皮书
广东省电子商务发展报告（2015）
著(编)者：程晓　2015年12月出版 / 估价：69.00元

广东蓝皮书
广东社会工作发展报告（2015）
著(编)者：罗观翠　2015年6月出版 / 估价：89.00元

广东社会建设蓝皮书
广东省社会建设发展报告（2015）
著(编)者：广东省社会工作委员会　2015年10月出版 / 估价：89.00元

广东外经贸蓝皮书
广东对外经济贸易发展研究报告（2015）
著(编)者：陈万灵　2015年5月出版 / 估价：79.00元

广西北部湾经济区蓝皮书
广西北部湾经济区开放开发报告（2015）
著(编)者：广西北部湾经济区规划建设管理委员会办公室
　　　　广西社会科学院广西北部湾发展研究院
2015年8月出版 / 估价：79.00元

广州蓝皮书
广州社会保障发展报告（2015）
著(编)者：蔡国萱　2015年1月出版 / 估价：65.00元

广州蓝皮书
2015年中国广州社会形势分析与预测
著(编)者：张强 陈怡霓 杨秦　2015年5月出版 / 估价：69.00元

广州蓝皮书
广州经济发展报告（2015）
著(编)者：李江涛 朱名宏　2015年5月出版 / 估价：69.00元

广州蓝皮书
广州商业发展报告（2015）
著(编)者：李江涛 王旭东 荀振英　2015年6月出版 / 估价：69.00元

广州蓝皮书
2015年中国广州经济形势分析与预测
著(编)者：庾建设 沈奎 郭志勇　2015年6月出版 / 估价：79.00元

广州蓝皮书
中国广州文化发展报告（2015）
著(编)者：徐俊忠 陆志强 顾涧清　2015年6月出版 / 估价：69.00元

广州蓝皮书
广州农村发展报告（2015）
著(编)者：李江涛 汤锦华　2015年8月出版 / 估价：69.00元

广州蓝皮书
中国广州城市建设与管理发展报告（2015）
著(编)者：董皞 冼伟雄　2015年7月出版 / 估价：69.00元

广州蓝皮书
中国广州科技和信息化发展报告（2015）
著(编)者：邹采荣 马正勇 冯元　2015年7月出版 / 估价：79.00元

广州蓝皮书
广州创新型城市发展报告（2015）
著(编)者：李江涛　2015年7月出版 / 估价：69.00元

广州蓝皮书
广州文化创意产业发展报告（2015）
著(编)者：甘新　2015年8月出版 / 估价：79.00元

广州蓝皮书
广州志愿服务发展报告（2015）
著(编)者：魏国华 张强　2015年9月出版 / 估价：69.00元

广州蓝皮书
广州城市国际化发展报告（2015）
著(编)者：朱名宏　2015年9月出版 / 估价：59.00元

广州蓝皮书
广州汽车产业发展报告（2015）
著(编)者：李江涛 杨再高　2015年9月出版 / 估价：69.00元

贵州房地产蓝皮书
贵州房地产发展报告（2015）
著(编)者：武廷方　2015年1月出版 / 估价：89.00元

贵州蓝皮书
贵州人才发展报告（2015）
著(编)者：于杰 吴大华　2015年3月出版 / 估价：69.00元

贵州蓝皮书
贵州社会发展报告（2015）
著(编)者：王兴骥　2015年3月出版 / 估价：69.00元

贵州蓝皮书
贵州法治发展报告（2015）
著(编)者：吴大华　2015年3月出版 / 估价：69.00元

贵州蓝皮书
贵州国有企业社会责任发展报告（2015）
著(编)者：郭丽　2015年10月出版 / 估价：79.00元

海淀蓝皮书
海淀区文化和科技融合发展报告（2015）
著(编)者：孟景伟 陈名杰　2015年5月出版 / 估价：75.00元

海峡西岸蓝皮书
海峡西岸经济区发展报告（2015）
著(编)者：黄端　2015年9月出版 / 估价：65.00元

杭州都市圈蓝皮书
杭州都市圈发展报告（2015）
著(编)者：董祖德 沈翔　2015年5月出版 / 估价：89.00元

杭州蓝皮书
杭州妇女发展报告（2015）
著(编)者:魏颖　2015年6月出版 / 估价:75.00元

河北经济蓝皮书
河北省经济发展报告（2015）
著(编)者:马树强 金浩 张贵　2015年4月出版 / 估价:79.00元

河北蓝皮书
河北经济社会发展报告（2015）
著(编)者:周文夫　2015年1月出版 / 估价:69.00元

河南经济蓝皮书
2015年河南经济形势分析与预测
著(编)者:胡五岳　2015年3月出版 / 估价:69.00元

河南蓝皮书
河南城市发展报告（2015）
著(编)者:王建国 谷建全　2015年1月出版 / 估价:59.00元

河南蓝皮书
2015年河南社会形势分析与预测
著(编)者:刘道兴 牛苏林　2015年1月出版 / 估价:69.00元

河南蓝皮书
河南工业发展报告（2015）
著(编)者:龚绍东　2015年1月出版 / 估价:69.00元

河南蓝皮书
河南文化发展报告（2015）
著(编)者:卫绍生　2015年1月出版 / 估价:69.00元

河南蓝皮书
河南经济发展报告（2015）
著(编)者:完世伟 喻新安　2015年12月出版 / 估价:69.00元

河南蓝皮书
河南法治发展报告（2015）
著(编)者:丁同民 闫德民　2015年3月出版 / 估价:69.00元

河南蓝皮书
河南金融发展报告（2015）
著(编)者:喻新安 谷建全　2015年4月出版 / 估价:69.00元

河南商务蓝皮书
河南商务发展报告（2015）
著(编)者:焦锦淼 穆荣国　2015年5月出版 / 估价:88.00元

黑龙江产业蓝皮书
黑龙江产业发展报告（2015）
著(编)者:于渤　2015年9月出版 / 估价:79.00元

黑龙江蓝皮书
黑龙江经济发展报告（2015）
著(编)者:张新颖　2015年1月出版 / 估价:69.00元

黑龙江蓝皮书
黑龙江社会发展报告（2015）
著(编)者:王爱丽 艾书琴　2015年1月出版 / 估价:69.00元

湖北文化蓝皮书
湖北文化发展报告（2015）
著(编)者:江畅 吴成国　2015年5月出版 / 估价:89.00元

湖南城市蓝皮书
区域城市群整合
著(编)者:罗海藩　2014年12月出版 / 估价:59.00元

湖南蓝皮书
2015年湖南电子政务发展报告
著(编)者:梁志峰　2015年4月出版 / 估价:128.00元

湖南蓝皮书
2015年湖南社会发展报告
著(编)者:梁志峰　2015年4月出版 / 估价:128.00元

湖南蓝皮书
2015年湖南产业发展报告
著(编)者:梁志峰　2015年4月出版 / 估价:128.00元

湖南蓝皮书
2015年湖南经济展望
著(编)者:梁志峰　2015年4月出版 / 估价:128.00元

湖南蓝皮书
2015年湖南县域经济社会发展报告
著(编)者:梁志峰　2015年4月出版 / 估价:128.00元

湖南蓝皮书
2015年湖南两型社会发展报告
著(编)者:梁志峰　2015年4月出版 / 估价:128.00元

湖南县域绿皮书
湖南县域发展报告No.2
著(编)者:朱有志　2015年4月出版 / 估价:69.00元

沪港蓝皮书
沪港发展报告（2015）
著(编)者:尤安山　2015年9月出版 / 估价:89.00元

吉林蓝皮书
2015年吉林经济社会形势分析与预测
著(编)者:马克　2015年1月出版 / 估价:79.00元

济源蓝皮书
济源经济社会发展报告（2015）
著(编)者:喻新安　2015年4月出版 / 估价:69.00元

健康城市蓝皮书
北京健康城市建设研究报告（2015）
著(编)者:王鸿春　2015年3月出版 / 估价:79.00元

江苏法治蓝皮书
江苏法治发展报告（2015）
著(编)者:李力 龚廷泰　2015年9月出版 / 估价:98.00元

京津冀蓝皮书
京津冀发展报告（2015）
著(编)者:文魁 祝尔娟　2015年3月出版 / 估价:79.00元

经济特区蓝皮书
中国经济特区发展报告（2015）
著(编)者:陶一桃　2015年4月出版 / 估价:89.00元

辽宁蓝皮书
2015年辽宁经济社会形势分析与预测
著(编)者:曹晓峰　2015年1月出版 / 估价:79.00元

南京蓝皮书
南京文化发展报告（2015）
著(编)者:南京文化产业研究中心
2015年10月出版 / 估价:79.00元

内蒙古蓝皮书
内蒙古反腐倡廉建设报告（2015）
著(编)者:张志华 无极   2015年12月出版 / 估价:69.00元

浦东新区蓝皮书
上海浦东经济发展报告（2015）
著(编)者:沈开艳 陆沪根   2015年1月出版 / 估价:59.00元

青海蓝皮书
2015年青海经济社会形势分析与预测
著(编)者:赵宗福   2015年1月出版 / 估价:69.00元

人口与健康蓝皮书
深圳人口与健康发展报告（2015）
著(编)者:曾序春   2015年12月出版 / 估价:89.00元

山东蓝皮书
山东社会形势分析与预测（2015）
著(编)者:张华 唐洲雁   2015年6月出版 / 估价:89.00元

山东蓝皮书
山东经济形势分析与预测（2015）
著(编)者:张华 唐洲雁   2015年6月出版 / 估价:89.00元

山东蓝皮书
山东文化发展报告（2015）
著(编)者:张华 唐洲雁   2015年6月出版 / 估价:98.00元

山西蓝皮书
山西资源型经济转型发展报告（2015）
著(编)者:李志强   2015年5月出版 / 估价:98.00元

陕西蓝皮书
陕西经济发展报告（2015）
著(编)者:任宗哲 石英 裴成荣   2015年2月出版 / 估价:69.00元

陕西蓝皮书
陕西社会发展报告（2015）
著(编)者:任宗哲 石英 牛昉   2015年2月出版 / 估价:65.00元

陕西蓝皮书
陕西文化发展报告（2015）
著(编)者:任宗哲 石英 王长寿   2015年3月出版 / 估价:59.00元

陕西蓝皮书
丝绸之路经济带发展报告（2015）
著(编)者:任宗哲 石英 白宽犁
2015年8月出版 / 估价:79.00元

上海蓝皮书
上海文学发展报告（2015）
著(编)者:陈圣来   2015年1月出版 / 估价:69.00元

上海蓝皮书
上海文化发展报告（2015）
著(编)者:蒯大申 郑崇选   2015年1月出版 / 估价:69.00元

上海蓝皮书
上海资源环境发展报告（2015）
著(编)者:周冯琦 汤庆合 任文伟
2015年1月出版 / 估价:69.00元

上海蓝皮书
上海社会发展报告（2015）
著(编)者:周海旺 卢汉龙   2015年1月出版 / 估价:69.00元

上海蓝皮书
上海经济发展报告（2015）
著(编)者:沈开艳   2015年1月出版 / 估价:69.00元

上海蓝皮书
上海传媒发展报告（2015）
著(编)者:强荧 焦雨虹   2015年1月出版 / 估价:79.00元

上海蓝皮书
上海法治发展报告（2015）
著(编)者:叶青   2015年4月出版 / 估价:69.00元

上饶蓝皮书
上饶发展报告（2015）
著(编)者:朱寅健   2015年3月出版 / 估价:128.00元

社会建设蓝皮书
2015年北京社会建设分析报告
著(编)者:宋贵伦 冯虹   2015年7月出版 / 估价:79.00元

深圳蓝皮书
深圳劳动关系发展报告（2015）
著(编)者:汤庭芬   2015年6月出版 / 估价:75.00元

深圳蓝皮书
深圳经济发展报告（2015）
著(编)者:张骁儒   2015年7月出版 / 估价:79.00元

深圳蓝皮书
深圳社会发展报告（2015）
著(编)者:叶民辉 张骁儒   2015年7月出版 / 估价:89.00元

深圳蓝皮书
深圳法治发展报告（2015）
著(编)者:张骁儒   2015年4月出版 / 估价:79.00元

四川蓝皮书
四川文化产业发展报告（2015）
著(编)者:侯水平   2015年2月出版 / 估价:69.00元

四川蓝皮书
四川企业社会责任研究报告（2015）
著(编)者:侯水平 盛毅   2015年4月出版 / 估价:79.00元

四川蓝皮书
四川法治发展报告（2015）
著(编)者:郑泰安   2015年2月出版 / 估价:69.00元

四川蓝皮书
2015年四川生态建设报告
著(编)者:四川省社会科学院
2015年2月出版 / 估价:69.00元

四川蓝皮书
四川省城镇化发展报告（2015）
著(编)者：四川省城镇发展研究中心
2015年2月出版 / 估价:69.00元

四川蓝皮书
2015年四川社会发展形势分析与预测
著(编)者：郭晓鸣 李羚 2015年2月出版 / 估价:69.00元

四川蓝皮书
2015年四川经济发展报告
著(编)者：杨钢 2015年2月出版 / 估价:69.00元

天津金融蓝皮书
天津金融发展报告（2015）
著(编)者：王爱俭 杜强 2015年9月出版 / 估价:89.00元

图们江区域合作蓝皮书
中国图们江区域合作开发发展报告（2015）
著(编)者：李铁 朱显平 吴成章 2015年4月出版 / 估价:79.00元

温州蓝皮书
2015年温州经济社会形势分析与预测
著(编)者：潘忠强 王春光 金浩 2015年4月出版 / 估价:69.00元

扬州蓝皮书
扬州经济社会发展报告（2015）
著(编)者：丁纯 2015年12月出版 / 估价:89.00元

云南蓝皮书
中国面向西南开放重要桥头堡建设发展报告（2015）
著(编)者：刘绍怀 2015年12月出版 / 估价:69.00元

长株潭城市群蓝皮书
长株潭城市群发展报告（2015）
著(编)者：张萍 2015年1月出版 / 估价:69.00元

郑州蓝皮书
2015年郑州文化发展报告
著(编)者：王哲 2015年9月出版 / 估价:65.00元

中医文化蓝皮书
北京中医文化发展报告（2015）
著(编)者：毛嘉陵 2015年4月出版 / 估价:69.00元

珠三角流通蓝皮书
珠三角商圈发展研究报告（2015）
著(编)者：林至颖 王先庆 2015年7月出版 / 估价:98.00元

国别与地区类

阿拉伯黄皮书
阿拉伯发展报告（2015）
著(编)者：马晓霖 2015年4月出版 / 估价:79.00元

北部湾蓝皮书
泛北部湾合作发展报告（2015）
著(编)者：吕余生 2015年8月出版 / 估价:69.00元

大湄公河次区域蓝皮书
大湄公河次区域合作发展报告（2015）
著(编)者：刘稚 2015年9月出版 / 估价:79.00元

大洋洲蓝皮书
大洋洲发展报告（2015）
著(编)者：喻常森 2015年8月出版 / 估价:89.00元

德国蓝皮书
德国发展报告（2015）
著(编)者：郑春荣 伍慧萍 2015年6月出版 / 估价:69.00元

东北亚黄皮书
东北亚地区政治与安全（2015）
著(编)者：黄凤志 刘清才 张慧智
2015年3月出版 / 估价:69.00元

东盟黄皮书
东盟发展报告（2015）
著(编)者：崔晓麟 2015年5月出版 / 估价:75.00元

东南亚蓝皮书
东南亚地区发展报告（2015）
著(编)者：王勤 2015年4月出版 / 估价:79.00元

俄罗斯黄皮书
俄罗斯发展报告（2015）
著(编)者：李永全 2015年7月出版 / 估价:79.00元

非洲黄皮书
非洲发展报告（2015）
著(编)者：张宏明 2015年7月出版 / 估价:79.00元

国际形势黄皮书
全球政治与安全报告（2015）
著(编)者：李慎明 张宇燕 2014年12月出版 / 估价:69.00元

韩国蓝皮书
韩国发展报告（2015）
著(编)者：刘宝全 牛林杰 2015年8月出版 / 估价:79.00元

加拿大蓝皮书
加拿大发展报告（2015）
著(编)者：仲伟合 2015年4月出版 / 估价:89.00元

拉美黄皮书
拉丁美洲和加勒比发展报告（2014~2015）
著(编)者：吴白乙 2015年4月出版 / 估价:89.00元

美国蓝皮书
美国研究报告（2015）
著(编)者：黄平 郑秉文 2015年7月出版 / 估价:89.00元

缅甸蓝皮书
缅甸国情报告（2015）
著(编)者：李晨阳 2015年8月出版 / 估价:79.00元

欧洲蓝皮书
欧洲发展报告（2015）
著(编)者:周弘　2015年6月出版 / 估价:89.00元

葡语国家蓝皮书
葡语国家发展报告（2015）
著(编)者:对外经济贸易大学区域国别研究所　葡语国家研究中心
2015年3月出版 / 估价:89.00元

葡语国家蓝皮书
中国与葡语国家关系发展报告·巴西（2014）
著(编)者:澳门科技大学　2015年1月出版 / 估价:89.00元

日本经济蓝皮书
日本经济与中日经贸关系研究报告（2015）
著(编)者:王洛林　张季风　2015年5月出版 / 估价:79.00元

日本蓝皮书
日本研究报告（2015）
著(编)者:李薇　2015年3月出版 / 估价:69.00元

上海合作组织黄皮书
上海合作组织发展报告（2015）
著(编)者:李进峰　吴宏伟　李伟
2015年9月出版 / 估价:89.00元

世界创新竞争力黄皮书
世界创新竞争力发展报告（2015）
著(编)者:李闽榕　李建平　赵新力
2015年1月出版 / 估价:148.00元

土耳其蓝皮书
土耳其发展报告（2015）
著(编)者:郭长刚　刘义　2015年7月出版 / 估价:89.00元

亚太蓝皮书
亚太地区发展报告（2015）
著(编)者:李向阳　2015年1月出版 / 估价:59.00元

印度蓝皮书
印度国情报告（2015）
著(编)者:吕昭义　2015年5月出版 / 估价:89.00元

印度洋地区蓝皮书
印度洋地区发展报告（2015）
著(编)者:汪戎　2015年3月出版 / 估价:79.00元

中东黄皮书
中东发展报告（2015）
著(编)者:杨光　2015年11月出版 / 估价:89.00元

中欧关系蓝皮书
中欧关系研究报告（2015）
著(编)者:周弘　2015年12月出版 / 估价:98.00元

中亚黄皮书
中亚国家发展报告（2015）
著(编)者:孙力　吴宏伟　2015年9月出版 / 估价:89.00元

中国皮书网

www.pishu.cn

发布皮书研创资讯，传播皮书精彩内容
引领皮书出版潮流，打造皮书服务平台

栏目设置：

- □ 资讯：皮书动态、皮书观点、皮书数据、皮书报道、皮书发布、电子期刊
- □ 标准：皮书评价、皮书研究、皮书规范
- □ 服务：最新皮书、皮书书目、重点推荐、在线购书
- □ 链接：皮书数据库、皮书博客、皮书微博、在线书城
- □ 搜索：资讯、图书、研究动态、皮书专家、研创团队

中国皮书网依托皮书系列"权威、前沿、原创"的优质内容资源，通过文字、图片、音频、视频等多种元素，在皮书研创者、使用者之间搭建了一个成果展示、资源共享的互动平台。

自 2005 年 12 月正式上线以来，中国皮书网的 IP 访问量、PV 浏览量与日俱增，受到海内外研究者、公务人员、商务人士以及专业读者的广泛关注。

2008 年、2011 年，中国皮书网均在全国新闻出版业网站荣誉评选中获得"最具商业价值网站"称号；2012 年，获得"出版业网站百强"称号。

2014 年，中国皮书网与皮书数据库实现资源共享，端口合一，将提供更丰富的内容，更全面的服务。

权威报告　热点资讯　海量资源

当代中国与世界发展的高端智库平台

皮书数据库 www.pishu.com.cn

皮书数据库是专业的人文社会科学综合学术资源总库，以大型连续性图书——皮书系列为基础，整合国内外相关资讯构建而成。包含七大子库，涵盖两百多个主题，囊括了近十几年间中国与世界经济社会发展报告，覆盖经济、社会、政治、文化、教育、国际问题等多个领域。

皮书数据库以篇章为基本单位，方便用户对皮书内容的阅读需求。用户可进行全文检索，也可对文献题目、内容提要、作者名称、作者单位、关键字等基本信息进行检索，还可对检索到的篇章再做二次筛选，进行在线阅读或下载阅读。智能多维度导航，可使用户根据自己熟知的分类标准进行分类导航筛选，使查找和检索更高效、便捷。

权威的研究报告，独特的调研数据，前沿的热点资讯，皮书数据库已发展成为国内最具影响力的关于中国与世界现实问题研究的成果库和资讯库。

皮书俱乐部会员服务指南

1. 谁能成为皮书俱乐部成员？
- 皮书作者自动成为俱乐部会员
- 购买了皮书产品（纸质书/电子书）的个人用户

2. 会员可以享受的增值服务
- 免费获赠皮书数据库100元充值卡
- 加入皮书俱乐部，免费获赠该纸质图书的电子书
- 免费定期获赠皮书电子期刊
- 优先参与各类皮书学术活动
- 优先享受皮书产品的最新优惠

3. 如何享受增值服务？
（1）免费获赠100元皮书数据库体验卡
第1步 刮开皮书附赠充值的涂层（右下）；
第2步 登录皮书数据库网站
（www.pishu.com.cn），注册账号；
第3步 登录并进入"会员中心"—"在线充值"—"充值卡充值"，充值成功后即可使用。

（2）加入皮书俱乐部，凭数据库体验卡获赠该书的电子书
第1步 登录社会科学文献出版社官网
（www.ssap.com.cn），注册账号；
第2步 登录并进入"会员中心"—"皮书俱乐部"，提交加入皮书俱乐部申请；
第3步 审核通过后，再次进入皮书俱乐部，填写页面所需图书、体验卡信息即可自动兑换相应电子书。

4. 声明
解释权归社会科学文献出版社所有

皮书俱乐部会员可享受社会科学文献出版社其他相关免费增值服务，有任何疑问，均可与我们联系。
图书销售热线：010-59367070/7028 图书服务QQ：800045692 图书服务邮箱：duzhe@ssap.cn
数据库服务热线：400-008-6695 数据库服务QQ：2475522410 数据库服务邮箱：database@ssap.cn
欢迎登录社会科学文献出版社官网（www.ssap.com.cn）和中国皮书网（www.pishu.cn）了解更多信息

皮书大事记

☆ 2014年8月，第十五次全国皮书年会（2014）在贵阳召开，第五届优秀皮书奖颁发，本届开始皮书及报告将同时评选。

☆ 2013年6月，依据《中国社会科学院皮书资助规定（试行）》公布2013年拟资助的40种皮书名单。

☆ 2012年12月，《中国社会科学院皮书资助规定（试行）》由中国社会科学院科研局正式颁布实施。

☆ 2011年，部分重点皮书纳入院创新工程。

☆ 2011年8月，2011年皮书年会在安徽合肥举行，这是皮书年会首次由中国社会科学院主办。

☆ 2011年2月，"2011年全国皮书研讨会"在北京京西宾馆举行。王伟光院长（时任常务副院长）出席并讲话。本次会议标志着皮书及皮书研创出版从一个具体出版单位的出版产品和出版活动上升为由中国社会科学院牵头的国家哲学社会科学智库产品和创新活动。

☆ 2010年9月，"2010年中国经济社会形势报告会暨第十一次全国皮书工作研讨会"在福建福州举行，高全立副院长参加会议并做学术报告。

☆ 2010年9月，皮书学术委员会成立，由我院李扬副院长领衔，并由在各个学科领域有一定的学术影响力、了解皮书编创出版并持续关注皮书品牌的专家学者组成。皮书学术委员会的成立为进一步提高皮书这一品牌的学术质量、为学术界构建一个更大的学术出版与学术推广平台提供了专家支持。

☆ 2009年8月，"2009年中国经济社会形势分析与预测暨第十次皮书工作研讨会"在辽宁丹东举行。李扬副院长参加本次会议，本次会议颁发了首届优秀皮书奖，我院多部皮书获奖。

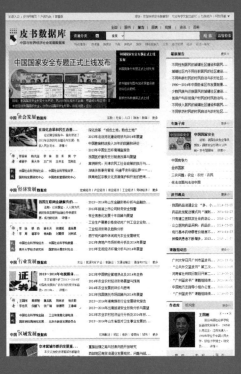